DIE KUNST
DER
RECHTSANWENDUNG.

ZUGLEICH EIN BEITRAG ZUR
METHODENLEHRE DER GEISTESWISSENSCHAFTEN.

VON

DR. IUR. LORENZ BRÜTT
GERICHTSASSESSOR IN BERLIN.

Motto.
„Es klingt gefährlich und ist doch wahr, wenn ich sage, daß, wer juristische Fragen behandeln will, immer zugleich ein Stück Gesetzgeber sein muß."
Zitelmann, „Die Gefahren des Bürgerlichen Gesetzbuches für die Rechtswissenschaft", S. 19.

BERLIN 1907.
J. GUTTENTAG, VERLAGSBUCHHANDLUNG,
G. M. B. H.

Inhaltsverzeichnis.

§ 1.

Grundriß des kritischen Positivismus.

„Nie hat es ein philosophischeres Zeitalter in der Wissenschaft gegeben, als das gegenwärtige." Dieser Ausspruch Riehls[1]) mag manchem übertrieben erscheinen, jedoch läßt sich nicht leugnen, daß er einen wahren Kern enthält. Das Ende des 19. Jahrhunderts gleicht darin seinem Anfang, daß das allgemeine Interesse in steigendem Maße philosophischen Fragen zugewandt ist, aber die Philosophie selber ist eine andere geworden, da man nicht mehr nach Art der genialen Metaphysiker der Romantik das Wesen der Welt auf aprioristischem Wege glaubt deduzieren zu können. Diese Methode kam im zweiten Drittel des 19. Jahrhunderts immer mehr in Verruf, nachdem sich herausgestellt hatte, daß die erfahrungsmäßig gefundenen Ergebnisse der exakten Naturwissenschaften den Resultaten einer scholastischen Dialektik widersprachen. Der in den vierziger Jahren erfolgte Zusammenbruch des Hegelschen Apriorismus zog nicht bloß diese Methode, sondern die Philosophie überhaupt in den Abgrund der allgemeinen Nichtachtung, das Hauptinteresse wandte sich mehr und mehr der empirischen Forschung, namentlich auf naturwissenschaftlichem Gebiet, zu, denn auch die Beachtung, die dem lange verkannten Schopenhauer endlich nach 1850 zuteil wurde, galt mehr dem geistreichen Essayisten, als dem scharfsinnigen Denker. Vielmehr neigte jene Zeit, soweit sie überhaupt philosophische Interessen hatte, einem dogmatischen Materialismus zu, welchen ein unkritisches Geschlecht für ein unumstößliches Ergebnis der Naturwissenschaften hielt, während eine derartige Weltanschauung auch nichts weiter als Metaphysik und noch dazu

---

[1]) Riehl, „Philosophie der Gegenwart", S. 261.

eine recht schlechte ist. Eine solche Barbiergesellenmetaphysik, wie Schopenhauer sie boshaft genannt, hätte sich niemals bilden können, wenn nicht jene Zeit das große Erbe Kants, die Erkenntnistheorie, die schon seine Nachfolger Fichte, Schelling und Hegel in durchaus ungenügender Weise gepflegt hatten, fast völlig vernachlässigt hätte. So war es möglich, daß der naive Realismus, welcher die Erscheinungen der Natur für Dinge an sich hält, zur herrschenden Metaphysik der fünfziger Jahre wurde. Innerlich überwunden konnte jene Richtung erst werden, als die Wissenschaft in kritischer Selbstbesinnung das Erkenntnisproblem als solches wieder zu behandeln begann und auf denjenigen Denker zurückgriff, welcher von allen deutschen Philosophen über das Wesen und die Grenzen der Erkenntnis am klarsten und am schärfsten geurteilt hatte. Der Ruf „Zurück zu Kant" wurde das Losungswort der sechziger Jahre, die damals einsetzende neukritische Bewegung, welche in Langes 1866 erschienener Geschichte des Materialismus ihr klassisches Werk besitzt, gab der Philosophie am Ende des 19. Jahrhunderts die Richtung auf die Erkenntnistheorie. Nach der Hochflut der idealistischen Spekulationen und der Blüteperiode des dogmatischen Naturalismus wurde auf allen Gebieten der Wissenschaften das Bedürfnis immer reger, sich über die Methode des Forschens klar zu werden. Diese kritische Besinnung ist in der Tat für jede wissenschaftliche Tätigkeit unbedingt notwendig. Wenn man nicht vage Hypothesen mit erwiesenen Prinzipien verwechseln und sich nicht auf das Gebiet uferloser Spekulationen verirren will, so muß man sich zunächst über die Norm, an der man die Notwendigkeit und Allgemeingültigkeit eines Urteils prüfen kann, klar werden. Erst nach Gewinnung dieses Maßstabs ist es möglich, über die Grenzen der Erkenntnis Gewißheit zu bekommen. Auf diese Weise scheidet sich das Gebiet, über das man Urteile mit dem Anspruch auf objektive Richtigkeit fällen kann, von jener weiten Sphäre, wo das Gefühl und der Glaube allein zu Hause sind.

Eine eingehendere Behandlung der überaus schwierigen erkenntnistheoretischen Probleme kann naturgemäß im Rahmen dieser Arbeit nicht erfolgen. Zur Orientierung mögen daher nur

---

[1]) Wundt, Logik I, S. 95. — Sigwart, Logik I, S. 324.

folgende Notizen eingefügt werden. Da sich, wie Kant in seiner transzendentalen Ästhetik überzeugend nachgewiesen hat, Raum und Zeit als bloß subjektive Anschauungsformen darstellen, die sich auf das Ding an sich nicht beziehen, so ist es für uns Menschen, die wir kraft unserer Intelligenz stets nur räumlich-zeitlich anschauen können, a priori unmöglich, das Ding an sich zu begreifen. Vielmehr müssen wir uns darauf beschränken, unsere Vorstellungen in der Art miteinander in Beziehung zu setzen, daß ihre Synthese kein bloßer Willkürakt eines einzelnen Individuums, sondern eine notwendige und allgemeingültige Verbindung ist. Bevor die ihrer Natur nach schwankenden und ineinander verschwimmenden Vorstellungen als Elemente in ein objektiv richtiges Urteil eingehen können, müssen sie derart fixiert werden, daß ihr Inhalt genau bestimmt ist, denn nur wenn ihre Bedeutung eine konstante ist, können sie miteinander in eine feste Verbindung treten. Solche logisch bearbeitete Vorstellungen werden im Gegensatz zu den übrigen noch rohen Vorstellungen als Begriffe bezeichnet. Die Konstanz des Inhalts ist der alleinige Unterschied, nicht aber, wie vielfach fälschlich angenommen wird, die Allgemeinheit und die Allgemeingültigkeit der Begriffe. Ersteres ist nicht der Fall, weil es sowohl Allgemeinvorstellungen, welche eine Mehrzahl konkreter Objekte umfassen, als Individualbegriffe gibt, welche sich auf einzelne Personen oder Sachen beziehen. Was aber die Allgemeingültigkeit der Begriffe anlangt, so ist diese zum gegenseitigen Verständnis zweifellos sehr erwünscht, aber zur Bildung eines Urteils nicht unbedingt erforderlich, wie ja auch nur wenige wissenschaftliche Begriffe den Vorteil erlangt haben, allgemein anerkannt zu sein. Für die häufigsten Begriffe haben die einzelnen Sprachen Worte als Zeichen der Verständigung gebildet, der Vorteil einer derartigen Symbolisierung ist ein großer, denn durch sie ist eine Mitteilung der Gedanken überhaupt erst möglich geworden, aber andererseits liegt in einer solchen Symbolisierung die große Gefahr, daß man Begriff und Wort identifiziert und nicht gehörig bedenkt, daß ein Wort oft mehrere Bedeutungen besitzt. Aus dem Gesagten ergibt sich, daß nur Begriffe, die regelmäßig sprachlich ausgedrückt sein müssen, Elemente eines objektiv richtigen Urteils sein können.

Ist die Synthese der Begriffe eine notwendige und allgemeingültige, so wird das Urteil als wahr bezeichnet, beruht die Synthese dagegen auf bloß subjektiver Willkür, so heißt das Urteil falsch. Welche von den beiden Alternativen vorliegt, darüber kann nur eine objektive Norm entscheiden, welche für einen jeden maßgebend ist. An dieser Norm, deren Auffindung die Aufgabe der Erkenntnistheorie ist, müssen alle Sätze auf ihre Wahrheit geprüft werden, ein Erfordernis, welches der Satz vom zureichenden Grunde ausspricht. Nach dem Kriterium der Wahrheit gefragt, würde der Empiriker die Erfahrung, der Rationalist aber das reine Denken als maßgebend bezeichnen. Was die letztere Beantwortung anlangt, so ist es allerdings richtig, daß das reine Denken, einschließlich der mathematischen Konstruktion, eine Anzahl unmittelbar gewisser Urteile, nämlich die logischen und mathematischen Axiome und die sich aus ihnen ergebenden Sätze, zu liefern imstande ist. Zu den logischen Axiomen gehören die vier bekannten logischen Grundgesetze, von Schopenhauer metalogische Wahrheiten genannt, nämlich die Sätze der Identität, des Widerspruchs, des ausgeschlossenen Dritten und des zureichenden Grundes. Die Wahrheit dieser Grundgesetze beruht auf einer nicht weiter analysierbaren Denknotwendigkeit: wie es uns unmöglich ist, irgend welche Gegenstände anders als im räumlich-zeitlichen Schema anzuschauen, so widerspricht es der Natur unseres Geistes, das Gegenteil jener Sätze auch nur zu denken. Auf diesen Grundgesetzen beruhen alle weiteren logischen Regeln, die aber keine neuen Wahrheiten schaffen, sondern nur gegebene Erkenntnis durch Konversion, Kontraposition oder mittels des Syllogismus in eine andere Form umwandeln können. Aus dem Satz des Widerspruchs folgt auch die Apriorität der von Kant als analytisch bezeichneten Urteile, in denen vom Subjekt nur ein Merkmal des Begriffs als Prädikat ausgesagt wird; jedoch besteht das Mißliche solcher Urteile darin, daß sie zwar zur Klärung der Begriffe und zur Abwendung von Mißverständnissen dienen, aber unser Wissen in keiner Weise erweitern. Während die logischen Axiome auf Denknotwendigkeit beruhen, gründen sich die mathematischen Axiome auf die reine, aller Erfahrung vorangehende Anschauung von Raum und Zeit, nur auf diese Weise kann man z. B. die Wahrheit des Satzes, daß sich in einer Ebene zwei Parallele niemals schneiden, erhärten. Die mathematischen Axiome besitzen darin einen großen Vorzug, daß sie in der reinen Anschauung verifiziert werden können und daher synthetischen Charakter annehmen, ohne ihre aprioristische Natur zu verlieren.

Mehr als solche bloß formale Wahrheit kann das reine Denken und die mathematische Konstruktion nicht gewähren. Will man dagegen die gegenständliche Welt wirklich erfassen, so ist man auf die Erfahrung angewiesen, insofern hat der Empiriker vollkommen recht, er vergißt nur zu oft, daß die Erfahrung selber ein Problem ist. Wie können auf unmittelbarer Anschauung des Einzelnen notwendige und allgemeingültige Urteile beruhen? Die Lösung dieser Schwierigkeit ist die Aufgabe der Transzendental-Philosophie. Zu diesem Zweck muß man vor allem zwischen der Vorstellung und ihrem Inhalt unterscheiden: entweder ist das eigene Seelenleben Gegenstand der Beobachtung — die Gewißheit des also Angeschauten ist als unmittelbar gegeben einer weiteren Begründung weder bedürftig noch fähig — oder es wird die außer uns befindliche räumliche Welt mittels der Sinne wahrgenommen. Daß man nicht nur über die Vorstellungen des Beobachtenden, sondern auch über deren Objekte notwendige und allgemeingültige Urteile abgeben kann, ist nur möglich, wenn man annimmt, daß zwischen den angeschauten empirisch-realen Gegenständen und ihrer Aktion einerseits und dem psycho-physischen Vorgang der Wahrnehmung andererseits, eine notwendige Beziehung besteht. Ohne die Zugrundelegung des Kausalgesetzes ist nicht einmal der einzelne Wahrnehmungsakt möglich, noch viel weniger würde man die verschiedenen wahrgenommenen Ereignisse auf allgemeine Gesetze reduzieren können. Denn da man immer nur ein einzelnes Geschehen erfahren kann, so würde man über eine bloße Anhäufung konkreter Tatsachen nicht hinauskommen, wenn nicht alles Geschen von einer Regel beherrscht würde, nach welcher auf einen Vorgang a notwendig ein zweiter Vorgang b folgte. Letzteres wird zwar ganz allgemein angenommen, indem man davon ausgeht, daß die Vorgänge der Erfahrung einander nicht bloß zeitlich folgen, sondern daß sie auch in einem notwendigen

Zusammenhang stehen, aber über die Begründung des Kausalprinzips treten sich zwei Ansichten schroff gegenüber. Während es nach Hume aus der Erfahrung stammt, ist es nach Kant umgekehrt ein synthetischer Satz a priori, der alle Erfahrung überhaupt erst möglich macht. Zu dieser Kontroverse ist kurz zu bemerken: Hume hat insofern zweifellos Unrecht, als er das Kausalgesetz ausschließlich auf die psychologische Tatsache aufbaut, daß man die regelmäßige Wiederkehr einer oft beobachteten Folge zweier Ereignisse fest erwartet, denn die bloß zeitliche Sukzession, das post hoc, ist von der kausalen Folge, dem propter hoc, völlig verschieden. Vielmehr beruht der Begriff des Kausalgesetzes auf einer apperzeptiven Synthese unseres Geistes, welche dadurch bewerkstelligt wird, daß die Form des hypothetischen Urteils auf die räumlich-zeitlichen Vorgänge angewandt wird. Daß sich aber alles Geschehen diesem Schema einfügt, ist kein aprioristischer Satz, denn es ließe sich sehr wohl vorstellen, daß die Vorgänge der Natur und des Seelenlebens mehr oder weniger vom Spiel des Zufalls beherrscht würden. Dann wäre freilich eine Erkenntnis insoweit nicht mehr möglich, vielmehr müßte die Wissenschaft in den Abgrund des Skeptizismus fallen. Die Allgemeingültigkeit des Kausalprinzips ist mithin die Conditio sine qua non aller Erfahrung, hierin hat Kant völlig recht. Aber darum ist diese Regel noch kein synthetischer Satz a priori. Denn man kann ihn nur beweisen, wenn man die Unrichtigkeit des Skeptizismus voraussetzt, was eben eine Petitio principii sein würde, vielmehr ist die Allgemeingültigkeit des Kausalprinzips nur ein Postulat unserer theoretischen Vernunft, das ein jeder anerkennen muß , welcher auch nur die geringste tatsächlichste Behauptung aufstellt. Denn schon das trivialste Wahrnehmungsurteil, wie „dieser Tisch ist viereckig", setzt das Kausalprinzip als gültig voraus. Eine aposteriorische Bestätigung findet das a priori postulierte Kausalgesetz insofern, als es in der Tat den Menschen glücklicherweise gelungen ist, den Stoff der Erfahrung mehr und mehr auf allgemeine Prinzipien zu reduzieren.

Die Kausalität ist entweder physikalischer oder psychologischer Natur, je nachdem sie die Körperwelt oder das Seelenleben betrifft. Im letzteren Falle tritt das teleologische Element in ihren Dienst, indem die Zweckvorstellung zu einem Gliede der Kausalkette wird. Wenn der Handelnde weiß, daß ein wünschenswerter Effekt durch seinen Willen bedingt ist, so löst beim Nichtvorhandensein eines Gegenmotivs diese Vorstellung den Trieb aus. Hierbei kann man es ganz auf sich beruhen lassen, welche von den beiden psychophysischen Theorien richtig ist, die dualistische der Wechselwirkung oder die monistische des Parallelismus. Denn auch wenn man sich, was mir richtiger erscheint, für die letztere entscheidet, weil man die geschlossene Kette des physischen Geschehens nicht zerreißen will, so wird man sich doch dem gewöhnlichen Sprachgebrauch, der von einer Wirkung des Willens auf die Außenwelt redet, unbedenklich anschließen können, wie ja auch der Astronom vom Auf- und Niedergang der Sonne spricht.

Dem Wollen nahe verwandt ist der Begriff des Sollens, was oft verkannt ist und daher zu manchen Mißverständnissen geführt hat. Namentlich hat man nicht selten übersehen, daß zum Sollen mindestens zwei Personon als wollende Wesen gehören, von denen die eine wünscht oder befiehlt, daß die andere etwas tue oder unterlasse. Regelmäßig dürfte der Befehlende über den Angeredeten irgend welche Autorität besitzen, aber notwendig ist dieses Moment keinesfalls, denn ob der Befehl ausgeführt wird oder nicht, ist für den Begriff des Sollens völlig irrelevant. Ebensowenig ist es erforderlich, daß gerade der Sprechende selbst den Befehl erteilt, er kann vielmehr das Gegenteil seines Inhalts wünschen und den Angeredeten nur daran erinnern, daß ein Dritter den Befehl erteilt hat. Das Gebot kann von einer einzelnen Person, z. B. einem Erzieher oder einem Vorgesetzten ausgehen oder von einer organisierten oder unorganisierten Personenmehrheit herrühren. Vor allem ist an den Staat und seine Gesetzgebung zu denken, aber nicht minder ist es möglich, ein transzendentes Wesen wie Gott, Engel, Teufel oder ein undefinierbares metaphysisches Etwas als Quelle des Sollens zu betrachten. Niemals kann aber die eigene Person als Ausgangspunkt von Geboten an sich selbst gelten, es gibt kein autonomes, sondern nur ein heteronomes Sollen. Denn wenn man das Merkmal des Willens einer zweiten vom Angeredeten verschiedenen Person aus dem Begriff des Sollens eliminieren würde, so ginge der spezifische Unterschied zwischen

Wollen und Sollen völlig verloren. Oft freilich findet der Mensch in seinem Innern die Vorstellung von Imperativen, ohne daß er sich über die Person des Befehlenden klar wird. Dann tritt nicht selten eine förmliche Verdoppelung des eigenen Ichs ein, die Vorstellungsmassen, zu denen die imperativen Motive gehören, erscheinen als das befehlende Ich, während der übrige Teil der Seele als angeredete Person die Gebote entgegennimmt.[1])

Eine besondere Betrachtung verdienen jene konstanten Imperative, welche ein jeder von den ihn umgebenden Gesellschaftskreisen empfängt, nämlich den Geboten des Rechts, der Sitte und der Moral. Das Gemeinsame dieser drei Begriffe besteht darin, daß sie ein bestimmtes äußeres Verhalten von dem Angeredeten verlangen. Worin aber ihr spezifischer Unterschied liegt, ist sehr bestritten. Unrichtigerweise wird vielfach angenommen, daß das Recht sich von den übrigen sozialen Imperativen dadurch unterscheide, daß es sich in einem geregelten Verfahren zwangsweise durchsetzt. Denn wenn auch nicht geleugnet werden kann, daß das Recht eine dahingehende Tendenz aufweist, so ist doch der spezifische Unterschied in diesem Moment nicht enthalten, vielmehr nimmt das Recht gegenüber der Sitte und Moral, die man unter dem Begriff der Konventionalregeln zusammenfassen kann, insofern eine besondere Stellung ein, als es seine Gebote in unbedingter kategorischer Form aufstellt, während Sitte und Moral sich mit hypothetischen Imperativen begnügen müssen. Das Recht sagt also in autokratischer Weise zu den ihm unterworfenen Personen: „Unter den und den Umständen sollst du so und so handeln“, dagegen muß die Sitte hinzusetzen: „Handle so, wenn du in deiner Gruppe nicht auffallen, als Sonderling oder wunderlicher Kauz erscheinen und dich daher lächerlich machen willst.“ Die Moral aber begnügt sich mit dem Hinweis: „Handle so, sonst wirst du von deiner Gruppe als ihrer unwürdig betrachtet und kannst riskieren, von jedem Verkehr mit deinen Genossen ausgeschlossen zu werden.“ Mit Recht bemerkt

---

[1]) Da in diesem Fall die eigene Person als das die Normen schaffende Subjekt figuriert, so werden in der Ethik die Gebote des Gewissens als autonome Imperative bezeichnet, während die von anderen Personen gegebenen Gebote heteronome Imperative heißen.

Sternberg[1]), daß die Unterschiede zwischen den einzelnen Arten sozialer Gebote in der bei den verschiedenen Normengruppen verschiedenen Psychologie des Zwangsbewußtseins liege. In der Tat ruft eine Verletzung der Sitte Verwunderung, vielleicht auch Heiterkeit hervor, während ein Verstoß gegen die Moral, die Umgebung mit Entrüstung oder gar mit Empörung erfüllt. Ferner ist als Differenz zwischen Sitte und Moral das äußerliche, gleichsam technische Moment hervorzuheben, daß die Sitte genauer umschriebene, konkretere Gebote aufstellt, während die Moral mehr im allgemeinen eine Betätigung in der Richtung nach einem bestimmten Lebensideal anbefiehlt, ohne die Handlungen im einzelnen genauer zu umschreiben. Im großen ganzen ist die Sitte mehr kasuistisch, die Moral dagegen mehr prinzipiell veranlagt. Im Gegensatz zur Moral und Sitte fällt der Brauch überhaupt nicht unter den Gattungsbegriff der Norm, denn er enthält nur eine rein tatsächliche Übung, die gewohnheitsmäßig sehr oft wiederholt wird, ohne daß sich die Vorstellung des Sollens in irgend einer Form einstellt. Was ihren Inhalt anlangt, können die Gebote des Rechts, der Moral und der Sitte mehr oder weniger übereinstimmen, aber zu einer vollständigen Deckung kommen die verschiedenen Gebiete wohl niemals. So enthält das Recht immer nur einen Teil der Moral in sich, indem es ein ethisches Minimum sicherstellt, während es im übrigen die freie Moral dem indirekten gesellschaftlichen Zwange überläßt. Dagegen greift das Recht auf der anderen Seite weit über die Moral hinaus, indem es zur Regelung des menschlichen Lebens Gebote erläßt, deren Verletzung wohl eine Ordnungswidrigkeit, aber kein Zeichen eines ethischen Defektes ist. Umgekehrt können die verschiedenen Arten sozialer Imperative einander vollständig widersprechen. So erfordert die Sitte und auch wohl die Moral seines Standes, daß der Offizier sich unter Umständen duelliere, obwohl der Zweikampf mit tödlichen Waffen nach dem auch für ihn maßgebenden deutschen Reichsrechte strafbar ist. Es ist aber nicht nur möglich, daß die rechtlichen Normen mit den Geboten der Moral und der Sitte in Konflikt kommen, sondern es kann auch geschehen, daß sich Imperative derselben Art wider-

---

[1]) Sternberg, „Allgemeine Rechtslehre", Bd. I, S. 19.

sprechen. Dieses ist allemal der Fall, wenn jemand verschiedenen Gruppen angehört, welche ihm ein entgegengesetztes Verhalten als Gebot des Rechts, der Moral, oder der Sitte vorschreiben. So kann ein Deutscher, der zugleich Reserveoffizier und Mitglied eines politischen Vereins fortschrittlicher Richtung ist, in einen derartigen Konflikt kommen. Denn wenn er ein nach dem Ehrenkodex gebotenes politisches Duell ablehnt, so verstößt er gegen die Standessitte der Reserveoffiziere, würde er aber die Herausforderung annehmen, so verletzt er die Sitte seiner politischen Freunde.

Von der größten Bedeutung ist es, die Moral von der Sittlichkeit streng zu scheiden. Während die Moral gleich dem Recht und der Sitte nur Imperative gesellschaftlicher Gebilde enthält, welche ein bestimmtes äußeres Verhalten erfordern, ist die Sittlichkeit der Inbegriff derjenigen Pflichtgebote, welche der einzelne in seinem Innern vorfindet, mag er sich nun Gott, die Weltvernunft, oder kraft jener oben besprochenen Illusion der Ichverdoppelung seine eigene Person als Gesetzgeber vorstellen, auf alle Fälle schöpft er die Gebote ausschließlich aus seinem eigenen Innern. Bei der Sittlichkeit kommt alles auf die Gesinnung an, während die Übereinstimmung mit etwaigen Geboten gesellschaftlicher Gebilde völlig irrelevant ist, ebenso wie umgekehrt derjenige, welcher den moralischen Geboten seiner Gruppe gehorcht, nur dann sittlich handelt, wenn ihr Inhalt dem Pflichtbewußtsein seines eigenen Gewissens entspricht. Übrigens ist die Terminologie auf diesem Gebiet sehr schwankend, so gebraucht Hegel in seiner Rechtsphilosophie gerade umgekehrt die Moral für das subjektive und die Sittlichkeit für das objektive Ethos.

Die kurze Analyse des Sollens ist schon an dieser Stelle eingefügt, damit gezeigt werden konnte, daß es sich bei allen Arten des Sollens nur um psychologische Erscheinungen handelt, die sich irgendwo und wann im räumlich-zeitlichen Schema abspielen. Da mithin zur Feststellung des Inhalts solcher Gebote die Erfahrung als Maßstab herangezogen werden muß, so kann das Ergebnis solcher Forschung immer nur die nackte Tatsache des Sollens sein. Wenn es auch vielleicht mit Hilfe einer kausal-genetischen Analyse möglich ist, den rohen Stoff der einzelnen Tatsachen auf allgemeine Gesetze zu reduzieren, so ist es doch völlig ausgeschlossen, einen objektiven Maßstab zur Beurteilung des menschlichen Willens zu finden. Alle Versuche, die bisher in dieser Richtung gemacht worden sind, von Platos Ideenlehre bis zum vulgärsten Utilitarismus, sind völlig gescheitert; denn sämtliche Theorien enthalten entweder reine Tautologien, oder sie verfallen in einen unkritischen Empirismus, indem sie den in einer bestimmten historisch gegebenen Gruppe vorhandenen ethischen Wertmaßstab zu einem absoluten hypostasieren. Wenn Plato im Timäus und in der Republik die Idee des Guten, dagegen Aristoteles in seiner nikomachischen Ethik die Forderung „Gleich ist Gleich, Ungleich ist aber Ungleich zu behandeln" als ethische Norm aufstellen, so ist mit diesen Theorien so lange nichts gewonnen, als die Idee des Guten eine unbekannte Größe bleibt und als kein Maßstab gefunden ist, an dem man die Gleichheit und Ungleichheit bestimmen kann. Auch Kants bekannter kategorischer Imperativ „Handle nur nach derjenigen Maxime, durch die du zugleich wollen kannst, daß sie ein allgemeines Gesetz werde" ist nicht imstande, ein inhaltliches Kriterium des Sollens zu bieten, denn in diese Formel läßt sich jeder beliebige Maßstab hineinzwängen, Schopenhauers Mitleidsmoral nicht minder als Nietzsches Übermenschentum. Was aber die einzelnen Theorien anlangt, welche eine materielle Ethik geben, indem sie entweder eine allgemeine Norm der Beurteilung oder gar Sätze mit stofflich bestimmtem Inhalt aufstellen, so sind diese gar nicht in der Lage, ihren mehr oder weniger willkürlich nach eigenem Geschmack aufgerafften Wertmaßstab als einen absoluten zu erhärten. Mag man mit dem Eudämonismus die Glückseligkeit aller oder möglichst vieler Menschen, oder mag man mit dem Energismus[1]) die Entwicklung der spezifisch menschlichen Kräfte als das erstrebenswerte Ziel ansehen, so fehlt es völlig an einer Methode, um aus der Sphäre persönlicher Sentiments zu notwendigen allgemeingültigen Urteilen zu gelangen. Erst wenn es dem Menschen geglückt wäre, das Wesen der Welt begrifflich zu erfassen, würde es ihm möglich sein, den Zweck des Universums einzusehen und daraus das

---

[1]) Diesen Begriff hat zuerst Friedr. Paulsen in seiner Ethik, Bd. I S. 245 ff., aufgestellt.

ethische Ideal abzuleiten. Da wir Menschen die Dinge aber nur erkennen können, wie sie uns erscheinen, nicht aber in der Gestalt, wie sie an sich sind, so kann man auf dem Gebiet der Ethik niemals zu objektiv gültigen Urteilen gelangen. Dasselbe gilt von den ästhetischen Werten, denn auch das Schöne ist ein Relationsbegriff, ein Ding kann immer nur schön sein für jemand, ein Schönes an sich wäre ein Selbstwiderspruch. Aber wenn Ethik und Ästhetik auch keine eigentlichen Wissenschaften sind, weil sie keine objektiven Normen zur Beurteilung des menschlichen Wollens und Fühlens liefern können, so sind sie doch keineswegs wertlos, sondern als persönliche Äußerung bedeutender Schriftsteller über den Wert des Lebens von der größten Bedeutung. Namentlich aus den ethischen Werken lernt man die Gedankenwelt der Männer kennen, welche als moralische Gesetzgeber der Menschheit neue Bahnen gewiesen haben.[1])

Die philosophische Anschauung, wie ich sie zur Orientierung skizziert habe, wird als kritischer Positivismus bezeichnet.[2]) Denn als Positivismus gilt jede Philosophie, welche eine Erkenntnis des Dinges an sich für unmöglich hält und sich daher unter Verwerfung aller Metaphysik ausschließlich auf die Welt der Erfahrung beschränkt. Kritisch aber ist der Positivismus, wenn er die Unerkennbarkeit des Wesens alles Seins nicht als ein bloßes Dogma hinstellt, das keiner weiteren Begründung bedürftig ist, sondern zuvor eine Kritik der menschlichen Erkenntnis vornimmt und die Grenzen des Wissens genau absteckt. Ob aber mit der Erkenntnistheorie der Inhalt der

---

[1]) Riehl, „Philosophie der Gegenwart", S. 180 ff.

[2]) Mit Unrecht wirft Windelband („Präludien", S. 367) dem Positivismus Irreligiösität vor, denn der Positivismus verhält sich zur Religion vollkommen neutral, weil er das Transzendente weder voraussetzt, noch verwirft, sondern nur die wissenschaftliche Erkenntnis des Übersinnlichen ausschließt. Vielmehr muß eine Philosophie positivistisch gerichtet sein, wenn sie sich mit der Religion vertragen will, denn während der echte Metaphysiker nach dem Beispiel Hegels den religiösen Glauben konsequenterweise für ein Wissen niederen Grades, gleichsam für die Philosophie der ungebildeten Leute halten muß, gibt der Positivismus dem Wissen, was des Wissens ist, und dem Glauben, was des Glaubens ist, indem er die Welt der Erfahrung der begrifflichen Erkenntnis überweist, das Übersinnliche aber, das gleich geheimnisvoll für Weise wie für Toren ist, dem religiösen Gefühl vorbehält.

Philosophie erschöpft ist, bedeutet für den kritischen Positivismus nur eine terminologische Frage, während der naive Positivismus, welcher alle Erkenntnistheorie für ein ebenso überflüssiges als ergebnisloses Unternehmen hält, für die Philosophie naturgemäß einen andern Gegenstand finden muß, sofern sie überhaupt noch eine Existenzberechtigung haben soll. Da es unmöglich Sache der Philosophie sein kann, die Ergebnisse der Einzelwissenschaften enzyklopädisch zusammenzustellen, so bliebe als denkbarer Inhalt der Philosophie nur die Aufgabe übrig, die Beziehungen zwischen den einzelnen Wissenschaften zu vermitteln und einer jeden Disziplin ihre Stellung in der Hierarchie der Wissenschaften anzuweisen. Hierin hat in der Tat der Begründer des naiven Positivismus, August Comte[1]), die Aufgabe der Philosophie gesehen. Auch vom Standpunkt des kritischen Positivismus aus erscheint es mir richtiger, den Begriff der Philosophie nicht auf die Erkenntnistheorie zu beschränken, sondern ihr auch die Aufgabe zuzuweisen, die Einzelwissenschaften zu einem empirischen Weltbild zu vereinen.[2]) Denn die Erkenntnis würde notwendig eine lückenhafte bleiben, wenn jede Wissenschaft, unbekümmert um die übrigen, ausschließlich ihren eigenen Gegenstand behandelte. Vielmehr muß es eine über den einzelnen Wissenschaften stehende Instanz geben, der eine doppelte Aufgabe zufällt: einmal hat sie den gesamten Stoff der Erscheinungen unter die positiven Einzelwissenschaften derart lückenlos zu verteilen, daß kein Objekt ohne wissenschaftliche Bearbeitung bleibt, andererseits hat sie in ähnlicher Weise, wie eine Girobank die Zahlungen unter ihren Kunden bewirkt, die wesentlichen Ergebnisse der einzelnen Disziplinen unter ihnen zu vermitteln. Denn der Umstand, daß die Resultate der einen Wissenschaft der anderen verborgen bleiben, ist nicht selten zu einer Quelle folgenschwerer

---

[1]) Über Comte M. Brütt, „Der Positivismus", Hamburg 1889.

[2]) Eine ähnliche Definition der Philosophie geben Wundt („System der Philosophie", S. 21) und Friedrich Paulsen, („Einleitung in die Philosophie", S. 15), während Riehl („Philosophie der Gegenwart", S. 23) die Philosophie mit der Erkenntnistheorie indentifiziert. Wesentlich enger faßt auch Windelband die Philosophie, indem er sie als die kritische Wissenschaft von den allgemeingültigen Werten definiert, („Präludien", S. 1—57.).

Irrtümer geworden. Daher unterscheidet sich die Philosophie im weiteren Sinne weder im Objekt noch in der Methode von den positiven Einzelwissenschaften, vielmehr kann man alle Theorie als philosophisch bezeichnen, welche nicht im bloßen empiristischen Kleinkram befangen bleibt, sondern sich der Einheit und des Zusammenhangs alles Wissens bewußt ist.[1])

Gewöhnlich werden die theoretischen Disziplinen in Natur- und Geisteswissenschaften eingeteilt. Hiernach haben die letzteren es mit der Erforschung des Seelenlebens zu tun, während die ersteren die räumlichen Objekte betrachten. Neuerdings ist von Windelband in seiner Rede über „Geschichte und Naturwissenschaft" und von Rickert in seinem Vortrag über „Kulturwissenschaft und Naturwissenschaft" ein abweichender Gesichtspunkt zur Klassifikation benutzt worden. Die genannten Autoren unterscheiden die sogenannten Gesetzeswissenschaften, denen es ausschließlich um die Auffindung möglichst exakter Regeln zu tun ist, von den historischen Wissenschaften, denen die Schilderung des Einmaligen und Einzigartigen am Herzen liegt. Die Hervorhebung dieses Moments ist zweifellos sehr verdienstlich und fruchtbringend. Man darf aber nicht übersehen, daß sich diese Einteilung mit der älteren in „Natur- und Geisteswissenschaften" kreuzt, denn es gibt sowohl nomothetische Geisteswissenschaften, wie vor allem die exakte Psychologie als Naturwissenschaften, die auch idiographisch vorgehen, wie die Astronomie, wenn sie Mondgebirge und Sonnenflecken schildert, oder die Geologie, oder die Biologie, die von der Entwicklung der Erde und ihrer Organismen berichten. Daher ist es verwirrend, wenn Rickert (S. 46) diejenigen Wissenschaften, deren Inhalt sich auf ein Besonderes und Individuelles bezieht, als Kulturwissenschaften bezeichnet, denn es ist nicht notwendig, daß die idiographisch verfahrenden Disziplinen Werte oder Kulturbestrebungen als Objekte ins Auge fassen. Freilich muß die Darstellung des Individuellen und Einmaligen einen Wert besitzen, denn sonst würde sich niemand mit ihnen beschäftigen. Aber das gleiche gilt von den nomothetischen Wissenschaften,

[1]) In noch weiterem Sinn versteht man den Begriff „Philosophie", wenn man auch die grundlegenden Regeln der weiter unten zu besprechenden praktischen Disziplinen, wie z. B. der Lehre von der Rechtsanwendung und der normativen Ethik dazu rechnet.

denn auch die Auffindung allgemeiner Gesetze muß einen hohen Grad von Interesse erwecken, um versucht zu werden. Der Unterschied der beiden Arten von Methode besteht darin, daß für die nomothetischen Wissenschaften das einzelne nur als Rohstoff für die Induktion von Gesetzen Wert hat, während für die idiographischen Wissenschaften gerade umgekehrt die Schilderung des Individuellen Selbstzweck ist und die allgemeinen Gesetze nur als Mittel zu ihrer Erklärung dienen. Die Psychologie als grundlegende Geisteswissenschaft und die Soziologie als Lehre von den sozialen Gruppen sind rein nomothetischer Natur, denn der einzelne Mensch, oder die historisch gegebenen sozialen Gebilde dienen ihnen nur dazu, um bestimmte psychologische oder soziologische Gesetze zu gewinnen. Umgekehrt interessiert sich die Geschichte gerade für die einzelne bedeutende Persönlichkeit und das konkrete Kulturvolk und beschäftigt sich mit historischen und psychologischen Gesetzen nur zu dem Zweck, um das Einzigartige in der Entwicklung des Helden und der Nation immer tiefer zu erfassen. Wenn Schopenhauer der Geschichte vorwarf, daß sie eine Kunde, aber keine Wissenschaft sei, so übersah er, daß die Wissenschaft es nicht bloß mit Gesetzen zu tun hat, sondern daß sich ihre Aufgabe auch auf die Schilderung des Individuellen zu erstrecken hat. Auch der Historiker braucht sich keineswegs in Details zu verlieren, sondern kann seine Wissenschaft mit echt philosophischem Geist behandeln, wenn er sich des Zusammenhangs seines Stoffes mit der Gesamtentwicklung des Kulturlebens bewußt bleibt. Die klassischen Werke unserer Geschichtsliteratur, wie Rankes „Weltgeschichte", Mommsens „Römische Geschichte" oder Burckhardts „Kultur der Renaissance" lösen diese Aufgabe in glänzender Weise, indem sie den geschichtlichen Typus einer Kulturepoche in scharfen Umrissen herausarbeiten. Im großen Ganzen lassen die historischen Wissenschaften der Individualität des Forschers größeren Spielraum und stehen insofern dem künstlerischen Schaffen näher, als die Gesetzeswissenschaften. Zwar besitzt der Historiker keine poetische Lizenz, er ist vielmehr strikte an den Stoff gebunden, aber schon die Auswahl des Gegenstandes gewährt ihm mehr Freiheit, vor allem aber ist dem Historiker die Möglichkeit gegeben, die geschichtlichen Erscheinungen zu werten.

Freilich verläßt er mit einer solchen Beurteilung das Gebiet der reinen Wissenschaft und wird zum werteschaffenden Künstler. Mit diesem Schritt begeht er aber keineswegs einen Fehler, denn die Wissenschaft ist für den Historiker nicht das allein Erstrebenswerte, auch das künstlerische Schaffen hat für ihn seine Bedeutung.

Von den Wissenschaften, für welche die Erkenntnis der Wahrheit Selbstzweck ist, unterscheiden sich die praktischen Disziplinen, welche die von den Wissenschaften gefundenen Gesetze zur Erreichung bestimmter menschlicher Zwecke anzuwenden haben. So verwertet die Bautechnik die physikalischen und die Therapie die anatomischen und physiologischen Gesetze. Auch die Ergebnisse der Geisteswissenschaften können menschlichen Zwecken nutzbar gemacht werden. Es ist bekannt, wie sehr die Pädagogik durch die genauere Kenntnis des Seelenlebens, welche die neuere Psychologie vermittelt hat, befördert worden ist. Die praktischen Disziplinen setzen immer voraus, daß ihnen eine bestimmte Aufgabe gestellt wird, denn ohne einen solchen Zielpunkt könnten sie nur dann Regeln geben, wenn sie sich anheischig machen würden, dem menschlichen Willen absolute Ideale aufzuerlegen. Ein solches Werteschaffen liegt aber, wie schon ausgeführt, außerhalb der Grenzen einer sachlichen Diskussion auf dem Gebiet rein subjektiver Gefühle. Daher können die praktischen Disziplinen immer nur hypothetische Imperative, sogenannte Klugheitsregeln, aufstellen. Dagegen ist es ihnen nicht möglich, dem Menschen ein bestimmtes Verhalten schlechthin zu gebieten. Sie können also zum Kranken nicht sagen, „nimm Medizin, halte eine bestimmte Diät ein“, sondern nur, „wenn du gesund werden willst, so tue dieses“. Ob die Gesundheit und das Leben irgend einen Wert haben, darüber steht ihnen keine Entscheidung zu. So kann auch die Ästhetik kein absolutes Schönheitsideal aufstellen, sondern ihre Aufgabe erschöpft sich darin, anzugeben, welche Voraussetzungen ein Kunstwerk besitzen muß, um einem gegebenen ästhetischen Maßstab zu genügen. Nichts anderes gilt vom sozialen Leben, auch der Ethik und Rechtspolitik ist es nicht möglich, ein bestimmtes Ideal aufzustellen, sondern sie müssen sich darauf beschränken, unter Zugrundelegung der historischen und psychologischen Erfahrung den Weg aufzuweisen, der zu dem als gegeben vorausgesetzten sozialen Ideal hinführt.[1]) Der Gegensatz zwischen der Natur der theoretischen und der praktischen Disziplinen ist von der größten Bedeutung für die Methode und darf daher nicht ungestraft übersehen werden. Da die alleinige Aufgabe der Wissenschaft darin besteht, notwendige und allgemeingültige Sätze aufzufinden, so darf sie sich durch keine andere Rücksicht dazu verleiten lassen, eine bloße Hypothese als eine unumstößliche Wahrheit hinzustellen. Die praktischen Disziplinen aber, denen die Erfüllung irgend eines beliebigen menschlichen Bedürfnisses aufgegeben ist, sehen sich nicht selten genötigt, unter Umständen auch problematische Wahrheiten für sich zu verwerten, als ob es sich um erwiesene Sätze handelte. Wenn auch der Physiologe und der Anatom manche Fragen nicht sicher beantworten kann, so darf der Arzt darum, weil seine Wissenschaft ihn im Stiche läßt, die Behandlung des Kranken nicht ablehnen, sondern muß so gut als es geht, seinen Patienten zu helfen suchen. Aus der Natur des Unterschieds zwischen den Wissenschaften und den praktischen Disziplinen folgt also die wichtige Regel, daß wohl ein Gelehrter die Beantwortung einer Frage mit der Motivierung des Nichtwissens ablehnen kann, daß aber der Praktiker aus diesem Grunde sich niemals seiner Aufgabe entziehen darf.

[1]) Eine derartige immanente Wertkritik ist auch von den historischen Wissenschaften insofern zu üben, als sie zu prüfen haben, inwieweit die Bestrebungen einer bestimmten Kulturepoche geeignet waren, ein gegebenes Ideal zu verwirklichen, inwieweit insbesondere die technischen Disziplinen das ihnen gesteckte Ziel erreicht haben. Dagegen würde die Wertung des gegebenen Ideals selbst außerhalb der wissenschaftlichen Objektivität in die Sphäre einer rein subjektiven Betrachtungsweise fallen.

§ 2.

Jurisprudenz als Wissenschaft und als Kunst.

Es ist für die Lehre von der juristischen Methode verhängnisvoll geworden, daß man die Doppelnatur der Jurisprudenz als Wissenschaft und als Kunst[1]) selten klar erkannt hat. Das Recht, welchem die Aufgabe zufällt, die äußeren Beziehungen der Menschen zueinander in zwingender Weise zu regeln, hat, wie schon erwähnt, die Tendenz, sich in einem geordneten Verfahren durchzusetzen. Zu diesem Zweck müssen die einzelnen Rechtsnormen von dem entscheidenden Richter auf den konkreten Einzelfall angewandt werden. Daß diese Tätigkeit der Rechtsanwendung eine rein praktische ist, bedarf keiner weiteren Ausführung; denn dem Richter liegt nur die Pflicht ob, den vorhandenen Streit durch Urteil zu schlichten. Dagegen gehört es nicht zu seiner Aufgabe, rein theoretische Wahrheiten zu erforschen, er muß freilich, um urteilen zu können, das positive Recht innerlich erfassen. Aber darum hört seine Tätigkeit nicht auf, rein praktisch zu sein, weil die Feststellung des objektiven Rechtes für ihn nicht Selbstzweck, sondern nur Mittel zur Schlichtung des Streites ist. Aber mit der Rechtsanwendung ist die praktische Jurisprudenz nicht erschöpft, denn der auf einer gewissen Kulturhöhe stehende Mensch nimmt das Gewohnheitsrecht nicht wie ein Schicksal widerspruchslos hin, sondern er greift selbstbewußt in die Rechtsentwicklung ein. Schon verhältnismäßig früh bilden sich in einer Rechtsgemeinschaft Organe, welche durch ihre Anordnung das objektive Recht umgestalten. Mit höherer Kultur gewinnt die Gesetzgebung

---

[1]) Als Technik faßt auch Nußbaum, „Aufgabe und Wesen der Jurisprudenz" (Wolffs Zeitschrift für Sozialwissenschaft, Bd. 9, S. 16) die Jurisprudenz auf.

immer mehr an Bedeutung, um schließlich das Gewohnheitsrecht fast völlig zu verdrängen: so bildet sich neben der Kunst der Rechtsanwendung die Kunst der Gesetzgebung.

Der praktischen Disziplin der Rechtspolitik fällt die Aufgabe zu, die Methode anzugeben, mit deren Hülfe man unabhängig vom bestehenden Recht diejenigen Rechtsnormen finden kann, welche einen bestimmten, als wünschenswert vorausgesetzten gesellschaftlichen Zustand bedingen. Ebenso wenig freilich, wie die Ästhetik einen schöpferischen Genius, können die juristischen Kunstlehren hervorragende Gesetzgeber oder tüchtige Richter hervorbringen. Denn das angeborene Talent gibt auch auf diesem Gebiet den Ausschlag, aber immerhin können die Kunstlehren einem begabten Juristen seine Aufgabe erleichtern und ihn vor Irrwegen behüten.[1]) Zu diesem Zweck beschränken sie sich nicht darauf, eine Methode der Rechtsprechung und Gesetzgebungspolitik aufzustellen, sondern sie betätigen sich selbst durch Anwendung der gefundenen Methode auf die einzelnen in Betracht kommenden Fragen. Wie die Rechtspolitik unmittelbar gesetzgeberische Vorschläge macht, so wendet die Kunst der Rechtsanwendung die bestehenden Normen auf konkrete Fälle an, als ob dieselben dem Richter zur Kognition vorlägen; durch Entscheidung solcher Schulbeispiele, wie durch Kritik oberrichterlicher Urteile wird eine tiefergehende Judikatur überhaupt erst ermöglicht. Gewöhnlich wird diese Tätigkeit als juristische Wissenschaft, und zwar als Rechtsdogmatik bezeichnet; diese Ausdrucksweise ist aber als verwirrend besser zu vermeiden, denn so weit die Jurisprudenz praktische Ziele verfolgt, ist sie Gehülfin des Richters und des Gesetzgebers, aber keine Wissenschaft im strengeren Sinne des Wortes. Daß die beiden Tendenzen, nämlich die Erforschung der Wahrheit um ihrer selbst willen und die Erlangung praktischer Ziele im einzelnen Fall, vielfach ineinander übergehen, ist ohne weiteres zuzugeben, würde aber nichts gegen die Notwendigkeit einer begrifflichen Unterscheidung beider Richtungen beweisen.

Bei der theoretischen Aufgabe, die durch Erfahrung gegebenen Tatsachen des Rechtslebens zu erforschen, tritt jene

---

[1]) Siehe Zitelmann, „Die Kunst der Gesetzesgebung", S. 5.

eigentümliche Doppelnatur des Rechts hervor, welche darin besteht, daß das Recht einerseits eine Tatsache des historischen Lebens ist, andererseits sich von sonstigen geschichtlichen Zuständen dadurch unterscheidet, daß sein Inhalt Normen enthält, welche für eine ungezählte Menge von Fällen Anwendung finden sollen. Daher hat die Jurisprudenz, wie alle Wissenschaft vom Normativen, zwei Seiten, eine extensive und eine intensive. Denn entweder betrachtet sie das Recht als ein Moment im Fluß des historischen Geschehens, indem sie es mit den übrigen Kulturfaktoren in Beziehung setzt, oder sie legt den Inhalt der Normen in systematischer Form dar. Zu diesem Zweck muß sie vom zeitlichen Verlauf abstrahieren, indem sie gleichsam einen Querschnitt machend, einen bestimmten Zeitpunkt ihrer Darstellung zugrunde legt. Die extensive Seite der Jurisprudenz kann, wie andere Geisteswissenschaften, nomothetisch oder idiographisch betrieben werden: im ersteren Fall wird von der konkreten Rechtsordnung vollkommen abstrahiert und ausschließlich psychologische und soziologische Gesetze des Rechtslebens erforscht. Man sucht z. B. mittels Induktion aus den einzelnen Erscheinungen festzustellen, aus welchen völkerpsychologischen Ursachen sich das Gewohnheitsrecht gebildet, insbesondere wie es sich von den verwandten Imperativen der Sitte und der Moral differenziert hat, oder auf welchem Kulturniveau die Gesetzgebung hervorzutreten pflegt. Man könnte diese Forschung als Rechtssoziologie bezeichnen, im Gegensatz zum zweiten Teil der extensiven Jurisprudenz, der idiographisch verfahrenden äußeren Rechtsgeschichte. Diese berichtet, wie sich das konkrete Recht im Laufe des historischen Werdegangs der Rechtsgemeinschaft, die eine Nation, ein Stadtstaat, eine Kirche oder ein sonstiges Gebilde sein kann, entwickelt hat. Das Hervorsprossen einer einzelnen Rechtsgewohnheit ist in gleicher Weise wie die verschiedenen Gesetzgebungsakte und privaten Rechtsaufzeichnungen Gegenstand ihrer Betrachtung, nicht minder gehören die Biographien bedeutender Juristen, Gesetzgeber, Richter und Gelehrten zu ihrer Aufgabe.

Auch die intensive Jurisprudenz kann auf eine doppelte Weise vorgehen: entweder stellt sie nur die einzelnen Rechte eines bestimmten Kreises dar, oder sie verfährt rechtsvergleichend, indem sie mehrere Rechte einer größeren Kulturgruppe, oder sämtliche Rechte der ganzen Welt zum Gegenstand ihrer Betrachtungen macht. Wenn sie dem Ideal, die Welt der Erfahrung nach dem Prinzip des geringsten Kräfteaufwandes zu denken, Genüge tun will, so muß sie darnach streben, den Stoff der Normen auf möglichst wenige allgemeine Grundsätze zu reduzieren, eine Aufgabe, die um so schwieriger ist, je mehr Rechtsordnungen als Objekt der Betrachtung herangezogen werden. Es wäre nach dem Gesagten wohl kaum nötig, noch einmal besonders vor einer Verwechslung dieser allgemeinen Grundsätze des Rechts mit jenen von der Rechtssoziologie gesuchten Gesetzen zu warnen, wenn nicht die Vermengung von Normen und Naturgesetzen[1]) eine gar zu gewöhnliche Erscheinung wäre. Für die Rechtssoziologie sind die soziologischen Naturgesetze des Rechtslebens ein Ergebnis der Forschung, welches dadurch gewonnen wird, daß beim Werden und Vergehen von Rechtsnormen gewisse Regelmäßigkeiten konstatiert werden, während für die Rechtsdogmatik die Rechtsnormen nur ein Objekt sind, welches durch sie in eine handlichere Form überführt wird.

Der Jurisprudenz nahe verwandt ist die Moralwissenschaft, welche sowohl die subjektive Sittlichkeit, wie die objektive Moral behandelt. Auch bei ihr kann man eine mehr nomothetisch verfahrende Richtung, die Moralpsychologie und die Moralsoziologie von der nach idiographischer Methode arbeitenden Moralgeschichte unterscheiden. Jene sucht allgemeine Gesetze des individuellen Seelenlebens und des sozialen Geschehens zu gewinnen, diese behandelt das sittliche Bewußtsein, wie es sich in seiner Einmaligkeit bei einzelnen Gruppen oder bei hervorragenden Personen findet. Dagegen dürfte sich die Moralwissenschaft wohl kaum nach Art der Rechtsdogmatik in begrifflich-systematischer Form darstellen lassen, weil die moralischen Imperative ihrer ganzen Natur nach viel zu vage sind, um sich einem so exakten Schema einzufügen.

Es gehört zu den vielen methodologischen Unklarheiten der geistreich, aber oberflächlich geschriebenen anonymen Ab-

---

[1]) Über den Gegensatz von Normen und Naturgesetzen siehe Windelband, „Präludien“, S. 249—287.

handlung über den „Kampf um die Rechtswissenschaft“, daß sie (S. 17) den Unterschied zwischen der Jurisprudenz als Wissenschaft und der Kunst der Rechtsanwendung nicht gehörig beachtet hat. Wenn der Autor der Jurisprudenz Größenwahn vorwirft, weil sie sich anheischig mache, jedes erdenkliche Problem zu lösen, so besteht ein derartiger Größenwahn nur in der Phantasie des Anonymus. Niemals ist es einer ernsthaften Rechtswissenschaft eingefallen, alle erdenklichen Fragen zwischen Himmel und Erde zu beantworten (etwa nach dem Gesinderecht der Inkas im Jahre 1400 unserer Zeitrechnung, oder nach dem Schicksal des römischen Rechtes, falls Justinian als Knabe gestorben wäre), ebenso wie die Astronomie ihre Unfähigkeit einräumt, die Temperatur des Sternes Alpha im Schwan anzugeben. Ganz abweichend ist aber die Lage der Rechtsanwendung, welche einzelne Fälle zu entscheiden hat. Denn der Richter darf die Prozeßparteien nicht etwa mit dem Bescheide abfertigen, daß er kein Urteil sprechen könne, weil die Erkenntnis des geltenden Rechts noch nicht genügend vorgeschritten sei, sondern er muß den Rechtsstreit, so gut es geht, entscheiden, weil sonst des Haderns kein Ende wäre. Wie es möglich ist, mit einem naturgemäß lückenhaften und unvollständigen Gebilde, wie dem Recht, jeden erdenklichen Rechtsfall zu entscheiden, das zu zeigen ist Sache der Kunstlehre des Rechts. Ferner macht sich ein weiterer wesentlicher Unterschied zwischen der Methode der Rechtswissenschaft in folgendem bemerkbar: während die verschiedenen Arten des Forschens für jeden erdenklichen Inhalt, also für alles Recht zu jeder Zeit und an jedem Ort, maßgebend sind, so variiert die Methode der Rechtsanwendung mit den Bestimmungen der einzelnen positiven Rechte. Denn die Stellung des Richters zum objektiven Recht ist nach den einzelnen Gerichtsverfassungen eine ganz verschiedene: bald ist ihm die Befugnis gewährt, sich von solchen Rechtsbestimmungen, die er für sachwidrig hält, zu emanzipieren, bald wird er verpflichtet, sich strenge an das Gesetz zu halten, oder es wird ihm gar untersagt, ein derogierendes Gewohnheitsrecht zu beachten. Nicht selten wird dem Richter geboten, Vorentscheidungen, die in der vorliegenden Frage von dem eigenen Gericht, oder von über- oder nebengeordneten — seltener von untergeordneten — Gerichten ergangen sind, zu respektieren. Eine derartige Bindung wird dem Richter besonders dann auferlegt, wenn seine Stellung zum objektiven Recht eine besonders freie ist. Daher kann man eine gemeinsame Methode der Rechtsanwendung nur für solche Staaten aufstellen, deren Gerichtsverfassungen eine im wesentlichen übereinstimmende Umgrenzung der richterlichen Kompetenz enthalten. Da es die Jurisprudenz als Kunstlehre, wie alle praktischen Disziplinen, ausschließlich mit den gegenwärtigen oder mit den zukünftigen Bedürfnissen zu tun hat, so wäre es vollkommen sinnlos, Anweisungen zur Anwendung längst entschwundener Rechte zu geben, während die Geschichte der Methodik, wie sie in früheren Rechten angewandt ist, von der größten Bedeutung und zugleich zum Verständnis der heutigen Kunstlehre nicht zu unterschätzen ist. Das Verhältnis liegt analog wie bei der Medizin. Während es zu der Geschichte des menschlichen Könnens gehört, festzustellen, wie in früheren Zeiten die Kranken einer Kur unterzogen wurden, würde es eine zwecklose Liebhaberei sein, sich darüber den Kopf zu zerbrechen, wie man etwa unter Zugrundelegung des damaligen Standes des medizinischen Wissens Alexander den Großen oder die Königin Elisabeth in ihrer letzten Krankheit behandelt hätte.

In der gegenwärtigen Abhandlung soll nur eine Kunstlehre der Rechtsanwendung für das heutige Deutsche Reich entwickelt werden. Im großen und ganzen dürfte die gefundene Methode für die Rechte der meisten kontinentalen Kulturvölker Europas maßgebend sein, da die Bestimmungen der Gerichtsverfassung über die Stellung des Richters zum objektiven Recht in den genannten Staaten im wesentlichen gleichen Inhalt haben. Bevor wir aber an unser eigentliches Thema herantreten können, bedarf es noch zur notwendigen Orientierung einer kurzen Betrachtung einiger Grundbegriffe der allgemeinen Rechtslehre.

§ 3.

Das Recht im objektiven und subjektiven Sinne.

Nicht isoliert, sondern nur in Gemeinschaft mit seinesgleichen kann der Mensch den Kampf ums Leben führen. Dieses Zusammenarbeiten ist nicht nur für die Erlangung der nötigen Subsistenzmittel zur Fristung der bloßen Existenz, sondern in noch viel höherem Grade für die Schöpfung aller Kulturgüter, welche dem Leben erst einen reicheren Inhalt gewähren, unbedingt geboten. Damit aber eine derartige gemeinschaftliche Arbeit zur Befriedigung menschlicher Interessen möglich wird, müssen Regeln bestehen, nach denen die Willenssphären der einzelnen gegeneinander abgegrenzt werden. So finden wir denn auch überall in der menschlichen Entwicklung von der niedrigsten Horde bis zum modernen Kulturstaat soziale Imperative, welche das äußere Verhalten der Genossen zueinander bestimmen. Während ursprünglich alle diese Imperative zu einer ungeschiedenen Masse gehören, beginnen sich diese prähistorischen Sozialnormen sehr bald nach der Verschiedenheit des Zwangsbewußtseins zu differenzieren. Einige Imperative heischen unbedingten Gehorsam, während die Autorität der übrigen bloß auf freiwilliger Anerkennung beruht. Erstere werden als Recht, letztere als Konventionalregeln bezeichnet, die ihrerseits in Sitte und Moral zerfallen, je nachdem, ob ihre Verletzung mehr Verwunderung oder mehr Entrüstung hervorruft.[1]) Sehr verschieden ist das Schicksal, das die beiden

[1]) Die Gegenüberstellung der Rechtsbefehle als autokratischer und der Konventionalregeln als hypothetischer Imperative stammt von Stammler („Wirtschaft und Recht", S. 121—130). Jedoch begreift Stammler unter Konventionalregeln ausschließlich die Gebote der Sitte, während er die Moral als eine besondere Unterart von Imperativen des äußeren Verhaltens im Gegensatz zu der subjektiven die Gesinnung betreffenden Sittlichkeit nicht berücksichtigt.

Hauptarten sozialer Gebote betroffen hat: während die Konventionalregeln sich nur wenig weiterentwickelt haben, die Sitte vielleicht sogar zurückgegangen ist, hat das Recht im Laufe der Geschichte einen wahren Siegeszug angetreten; denn es hat nicht nur seinen Inhalt immer mehr vertieft, sondern auch im Staat sich ein Organ geschaffen, welches den Gehorsam gegen seine Gebote durch äußere Gewalt gewährleistet, während die Sitte und die Moral ausschließlich auf gesellschaftlichen Zwang angewiesen sind. Die Differenzierung der prähistorischen sozialen Normen in die beiden Hauptgruppen des Rechts und der Konventionalregeln ist als einer der größten Kulturfortschritte anzusehen, denn durch diese Entwicklung ist ein doppelter Vorteil erreicht: einmal ist die Freiheit des Individuums in viel höherem Maße als früher gesichert. Denn fortan ist es nur an die Gebote des Rechts unbedingt gefesselt, dagegen kann es den bloßen Konventionalregeln den Gehorsam verweigern, wenn es die rein gesellschaftlichen Nachteile mit in den Kauf nimmt; auf diese Weise ist es dem bedeutenden Menschen, der seiner Zeit vorausgeeilt ist, möglich gemacht, dem kategorischen Imperativ seines Gewissens zu folgen und den bloßen Geboten der Sitte und Moral, die er für verkehrt hält, zu trotzen, falls er nur den Mut findet, es zu ertragen, daß seine Gruppe ihn als Sonderling verspottet oder gar als einen Nichtswürdigen verachtet.[1]) Während sich aber auf der einen Seite die unbedingte Autorität der sozialen Normen auf das Recht beschränkt hat, ist auf der anderen Seite insofern eine gewaltige qualitative Zunahme zu verzeichnen, als die rechtlichen Normen wegen des ihnen regelmäßig zukommenden äußeren Zwanges durchschnittlich viel mehr Aussicht haben, befolgt zu werden, als die bloßen Konventionalregeln. Von diesen ist die Sitte, bezüglich der Wahrscheinlichkeit realisiert zu werden, besser daran als die Moral. Denn einmal verlangt die Sitte meistens nur recht indifferente Handlungen, deren Erfüllung kein großes Opfer bedeutet, andrerseits ist der Fluch der Lächerlichkeit durchschnittlich dem Menschen noch verhaßter, als der Vorwurf eines unmoralischen Verhaltens. Aber das Verhältnis des Staats zum Recht erschöpft sich nicht darin,

---

[1]) Siehe Kohler „Lehrbuch d. B. G. B.“, Bd. 1, S. 8.

daß er die Erfüllung der Rechtspflichten sicherstellt, vielmehr sucht er durch seine Gesetzgebung das Recht auch inhaltlich weiterzuentwickeln, indem er veraltete Bestimmungen ausschaltet und neuen Bedürfnissen Rechnung trägt. Wie überhaupt das planmäßige Schaffen dem mehr instinktiven Handeln[1]) überlegen ist, so ist auch das uralte Volksrecht dem modernen Gesetzesrecht technisch bei weitem nicht gewachsen. Freilich hat diese rapide Entwicklung auch seine großen Schattenseiten, denn je mehr sich das Recht kompliziert, um so schwieriger wird es den Rechtsgenossen gemacht, die Gesamtheit der Normen völlig zu übersehen und sie von den Konventionalregeln strenge zu scheiden. Von dem unterrichtetsten Juristen durch die Kreise der gebildeten Laien bis zu den einfachsten Handarbeitern gibt es eine ganze Skala von Helligkeitsgraden bezüglich des Rechtsbewußtseins. Diese Tatsache darf aber nicht zu der Ansicht verleiten, als ob sich das Recht direkt nur an den Richter wende und daher für die Rechtsgenossen nur mittelbar von Bedeutung sei. Eine dahin gehende Lehre ist neuerdings von M. E. Mayer in seiner Abhandlung über „Rechtsnormen und Kulturnormen“ aufgestellt worden, in welcher er diese Theorie für sämtliche rechtliche Imperative mit alleiniger Ausnahme des nur de lege ferenda vorhandenen Verwaltungsstrafrechts verficht. Er stellt den nur an die Richter gerichteten Rechtsnormen die Gesamtheit derjenigen Gebote und Verbote, die als religiöse, moralische, konventionale, als Forderungen des Verkehrs und des Berufs an das Individuum herantreten, als Kulturnormen gegenüber. Dieser letztere Begriff deckt sich im wesentlichen mit demjenigen, was ich Konventionalgebote der Sitte und der Moral genannt habe. Nur möchte ich die religiösen Gebote nicht als eine besondere Art aufgefaßt sehen, weil die religiösen Forderungen nichts weiter sind als die Moralgebote und die Sittenvorschriften einer bestimmten Gruppe, nämlich der Religions- und Kultgemeinschaft. Auch scheint mir der Ausdruck „Kulturnormen“ wenig glücklich gewählt; denn er legt das Mißverständnis nahe, als ob das Recht als

---

[1]) Auf die allmähliche Zurückdrängung des Unwillkürlichen im Laufe der Kulturentwicklung weist Vierkandt hin („Naturvölker und Kulturvölker“, S. 350 und S. 413).

solches im Gegensatz zur Kultur stände, eine Auffassung, die Mayer entschieden selber zurückweist (S. 23 a. E.). Was der Autor für seine Theorie, daß die Rechtsnormen regelmäßig nur an den Richter, nicht aber an die Rechtsgenossen gerichtet seien, vorgebracht hat, ist wenig stichhaltig. Sein Hauptargument besteht darin, daß er auf die Rechtsunkenntnis des Volks hinweist und daraus den Schluß zieht, daß die Normen unmöglich an die Bürger in ihrer Gesamtheit gerichtet sein könnten. Demgegenüber hat schon Gerland [1]) mit Recht ausgeführt, daß die Frage nach den Normenadressaten von der Tatsache der Rechtskenntnis unabhängig sei. Denn sonst könnte ja auch der Richter nicht Adressat der Rechtsnormen sein, weil auch er unmöglich alle Gesetze im Kopfe haben kann und sich nicht selten, namentlich auf Spezialgebieten, wie Patent- und Seerecht, von manchem Laien beschämen lassen muß. Die Theorie, welche das Recht in einer Dienstanweisung an den Richter aufgehen läßt, bewegt sich wie alle das objektive Recht erklärenden Definitionen, welche den Staat begrifflich voraussetzen, in einem offenbaren Zirkel, denn wie Stammler [2]) treffend sagt, vermag man niemals einen Begriff vom Staat zu geben, ohne denjenigen des Rechts schon vorausgesetzt zu haben, weil dieser das logische Prius ist. In der Tat gleicht der Staat, welcher das Recht erst selber schafft, dem seligen Münchhausen, der sich an seinem eigenen Schopf aus dem Wasser zog. Ferner wird jede Theorie, welche das Recht vom Staat herleitet, dem Gewohnheitsrecht nicht gerecht. Denn bei Erklärung dieses Phänomens sieht sie sich genötigt, zu der reinen Fiktion einer stillschweigenden Gestattung ihre Zuflucht zu nehmen. Aber abgesehen von diesen Bedenken ist die Ansicht Mayers unhaltbar: er führt selber ganz richtig aus, daß die Gebote des Rechts, der Moral und der Sitte ursprünglich im Kindheitszeitalter der Völker völlig ungeschieden waren. Den weiteren Differenzierungsprozeß denkt sich der Autor in der Art, daß im Laufe der Kulturentwicklung der Staat seinen Richtern die Dienstanweisung erteilt habe, gewisse Sozialnormen ihren Entscheidungen zugrunde zu legen, wodurch dieselben zu

---

[1]) Gerland, „Kritische Vierteljahrsschrift", Bd. 46, S. 432.

[2]) Stammler, „Wirtschaft und Recht", 2. Aufl., S. 122.

Rechtsregeln würden. Selbst wenn diese Auffassung richtig wäre, würde aus ihr noch nicht folgen, daß die Rechtsnormen von jetzt an ausschließlich an den Richter gerichtet sind. Denn die prähistorischen Sozialnormen, aus denen sich das Recht entwickelt hat, wenden sich zweifellos an die Volksgenossen in ihrer Gesamtheit. Es ist nun absolut nicht einzusehen, warum derjenige Teil, welcher unter besondere staatliche Garantie gestellt ist, damit aufhört, an die Gesamtheit gerichtet zu sein. Fraglicher kann es sein, ob die Rechtsbefehle sich an alle Genossen oder nur an solche, welche sie zu verstehen imstande sind, wenden. Die letztere Ansicht vertritt Hold von Ferneck[1]), der in seinem Werk über die „Rechtswidrigkeit" zu beweisen gesucht hat, daß die Unzurechnungsfähigen ungeeignete Normenadressaten seien, weil sie die Bedeutung des Rechts nicht fassen und daher ihr Verhalten nicht nach seinen Geboten einrichten könnten. Seine Deduktion hat etwas Bestechendes, sie scheitert jedoch an dem von Thon [2]) erhobenen Einwand, daß die Unzurechnungsfähigen nicht wie die Tiere bloß ein Objekt der Beherrschung sind, sondern zugleich als berechtigte Personen erscheinen und daher auch entsprechend verpflichtet sein müssen. Daß sie infolge mangelnder Verstandesreife oder geistiger Erkrankung ihre Handlungsweise an der Norm nicht messen können, macht sie zu Normenadressaten nicht ungeeignet, denn das Recht trägt ihrer Unfähigkeit Rechnung, indem es eine andere Person, Vater, Vormund oder Pfleger anweist, für die Erfüllung der an jene gerichteten Imperative zu sorgen. Deshalb hat man daran festzuhalten, daß sich die Rechtsnormen an die Gesamtheit der Volksgenossen ohne Unterschied wenden.

Sehr bestritten ist es, ob es zum Begriff des objektiven Rechts gehöre, daß es positiver Natur sei. Als positiv bezeichnet man dasjenige Recht, welches gilt, d. h. welches in einem bestimmten Kreis von Menschen als für ihr äußeres Verhalten maßgebend anerkannt wird. Es ist keineswegs notwendig, daß das Bewußtsein von der Gültigkeit der Rechtsnormen von sämtlichen Ge-

---

[1]) Hold v. Ferneck, „Die Rechtswidrigkeit", Bd. II, S. 1—37.

[2]) Thon, „Rechtsnorm und subjektives Recht", S. 96 ff. — Derselbe, „Der Normenadressat" in Jherings Jahrbüchern, Bd. 50, S. 22 ff.

nossen geteilt wird. Dies ist nicht einmal möglich, denn ganz kleine Kinder und völlig wahnsinnige Menschen haben keine Vorstellung von irgend welchen Normen; aber auch solche Personen, welche an sich die Fähigkeit zu ihrer Beurteilung besitzen, sind nicht imstande, die Gesamtheit der Rechtsnormen zu übersehen. Vielmehr genügt es zur empirischen Feststellung einer Rechtsregel, daß sie von so vielen Genossen als maßgebend anerkannt wird, daß auf ihre regelmäßige Erfüllung mit Fug gerechnet werden darf. Gegen diese Auffassung läßt sich nicht etwa einwenden, daß sie den gegenwärtig wichtigsten Teil des Rechtes, nämlich das Gesetz, nicht mit umfasse. Denn auch das Gesetz, ebenso wie das auf Vertrag beruhende objektive Recht, sind nur deshalb verbindlich, weil die ihm unterworfenen Personen das Bewußtsein haben, daß dasjenige, was die betreffenden Organe festsetzen oder vereinbaren, als Recht maßgebend sei. Die Geltung des Gesetzes und des Vertragsrechts ist mithin eine mittelbare, während das Gewohnheitsrecht direkt auf dem Rechtsbewußtsein beruht. Diese Vorstellung von der positiven Gültigkeit einer Rechtsnorm darf man nicht mit dem Gerechtigkeitsbewußtsein, den Anschauungen über das, was recht und billig ist, verwechseln, ein Fehler, dessen sich selbst die Begründer der historischen Rechtsschule schuldig gemacht haben. Denn das Rechtsbewußtsein handelt von dem Recht, welches gilt, das Gerechtigkeitsbewußtsein dagegen von dem Recht, welches nach Ansicht der Genossen gelten soll. [1]) Das Wunschrecht verhält sich also zum positiven Recht wie das Ideal zur Wirklichkeit. Da aber das Ideal immer nur annähernd erreicht werden kann, nicht selten aber ganz unerfüllt bleibt, so muß das positive Recht eines Volks mehr oder weniger von seinen Vorstellungen über Recht und Billigkeit abweichen. Besonders krasse Fälle von Divergenz liegen vor, wenn einem unterjochten Volke vom Sieger ein fremdes Recht aufgenötigt wird, oder wenn der Juristenstand, wie bei

---

[1]) Auf diesen Unterschied weist Zitelmann hin („Gewohnheitsrecht und Irrtum", Archiv für die zivilistische Praxis, Bd. 66, S. 374 ff.) Dagegen vermengt Gierke („Deutsches Privatrecht", Bd. 1, S. 116) das positive Recht eines Volks mit dem den Genossen vorschwebenden Idealrecht, welches Gierke als „Vernunftaussagen über die zu einer gerechten Lebensordnung erforderlichen Willensabgrenzungen" bezeichnet.

der Rezeption des römischen Rechts in Deutschland, ein unpopuläres Recht durch Gerichtsgebrauch einführt. Daß bei den einzelnen Personen die Vorstellungen vom Recht, wie es ist und wie es sein soll, oft durcheinandergehen, ist ohne weiteres zuzugeben, denn zu ihrer begrifflichen Scheidung gehört schon ein ziemlich hoher Grad von juristischem Verständnis. Ein näheres Eingehen auf diese Fragen ist an dieser Stelle noch nicht nötig; denn wir haben es hier nicht mit einer Wertung, sondern nur mit der Feststellung des Begriffs Recht zu tun. Es fragt sich, ob nur das positive Recht diesen Namen verdient. Bergbohm [1]) bejaht diese Frage auf das entschiedenste. Nach seiner Ansicht kann man ein nicht geltendes Recht, das er mit Naturrecht identifiziert, ebensowenig Recht nennen, wie man einen Marmormenschen im Vatikan oder in den Uffizien als einen Fleisch- und Blutmenschen bezeichnen darf. Eine derartige Einschränkung des Begriffs Recht begeht den bekannten logischen Fehler, die Existenz als Begriffsmerkmal zu verwenden. In Wahrheit ist, wie Kant gelegentlich seiner Kritik des ontologischen Gottesbeweises [2]) dargelegt hat, die Kategorie des Daseins rein modaler Natur, denn „existieren" bedeutet nur „als Gegenstand der Erfahrung gegeben sein". Dagegen wird ein Begriff dadurch, daß sein Gegenstand als existierend gedacht wird, weder in seinem Inhalt reicher, noch in seinem Umfang enger; denn hundert gedachte Taler sind logisch ebensoviel wert als hundert wirkliche Taler, in gleicher Weise ist es für den Begriff „Wilhelm Tell" gleichgültig, ob es eine Person dieses Namens je gegeben hat, oder für den Begriff „Gespenst" irrelevant, ob derartige reine Geister in der Erfahrung erkannt werden können. Nichts anderes gilt auch für das Recht: wenn eine Norm das äußere Verhalten der Menschen in zwingender Weise regelt, so erfüllt sie die Merkmale des Begriffes Recht, mag sie irgendwo und wann auf dem Erdenrund gegolten haben oder nicht. Für die begriffliche Bearbeitung des Rechts ist es daher völlig gleichgültig, ob es sich um ein jetziges, ein vergangenes oder ein erst künftiges Recht handelt. Man kann das babylonische oder das römische Recht ebensogut bearbeiten, wie

---

[1]) Bergbohm, „Jurisprudenz und Rechtsphilosophie", S. 130 ff.
[2]) Siehe Kant, „Kritik der reinen Vernunft", S. 620—630.

das heutige deutsche oder englische Recht und nicht minder irgend einen Entwurf, mag er von der Regierung oder einer Einzelperson herrühren, zum Gegenstand seines Studiums machen. Ebensowenig kann es als unzulässig erscheinen, selber irgend einen Entwurf herzustellen und wissenschatlfich zu behandeln, als ob ein positives Recht in Frage stände. Wenn Bergbohm ausführt, daß man ein Idealrecht nicht zur kritischen Vergleichung neben das positive stellen dürfe, weil an demselben Ort zur selben Zeit nicht zwei widerstreitende Rechte existieren könnten, so übersieht er, daß das Idealrecht nur ein gedachtes, aber kein wirklich existierendes ist, also neben dem positiven sehr wohl bestehen kann. Nur darf man niemals vergessen, daß ein derartiges Wunschrecht nicht ohne weiteres angewandt werden, sondern nur zur Vergleichung herangezogen werden darf.[1]) Ein erdachtes Idealrecht verhält sich also zum positiven Recht nicht wie eine Statue zum Menschen, sondern wie ein bloß vorgestellter zum wirklichen Menschen. Ferner ist es unrichtig, wenn Bergbohm jedes Recht, abgesehen vom positiven, als Naturrecht bezeichnet; denn durch diese Charakterisierung wird das Wesen des Naturrechts nicht getroffen, sonst müßte auch alles frühere, nicht minder das ausländische Recht, soweit es nicht im einzelnen Fall nach der Lehre von der Statutenkollision Anwendung findet, ebenso wie jedes Wunschrecht als Naturrecht betrachtet werden. Eine solche Begriffsbestimmung wäre aber zum mindesten sprachwidrig, vielmehr besteht das eigentümliche der Naturrechtslehre darin, daß sie das Idealrecht, welches sie neben das positive stellt, als ein absolutes ansieht. Sie geht also davon aus, daß es ein stofflich bestimmtes Recht gäbe, welches aus der Natur des Menschen fließe und daher für alle Völker und Zeiten in gleicher Weise maßgebend sei. Wie sich dieses Naturrecht zum positiven verhalte, darüber sind seine Anhänger nichts weniger als einig; manche betrachten das Naturrecht nur als Zielpunkt für den Gesetzgeber oder höchstens als Ergänzung der Lücken des positiven Rechts, andere gehen dagegen viel radikaler vor, indem sie das positive Recht vor dem Naturrecht mehr oder weniger zurücktreten lassen.[2])

---

[1]) Stammler, „Wirtschaft und Recht“, S. 170.

[2]) Über die Geschichte der einzelnen Naturrechtstheorien siehe Bergbohm, „Jurisprudenz und Rechtsphilosophie“, S. 232—354.

Während die Verschiedenheit in der Auffassung des Verhältnisses zwischen Idealrecht und positivem Recht eine große Menge Schattierungen unter den Naturrechtslehrern bewirkt, besteht das ihnen allen gemeinsame Merkmal in der Annahme, daß ihr Wunschrecht aus der Natur des Menschen fließe und daher absolut sei. Ob diese ihre Auffassung berechtigt ist, kann erst festgestellt werden, wenn man eine etwaige Methode, nach welcher man in objektiv gültiger Weise ein Wunschrecht konstruieren kann, gewonnen und dann auf Grund dieser Methode erwiesen hat, daß dieses Idealrecht für alle Völker und Zeiten von gleichem stofflichen Inhalt sei. Prima facie ist diese Annahme freilich sehr wenig plausibel, denn daß es ein Recht geben sollte, das in gleicher Weise für Hottentotten und Engländer, für Russen und Chinesen sachgemäß erscheint, hat alle Wahrscheinlichkeit gegen sich.

An dieser Stelle haben wir es aber noch nicht mit der Methode der Rechtskunst, sondern erst mit einigen Vorfragen aus der allgemeinen Rechtslehre zu tun. Für diese ist es von größter Wichtigkeit, die Rechtsnormen als solche von ihrem Inhalt strenge zu scheiden: die Rechtsnorm ist ein sozialer Imperativ, also eine Handlung, dagegen sind die Rechtssätze als Inhalt der Rechtsnormen Urteile, welche regelmäßig einen hypothetischen Charakter an sich tragen. Denn die Rechtsordnung erteilt ihre Befehle in den seltensten Fällen schlechthin, regelmäßig tut sie dies dagegen nur unter der Bedingung, daß ein bestimmter Tatbestand vorliegt. Oft tritt der hypothetische Charakter der Rechtssätze nicht deutlich hervor, sondern verbirgt sich hinter einer kategorischen Form, aber darum ist er nicht minder vorhanden. So scheint das Verbot der Tötung eines Menschen ein unbedingtes zu sein, in Wahrheit ist es aber, wie Eltzbacher[1]) ausgeführt hat, von einer Menge meist negativer Voraussetzungen abhängig.

Die Rechtssätze werden gewöhnlich in gebietende, verbietende, erlaubende, erklärende und verneinende eingeteilt.[2])

---

[1]) Eltzbacher, „Handlungsfähigkeit", S. 60.

[2]) Siehe Windscheid-Kipp, „Lehrbuch des Pandektenrechts", 9. Auflage, Bd. 1, S. 116. § 27. — Bierling, „Zur Kritik der juristischen Grundbegriffe", Bd. 2, S. 22 ff. — Thöl, „Einleitung in das deutsche Privatrecht", § 33—36.

Die beiden letzteren Arten sind aber rein redaktionelle Sätze,[1]) welchen ausschließlich die Aufgabe zufällt, die übrigen Rechtssätze zu erläutern oder einzuschränken. Die sogenannten erlaubenden Sätze fallen teilweise unter den Begriff der verneinenden, teilweise unter den der gebietenden und verbietenden Sätze, die man unter dem Namen „befehlende Sätze" zusammenfassen kann. Das erstere ist der Fall, wenn die erlaubenden Sätze nur die Vornahme einer sonst verbotenen Handlung ausnahmsweise gestatten, wie z. B. die Tötung aus Notwehr oder die elterliche Züchtigung. Im übrigen decken sich die erlaubenden Rechtssätze mit den befehlenden Sätzen, sofern die Geltendmachung ihrer Verletzung dem Berechtigten anheimgegeben ist. Denn die Rechtsordnung kann dem einen nur dadurch ein Recht gewähren, daß es dem andern etwas befiehlt, ebenso wie es nur zu dem Zweck, um die Interessen eines Rechtsgenossen sicherzustellen, Verpflichtungen auferlegt: das Gebieten und das Verbieten ist die passive, das Gewähren aber die aktive Seite der Rechtssätze. Wenn dieses überaus einfache Verhältnis nicht selten verkannt worden ist, so mag es daran gelegen haben, daß die verpflichtende Seite in einem solchen Maße zurücktritt, daß sie dem Bewußtsein fast völlig entschwindet. Wenn die Rechtsordnung einer bestimmten Person den Genuß einer Sache gewährt, so kann sie dieses nur tun, wenn sie allen übrigen Personen verbietet, den Geschützten in dem Genuß seiner Sache zu stören. Die Vorstellung eines Befehls an die Gesamtheit der Rechtsgenossen hat aber etwas so vages, gespensterhaftes, daß sie durch die Idee des Geschütztseins völlig verdunkelt wird. Dagegen kann man umgekehrt bei den Geboten des Polizeirechts, die das Sandstreuen, Leeren von Gruben usw. anordnen, von einem Erlauben nicht sprechen, weil die Personen, welche an der Aufrechterhaltung der öffentlichen Ordnung selbst interessiert erscheinen, zur Geltendmachung ihrer Übertretung nicht berufen sind. Überall, wo die Rechtsordnung Befehle erläßt, geschieht es zu dem Zwecke, um menschliche Interessen irgend welcher Art zu schützen. Die Rechtsordnung kann zwar keine Güter schaffen,

[1]) Daß alles Recht in Normen besteht und daß sich daher alle Rechtssätze schließlich auf solche zurückführen lassen, darauf weist Bierling („Juristische Prinzipienlehre", Bd. 1, S. 30) hin.

denn über die Natur hat sie keine Gewalt, wohl aber kann sie den Wert der Güter erhöhen, indem sie ihnen durch Erlaß von Rechtsbefehlen Schutz angedeihen läßt. Hieraus könnte man den Schluß ziehen, daß Jhering[1]) Recht hatte, als er das subjektive Recht als rechtlich geschützte Interessen definierte. Dennoch kann diese Begriffsbestimmung nicht als richtig anerkannt werden. Gegen diese Formulierung erhebt sich zunächst das Bedenken, daß das subjektive Recht unmöglich als Art unter den Gattungsbegriff Interesse fallen kann, weil das objektive Recht, wie ausgeführt, die Lebensgüter nicht schafft, sondern vorfindet und durch seine Maßnahmen nur stärkt. Man muß daher zunächst die Jheringsche Definition umkehren, indem man nicht von rechtlich geschützten Interessen, sondern von Interessenschutz spricht. Aber damit ist noch nicht die Definition, sondern erst der Oberbegriff des subjektiven Rechts gewonnen, denn nicht jeder Interessenschutz charakterisiert sich als subjektives Recht, sondern nur ein solcher, wo einer bestimmten Person, dem Berechtigten, die Befugnis, selber im Falle der Zuwiderhandlung vom Verpflichteten die Erfüllung der Normen zu fordern, vom objektiven Recht zuerkannt ist.[2]) Es gehört also zum Wesen des subjektiven Rechts, daß dem Berechtigten wenigstens eventuell ein Anspruch auf ein Tun oder Unterlassen gewährt wird, oder nach der Terminologie der Scholastiker kann man auch sagen, daß im subjektiven Recht ein Anspruch, wenn auch nicht aktuell, so doch potentiell enthalten sein muß.[3]) Vom Anspruch ist die Befugnis zu seiner Durchsetzung mittels Selbsthilfe oder im Rechtswege wohl zu unterscheiden. Die sogenannten prozessualen Klagevoraussetzungen[4]) berühren den materiellen Anspruch als solchen in keiner Weise. Zum Begriff des subjektiven Rechts ist ausschließlich die Befugnis, ein Tun oder Unterlassen zu verlangen, wesentlich; ob es dem Berechtigten nach Prozeßrecht möglich ist, einen Anspruch im Klagewege zu verfolgen, ist für das materielle Recht völlig irrelevant. Regelmäßig ist der Berech-

---

[1]) Jhering, „Geist des römischen Rechts", Bd. 3. 1, S. 327—350.

[2]) Dieses Moment wird zwar von Jhering a. a. O. S. 351—368 erwähnt, aber kommt in seiner Definition nicht genügend zum Ausdruck.

[3]) Siehe auch Thon, „Rechtsnorm und subjektives Recht", S. 175 ff.

[4]) Hellwig, „Lehrbuch des Zivilprozesses", Bd. I, S. 150 ff.

tigte auch zugleich das Zwecksubjekt, dessen Interessen geschützt werden sollen, aber begrifflich notwendig ist dieses Zusammentreffen keineswegs, vielmehr kommt es nicht selten vor, daß der Träger der Willensmacht seine Befugnisse nur innehat, damit der Interessendestinatär geschützt wird. Dies ist z. B. bei der Stiftung der Fall, denn der juristischen Person ist der Rechtsschutz nur gewährt, damit den Stiftungen ein Vorteil zufließt. Eine derartige Trennung der berechtigten und geschützten Person findet sich ebenso bei den Treuhänderverhältnissen. So erhält der Konkursverwaltzr seine Befugnisse nur zu dem Zweck, um die Interessen der Gläubiger und des Kridars wahrzunehmen. In dem Begriff des subjektiven Rechts muß man also eine formale und eine materielle Seite unterscheiden. Die von Windscheid[1]) vertretene reine Willenstheorie begeht die Einseitigkeit, daß sie nur das formale Element betont, dagegen den materiellen Gesichtspunkt völlig übersieht. Nach dieser Ansicht könnte es den Anschein haben, als ob die Rechtsbefehle um ihrer selbst willen gegeben würden, damit sich der Verpflichtete im Gehorsam übe und der Berechtigte die Freude des Wollen-Dürfens genießen könne. Den umgekehrten Fehler begeht Jhering, indem er bei Definierung des subjektiven Rechts das formale Moment nicht ausreichend berücksichtigt. Durch Verbindung der Windscheidschen mit der Jheringschen Theorie vermeidet man ihre beiderseitigen Fehler: Jhering hat recht, wenn er hervorhebt, daß das subjektive Recht nicht um seiner selbst willen, sondern nur zum Zwecke des Interessenschutzes gegeben wird, aber er übersieht, daß die Lebensgüter wohl Zielpunkt, aber nicht Inhalt der subjektiven Rechte sind. Vielmehr muß man der Lehre Windscheids insofern zustimmen, als sie den Inhalt des subjektiven Rechts in den Imperativen, welche den Berechtigten von der Rechtsordnung anheimgegeben sind, erblickt. Wenn man ein Bild heranziehen will, so kann man auch sagen, daß das Recht im subjektiven Sinne nicht mit dem Gemüsegarten, sondern mit dem Stachelzaun, der ihn umschließt, verglichen werden kann; denn wie der Zaun nicht um seiner selbst willen, sondern für den Garten errichtet wird, so dient auch das Recht bloß der Sicherung der Lebensgüter.

---

[1]) Pandekten, Bd. 1., S. 155 ff. § 37.

Das subjektive Recht ist mithin nichts anderes als ein Sammelname für alle ein bestimmtes Lebensgut betreffende Imperative, soweit ihre Geltendmachung einer gewissen Person, nämlich dem Berechtigten, vorbehalten ist.[1])

Würde man genötigt sein, jedesmal beim Suchen einer bestimmten Vorschrift den ganzen Haufen der Normen herzuzählen, so wäre eine Übersicht über den Stoff nahezu unmöglich gemacht. Eine vollkommene Beherrschung der Materie ist nur möglich, wenn man das Recht in ein Begriffssystem umwandelt, ein Vorgang, den Jhering[2]) Präzipitierung der Rechtssätze zu Rechtsbegriffen oder als ihre Überführung in einen höheren Aggregatzustand bezeichnet. Zu diesem Behuf sind die Rechtssätze zunächst auf wenige allgemeine Prinzipien zurückzuführen, damit die Zahl der zu klassifizierenden Rechtsbegriffe eine möglichst geringe ist. Darauf wird sowohl der Inhalt des bedingenden Tatbestandes als der bedingten Rechtsfolge in Begriffe umgewandelt. Mithin ergeben sich für die Rechtssystematik zwei oberste Kategorien, nämlich der juristische Tatbestand und die Rechtsfolge. Es liegt in der Jurisprudenz ein ähnlicher Dualismus der Grundbegriffe vor, wie in der mathematischen Physik, die ihren gesamten Stoff den beiden Begriffen Kraft und Materie zu subsumieren sucht. Die Rechtsbegriffe zerfallen also in Rechtsfolgebegriffe und in Tatbestandsbegriffe, letztere sind die Begriffe von einem bestimmten Geschehen oder Zustand, soweit diese entweder allein oder mit sonstigen Tatbestandsmomenten eine Rechtsfolge nach sich ziehen. Dagegen sind erstere die Begriffe einer aus gewissen Tatbeständen sich ergebenden Rechtsfolge. Die Rechtsbegriffe, als Begriffe vom Inhalt der Rechtssätze, dürfen nicht mit den rechtlich relevanten Begriffen, die selber zum Inhalt der Rechtssätze gehören und auch gebraucht würden, wenn es gar kein Recht gäbe, verwechselt werden. Zu den juristisch relevanten Begriffen würden etwa Sache, Waffe, musikalisches Tonwerk, zu den Rechtsfolgebegriffen dagegen Ehe, Eigentum, Gattungsschuld und zu den Tatbestandsbegriffen Eheschließung,

[1]) Jellinek, „System der subjektiven öffentlichen Rechte", 2. Auflage, S. 67—81. — Gierke, „Deutsches Privatrecht", Bd. 1, S. 251 ff.

[2]) Jhering, „Geist des römischen Rechts", Bd. 1, S. 37 ff.

Ersitzung, Kauf zu zählen sein.[1]) Diese Gegenüberstellung von Rechtsbegriffen und rechtlich relevanten Begriffen wird durch die Tatsache, daß Rechtsbegriffe oft auch in Rechtssätzen vorkommen, keineswegs in Frage gestellt, denn eine derartige Erwähnung ist nichts als eine Verweisung auf einen weiteren Rechtssatz. So kann man aus dem § 950 B. G. B., der von dem Eigentumserwerb durch Verarbeitung spricht, den Begriff des Eigentums eliminieren, wenn man die Definition des § 903 einsetzt. Danach würde der Spezifikationsparagraph folgendermaßen lauten: „Wer durch Verarbeitung oder Umbildung eines oder mehrerer Stoffe eine neue bewegliche Sache herstellt, kann, sofern nicht der Wert der Verarbeitung oder der Umbildung erheblich geringer ist als der Wert des Stoffes, insoweit mit der Sache nach Belieben verfahren und andere von jeder Einwirkung ausschließen, als nicht das Gesetz oder Rechte Dritter entgegenstehen."[2])

Man darf die Lehre von den Rechtsbegriffen nicht verlassen, ohne auf einen Fehler hinzuweisen, welcher zwar bei der Behandlung aller Arten von Begriffen vorkommt, aber bei den Rechtsbegriffen besonders verhängnisvoll geworden ist. Ich meine die unzulässige Hypostasierung der Allgemeinbegriffe zu metaphysischen Wesenheiten. Der Begriffsrealismus ist eine uralte Erscheinung, er ist schon in der Ideenlehre Platos und den substantiellen Formen des Aristoteles und des Thomas von Aquino enthalten, er findet sich nicht weniger in der rationalistischen Metaphysik der Neuzeit bei Descartes, Spinoza und Hegel. Sein kontradiktorisches Gegenteil, der Nominalismus,

[1]) Auf den Unterschied von Rechtsbegriffen und rechtlich relevanten Begriffen weisen hin: Eltzbacher, „Rechtsbegriffe", S. 25—36. — Radbruch, „Der Handlungsbegriff" S. 29, ff.

[2]) Von der im Text gegebenen Analyse des Rechtssatzes ist die stoffliche Einteilung des gesamten Rechtes wohl zu unterscheiden. Nach dem stofflichen Gesichtspunkt wird das Recht in privates und öffentliches zerlegt; ersteres liegt vor, wenn sich koordinierte Rechtssubjekte gegenüberstehen, dagegen spricht man von öffentlichem Recht, wenn es sich um den Staat oder solche Verbände handelt, die diesem vom positiven Recht insoweit gleichgestellt sind. Das Privatrecht wird dann weiter nach der Natur des geschützten Rechtsgutes in Sachenrecht, Obligationenrecht usw. eingeteilt. Siehe hierüber Gierke, „Deutsches Privatrecht", Bd. 1, S. 114—117 und 195—205.

der die Allgemeinbegriffe für bloße Zeichen oder Denksymbole hält, wird im Altertum von Epikur und den Stoikern, gegen Ende des Mittelalters von Occam und seiner Schule vertreten. In der Neuzeit ist er mehr und mehr zur Herrschaft gelangt, der nominalistischen Auffassung huldigen die englischen Empiristen von Bacon bis Hume und vor allem Kant, der in seiner „Kritik der reinen Vernunft“ den Begriffsrealismus gründlich widerlegt hat, indem er zeigte, daß die Kategorien nur Formen unserer Synthese seien und daß ihnen daher, abgesehen von unserem Vorstellungsleben, keine reale Gültigkeit zukäme. Eine nähere Begründung des Nominalismus ist nicht notwendig, denn er folgt logischerweise aus dem Positivismus, dessen Berechtigung ich im ersten Paragraphen zu erhärten gesucht habe. Da uns in der Erfahrung immer nur einzelne Erscheinungen gegeben sind, so ist es die Aufgabe der Wissenschaft in diesem Chaos Ordnung zu schaffen, indem sie die singulären Wahrnehmungen den Allgemeinbegriffen subsumiert. Wie diese Begriffe zu bilden sind, ist eine reine Frage der Opportunität; da den Begriffen die Aufgabe gestellt ist, die Erfahrung zu schematisieren, so müssen sie so formuliert werden, daß die Erscheinungen möglichst vollständig und übersichtlich geordnet werden. Das einzige logische Erfordernis, das an sie erhoben werden darf, besteht darin, daß sie sich nicht widersprechen, nicht entgegengesetzte Merkmale enthalten dürfen. Im übrigen können Begriffe niemals richtig oder unrichtig sein, das Prädikat „wahr“ oder „falsch“ kommt vielmehr ausschließlich Urteilen zu.

Ein besonders charakteristisches Beispiel von juristischem Begriffsrealismus enthält Jherings[1]) naturhistorische Methode, welche in Rechtsbegriffen Körper erblickt und mithin auf Allgemeinbegriffe die Kategorie der Realität anwendet. Ein näheres Eingehen auf Jherings Lehre erfolgt besser in Verbindung mit der Kritik der Begriffsjurisprudenz. An dieser Stelle muß noch besonders vor einer Verwechslung der Jheringschen Lehre mit Zitelmanns Auffassung vom subjektiven Rechte gewarnt werden.

---

[1]) Jhering, „Geist des römischen Rechtes“, Bd. 1, S. 25—58 und Bd. II, S. 309—389. — Derselbe, „Unsere Aufgabe“, in seinen Jahrbüchern, Bd. 1, S. 1—52.

Beide Theorien sind vollständig verschieden, denn Zitelmann[1]) erblickt nicht etwa in den Rechtsbegriffen, also den Begriffen vom Inhalt abstrakter Rechtssätze, sondern nur in den konkreten subjektiven Rechten, welche der einzelnen Person zustehen, ein existierendes Ding, ein reales Etwas. Zwischen dem abstrakten und dem konkreten subjektiven Recht (z. B. dem Eigentum an beweglichen Sachen und dem Eigentum des Carl Müller an seinem eisernen Geldschrank) muß aber in gleicher Weise unterschieden werden, wie zwischen dem abstrakten und dem konkreten Tatbestand. Der Rechtssatz als solcher enthält als Bedingung den abstrakten Tatbestand, als bedingtes Element aber die abstrakte Rechtsfolge; dagegen betrifft der konkrete Tatbestand ein empirisches Geschehen, das sich irgendwo und wann in der Erfahrung abgespielt hat, während die konkrete Rechtsfolge das Verhalten, welches die beteiligten Personen zu beobachten haben, anbefiehlt. Die konkrete Rechtsfolge ergibt sich also syllogistisch aus dem Rechtssatz und dem konkreten Tatbestand nach der ersten aristotelischen Figur, Modus I, indem die abstrakte Rechtsfolge P das Prädikat des Obersatzes, der abstrakte Tatbestand M den Mittelbegriff, der konkrete Tatbestand S das Subjekt des Untersatzes und die gesuchte konkrete Rechtsfolge C die Konklusion darstellt.

$$\begin{array}{c} \text{M ist P} \\ \text{S ist M} \\ \hline \text{(S ist P)} = \text{C.} \end{array}$$

Während die naturhistorische Methode Jherings Begriffe vom Inhalt des Rechtssatzes, nämlich von dem abstrakten Tatbestand oder der abstrakten Rechtsfolge, M oder P, nach Art des scholastischen Realismus hypostasiert, wendet Zitelmann auf die konkrete Rechtsfolge C die Gegenstandskategorie an und lehrt ferner ganz konsequent, daß der konkrete Tatbestand infolge des Rechtssatzes den Gegenstand des subjektiven Rechtes und dieses wiederum die einzelnen Rechtsfolgen erzeuge. Auf diese Weise wird nicht nur die konkrete Rechtsfolge C zu einer Begriffsrealität erhoben, sondern es tritt noch außerdem insofern eine Verdoppelung von C ein, als die Rechtsfolge noch einmal dem Rechtskörper, als der unter der

[1]) Zitelmann, „Irrtum und Rechtsgeschäft“, S. 200 ff.

Gegenstandskategorie gedachten Rechtsfolge, gegenübergestellt wird. Schließlich wird auf das Verhältnis zwischen dem konkreten Tatbestand und dem Rechtskörper einerseits, und zwischen dem Rechtskörper und der Rechtsfolge andererseits, die Kategorie der Kausalität angewandt. Diese Auffassung ist aus erkenntnistheoretischen Gründen unhaltbar, denn die konkrete Rechtsfolge fällt nicht unter die Kategorie des Seins, sondern unter diejenige des Sollens, sie enthält keine Tatsache, welche existiert, sondern eine solche, welche verwirklicht werden soll. Es ist für den Begriff der Rechtsfolge vollkommen irrelevant, ob die verpflichteten Personen den Rechtsbefehlen gehorchen oder ihnen zuwiderhandeln, ja es ist nicht einmal nötig, daß die Beteiligten vom Eintritt der Rechtsfolge irgend eine Ahnung haben. Eine solche Unkenntnis kann z. B. eintreten, wenn der bisherige Berechtigte plötzlich in der Einsamkeit stirbt und sein Tod erst viel später bekannt wird. Wenn also Zitelmann zwischen konkretem Tatbestand, subjektivem Recht und konkreter Rechtsfolge ein Kausalverhältnis annimmt, so verfällt er in einen logischen Fehler, welcher für alle rationalistische Metaphysik [1]) charakteristisch ist: er wechselt den Erkenntnisgrund mit der Kausalität. Die Identifizierung von Kausalität und Erkenntnisgrund hängt mit dem Begriffsrealismus eng zusammen, denn kommt den Universalien Realität zu und sind daher logisches Denken und Sein inhaltlich identisch, so muß jedesmal dem am Faden des Erkenntnisgrundes verlaufenden Denkprozeß notwendig ein realer Vorgang entsprechen, auf welchen das Kausalprinzip Anwendung findet. Umgekehrt liegt es in der Konsequenz des nominalistischen Positivismus, zwischen Erkenntnisgrund und Kausalität strenge zu scheiden; denn wenn niemals den Begriffen selber, sondern höchstens den einzelnen Gegenständen, die sie umfassen, Realität zukommt, so brauchen dem logisch richtigen Denkakt nicht notwendig wirkliche Vorgänge, welche dem Kausalprinzip unterliegen, zu korrespondieren. So ist z. B. die Tatsache, daß ein gegebenes Drei-

[1]) So identifiziert Spinoza in seiner Ethik die beiden Begriffe Ratio und Causa und begeht dadurch einen grundlegenden Fehler, durch welchen sein stolzes metaphysisches Lehrgebäude in sich zusammenstürzt. Es war vor allem Schopenhauers Verdienst in seiner Dissertation auf diesen Unterschied hingewiesen zu haben.

eck rechtwinkelig ist, der Erkenntnisgrund für den weiteren Satz, daß das Quadrat der größten Seite der Summe der Quadrate der beiden anderen Seiten gleicht. Aber es wäre offensichtlich verkehrt, auf diese Beziehung zwischen Rechtwinkeligkeit und Gleichheit der Quadrate die Kategorie der Kausalität anzuwenden; denn letztere verknüpft ausschließlich reale Vorgänge miteinander, zu denen natürlich weder die Rechtwinkeligkeit noch die Gleichheit der Quadrate gezählt werden darf. Andererseits können Erkenntnisgrund und Kausalität insofern auch zusammenfallen, als man aus bestimmten empirisch festgestellten Kausalgesetzen in Verbindung mit einem konkreten Geschehen, z. B. der Durchbohrung des Herzens, einen weiteren Vorgang, nämlich den Eintritt des Todes, erschließen kann. Dieses zufällige Zusammentreffen von Kausalprinzip und Erkenntnisgrund hindert ihre begriffliche Trennung nicht, sondern erfordert sie gerade mit besonderer Energie. Aus dem Gesagten ergibt sich ohne weiteres, daß das Kausalprinzip auf das Verhältnis des juristischen Tatbestandes zur Rechtsfolge überhaupt keine Anwendung finden kann, weil Kausalität nur zwischen Vorgängen besteht, die Rechtsfolge aber keinen wirklichen Vorgang darstellt, sondern nur einen Zustand, der hergestellt werden soll, angibt. Wenn man wie Zitelmann[1]) der Ansicht ist, daß der Gesetzgeber zwischen Tatbestand und Rechtsfolge ein Kausalverhältnis herstelle, so wird der Begriff der Kausalität in einem ganz uneigentlichen Sinne gebraucht; denn die Kausalität im philosophischen Sinne ist das oberste Naturgesetz, über welches kein Gesetzgeber der Welt auch nur das Geringste vermag. Gewiß kann er sich der Naturgesetze bedienen, aber niemals vermag er neue Naturgesetze zu dekretieren, ebensowenig als er eine Frau in einen Mann verwandeln kann. Diese metaphorische Anwendung des Kausalbegriffes unterbleibt aber besser, denn sie verführt leicht zu Folgerungen, die unhaltbar sind. Vielmehr kann man auf das Verhältnis zwischen Tatbestand und Rechtsfolge nur den Begriff des Erkenntnisgrundes anwenden, mit dessen Hilfe es möglich ist, ein richtiges Urteil über die vorliegende konkrete Rechtsfrage zu gewinnen. Natürlich darf man mit dieser Operation,

---

[1]) Zitelmann, „Irrtum und Rechtsgeschäft", S. 224.

die jeder juristisch Denkende vornehmen kann, nicht den konkreten Urteilsakt des Richters verwechseln. Dieser steht wie alle seelischen Vorgänge unter dem Grundsatze der psychologischen Kausalität, er mußte so, wie er erfolgte, notwendig eintreten, aber damit ist noch nicht gesagt, ob das Urteil richtig ausgefallen ist. Diese Frage kann nur nach Maßgabe des Erkenntnisgrundes beantwortet werden. Denn wie schon ausgeführt, wird nach dem Schema der ersten aristotelischen Figur Modus I aus dem abstrakten Rechtssatz und dem konkreten Tatbestand die konkrete Rechtsfolge erschlossen. Die Feststellung des Tatbestandes ist Beweisfrage und keine spezifisch juristische Tätigkeit, dagegen ist die Darlegung des Obersatzes die Aufgabe der Kunst der Rechtsanwendung. In den seltensten Fällen läßt sich die Rechtsregel unmittelbar aus dem Gesetzestext ablesen oder direkt aus der Gewohnheit entnehmen, in den allermeisten Fällen muß sie vielmehr erst durch eine besondere Gedankenoperation gefunden werden. Die Darlegung der Methode, nach welcher man die nötigen Obersätze für den Rechtssyllogismus gewinnt, ist der eigentliche Gegenstand der vorliegenden Abhandlung.

§ 4.

Die Auslegung als Auffindung immanenter Werturteile.

Wenn man sich anheischig macht, eine Methode der Rechtsanwendung darzulegen, so wird man statt einer sachlichen Erwiderung nicht selten dem Einwand begegnen, daß sich in Wirklichkeit die Sache bei den Gerichten ganz anders abspiele, und daß es daher verlorene Liebesmühe sei, die Praxis meistern zu wollen. Diese Auffassung geht völlig fehl, denn die Schilderung der tatsächlich geübten Judikatur gehört in das Gebiet der Richterpsychologie, hat dagegen mit der Darlegung der richtigen Methode der Rechtsanwendung auch nicht das Geringste zu tun. Es wäre möglich, daß die Richter bisher völlig abweichend von der richtigen Methode geurteilt hätten. Daraus würde aber nur folgen, daß sie ihr bisheriges Verfahren mit dem richtigen zu vertauschen hätten, dagegen könnte aus jener betrübenden Tatsache keineswegs der Schluß gezogen werden, daß das gefundene Resultat unmöglich zutreffend sei. Die richtige Methode der Rechtsanwendung ist eine Idee im Kantschen Sinne, ein regulatives Prinzip, also mithin ein Ziel, welchem die menschliche Tätigkeit zustreben soll, auch wenn sie es niemals vollständig erreichen, sondern sich ihm nur in der Unendlichkeit nähern kann.[1]) So will auch die Methode der Rechtsanwendung nicht etwa den Seelenzustand des urteilenden Richters schildern und ihn begrifflich analysieren, sondern ihm durch Darbietung von Verhaltungsmaßregeln den rechten Weg für eine zutreffende Rechtspraxis weisen.

Über die richtige Methode der Rechtsanwendung gehen die Ansichten in den allermeisten Fragen sehr weit auseinander

---

[1]) Kuno Fischer, „Geschichte der neueren Philosophie", Bd. 4, S. 473.

nur darüber dürfte Einigkeit herrschen, daß in der Gegenwart der deutsche Richter, welcher geschworen hat, dem Gesetz untertan zu sein, zum mindesten die Worte des Gesetzes respektieren muß. Hier aber beginnt auch schon das Gebiet der Kontroversen, es erheben sich vor allem die Fragen, in welcher Weise der Richter die Worte des Gesetzes auslegen darf, und wie er etwaiges Gewohnheitsrecht feststellen soll. Um Wiederholungen zu vermeiden, empfiehlt es sich, zunächst bei der Gesetzesauslegung stehen zu bleiben und erst später das Gewohnheitsrecht ins Auge zu fassen. Die nächste Aufgabe des Richters besteht darin, zu untersuchen, ob der in Frage stehende Gesetzgeber zum Erlaß seiner Befehle kompetent war. Nach deutschem Reichsstaatsrecht ist einmal das Verhältnis der Zuständigkeit der Reichsgesetzgebung zu derjenigen der Landesgesetzgebung zu prüfen, andererseits fragt es sich, ob zum Gesetz im materiellen Sinn ein Gesetz im formellen Sinn notwendig, mit anderen Worten, ob zur Setzung von Rechtsnormen eine parlamentarische Zustimmung notwendig sei. Da das Reich die sogenannte Kompetenz-Kompetenz besitzt so spricht die Vermutung für die Zuständigkeit der Reichsgesetzgebung. Was aber den zweiten Punkt anlangt, so können im Reich, soweit keine Delegation stattgefunden hat, Rechtsnormen nur durch ein formelles Gesetz geschaffen werden.[1]) Dasselbe gilt für die Gliedstaaten, insbesondere auch — abgesehen von den Notverordnungen — für Preußen. Bei den einzelstaatlichen Rechtsverordnungen hat also der Richter eine doppelte Prüfung vorzunehmen: erstens muß er die Kompetenz der Landesgesetzgebung und zweitens die gesetzliche Delegation des Verordnungsorgans feststellen. Wenn die preußische Verfassung in dem bekannten Artikel 106 dem Richter die Prüfung der Rechtsgültigkeit ordnungsmäßig verkündeter königlicher Verordnungen entzieht und den Kammern vorbehält, so betrifft diese Ausnahme nur die letztere Frage, während die Notwendigkeit einer Feststellung der Landeskompetenz unberührt bleibt. Dagegen hat der Richter bei Reichsverordnungen nur die erforderliche

---

[1]) Übereinstimmend Kohler, „Lehrbuch des B.G.B.“, Bd. 1, S. 90. — Anschütz, „Deutsches Staatsrecht“ in Kohlers „Enzyklopädie der Rechtswissenschaft“, Bd. 2, S. 603.

Delegation und umgekehrt bei Landesgesetzen nur die Zuständigkeit des Einzelstaats zu erörtern, während die Kompetenz der Reichsgesetzgebung eben wegen ihrer Souveränität keiner Begründung bedarf. Denn auch, wenn das Reich über den ihm zugewiesenen Kreis durch seine Gesetzgebung hinausgreift, so würde hierin eine Erweiterung des Artikels 4 der Reichsverfassung zu erblicken sein. Eine derartige stillschweigende Verfassungsänderung ist zulässig, sofern nur nach Artikel 78 keine 14 Stimmen im Bundesrat gegen das Gesetz abgegeben sind. Eine Nachprüfung des Stimmenverhältnisses im Bundesrat liegt aber dem Richter nicht ob, da es sich um Interna eines gesetzgebenden Organs handelt, welche, wie unten auszuführen sein wird, die Richter nicht berühren. Da die einschlägigen Kompetenzfragen oft sehr schwer zu entscheiden sind, so muß ihre Beantwortung bis zur Vornahme der Auslegung vertagt werden, denn nicht selten läßt sich die Kompetenz erst feststellen, wenn der genaue Sinn des Textes erschlossen ist. Ferner ist es sehr bestritten, ob die vorgeschriebene parlamentarische Zustimmung vom Richter geprüft werden muß, oder ob ein ordnungsmäßig verkündetes Gesetz für ihn auch dann verbindlich ist, wenn gerichtskundigerweise die verfassungsmäßig berufenen Körperschaften nicht einmal um ihre Meinung befragt worden sind. Diese staatsrechtliche Frage, von der man nur hoffen kann, daß sie niemals praktisch werden möge, ist meines Erachtens im Sinne der ersteren Alternative zu beantworten; denn es würde dem Grundgedanken unseres modernen konstitutionellen Staatsrechts, der dahin geht, dem Volke eine Anteilnahme an der Gesetzgebung zu gewähren, vollkommen widersprechen, wollte man die Zustimmung des Parlamentes als eine bloß instruktionelle Vorschrift auffassen, vielmehr ist das Vorhandensein der konstitutionellen Einwilligung zur Gültigkeit des Gesetzes unbedingt notwendig. Freilich braucht die Zustimmung nicht in jedem einzelnen Fall bewiesen zu werden, es genügt vielmehr, wenn die parlamentarische Beschlußfassung in den Einleitungsworten des Gesetzes erwähnt wird. Unter dieser Voraussetzung darf die Richtigkeit der Anfangsformel ohne weiteres unterstellt werden. Dafür daß ein ordnungsmäßig verkündetes Gesetz die nötige parlamentarische Zustimmung erhalten hat, spricht eine gewöhnliche Vermutung (präsumptio juris), aber nicht wie die Gegner annehmen,[1]) eine qualifizierte Vermutung (präsumptio juris et de jure), die in Wahrheit eine Fiktion wäre. Dagegen brauchen die internen Vorgänge, welche sich bei der Beschlußfassung in einer Körperschaft abgespielt haben, nicht im einzelnen nachgeprüft zu werden, insbesondere erübrigt sich der spezielle Nachweis, daß die zur Beschlußfassung erforderliche Mindestzahl an der Abstimmung teilgenommen hat. Vielmehr muß die Erklärung des zuständigen Körperschaftsorgans, — regelmäßig also des Präsidenten, — daß ein ordnungsmäßiger Parlamentsbeschluß vorliege, als bindend angesehen werden, so daß eine dahingehende Prüfung von seiten des Richters unzulässig erscheint.

Nachdem die Kompetenz des Gesetzgebers festgestellt ist, muß die Echtheit des Textes erörtert werden, d. h. es ist zu prüfen, ob ein bestimmter Wortlaut, dessen Inhalt in Rechtsnormen besteht, in Wirklichkeit von demjenigen Gesetzgeber herrührt, als dessen Werk der Text sich selbst ausgibt. Diese Aufgabe dürfte gegenwärtig kaum irgend welche Schwierigkeiten bereiten, da die Gesetze sowohl des Reichs wie der Einzelstaaten in offiziellen Sammlungen publiziert werden. Im wesentlichen beschränkt sich die Prüfung der Echtheit auf die Feststellung etwaiger Publikationsversehen. Derartige Druck- oder Schreibfehler, die sich nach der Sanktion durch das souveräne Staatsorgan in den Text eingeschlichen haben, sind nicht mit den sogenannten Redaktionsversehen zu verwechseln. Von letzteren spricht man, wenn vor der Sanktion in irgend einem Stadium der Verhandlung ein Flüchtigkeitsfehler, z. B. ein falsches Zitat begangen worden ist. Im Gegensatz zum Publikationsfehler ist das Redaktionsversehen nicht Gegenstand der Textkritik, sondern gehört in die Lehre vom Willen des Gesetzgebers. Dagegen kann ein Irrtum, der sich nach der Sanktion eingeschlichen hat, ohne weiteres von einem jeden Ausleger berichtigt werden; denn dem falschen Text mangelt die Sanktion, woraus sich seine Ungültigkeit ohne Zweifel ergibt, aber nicht minder kann jeder Ausleger den richtigen sanktionierten Text in das Gesetz einstellen. Man darf

---

[1]) Hauptgegner ist: Laband, „Deutsches Staatsrecht", Band 2, S. 39 ff.

nicht etwa einwenden, daß es dem sanktionierten Text an dem formellen Erfordernis der Publikation fehle. Denn diese Vorschrift bezieht sich nur auf das Gesetz als Ganzes, nicht aber auf die einzelnen Buchstaben. „Auch durch die falsche Veröffentlichung wird dem formellen Erfordernis der Publikation genügt.“[1])

Nachdem man auf diese Weise die Kompetenz des Gesetzgebers und die Echtheit des Textes geprüft und somit den maßgebenden Wortlaut festgestellt hat, beginnt die eigentliche Auslegung, welche den Sinn des Gesetzestextes darzulegen hat. Bis vor kurzem herrschte die von Savigny begründete historisch-philologische Methode der Gesetzesinterpretation in Deutschland, sowohl bei den Schriftstellern als in der Judikatur fast unumschränkt. Savigny hatte sich auch in seiner Darstellung der Methode der Rechtsanwendung als echter Historiker gezeigt, indem er es für die wesentliche Pflicht des Interpreten hielt, den konkreten Willen des Gesetzgebers so treu als möglich festzustellen. Die Gesetzesauslegung stand also für ihn auf gleicher Stufe mit der philologischen Exegese, welche das Erkannte noch einmal zu erkennen, das Gedachte noch einmal zu denken hat. Er fordert ausdrücklich, daß sich der Interpret die geistige Tätigkeit, woraus der vorliegende einzelne Ausdruck von Gedanken hervorgegangen sei, lebendig vergegenwärtige, und daß er zweitens die Anschauung des historisch-dogmatischen Ganzen, woraus dieses einzige allein Licht erhalten könne, in hinlänglicher Bereitschaft habe, um die Beziehungen desselben sogleich wahrzunehmen.[2]) Im einzelnen unterscheidet Savigny[3]) zwischen grammatischer, logischer, historischer und systematischer Auslegung. Erstere hat zum Gegenstand das Wort, welches den Übergang aus dem Denken des Gesetzgebers in unser Denken vermittle, während die logische Auslegung auf die Gliederung des Gedankens, also auf das logische Verhältnis, in welchem die einzelnen Teile desselben zueinander ständen, gerichtet sei. Dagegen habe die historische Seite der Interpretation den zur Zeit des gegebenen Gesetzes für das vorliegende Rechtsverhältnis durch Rechtsregel bestimmten Zustand zum Gegenstand, während sich das

---

[1]) Binding, „Handbuch des Strafrechts“, Bd. 1, S. 460.

[2]) Savigny, „System des heutigen römischen Rechts“, Bd. 1, S. 215.

[3]) „System“, Bd. 1, S. 213.

systematische Element auf den inneren Zusammenhang beziehe, welche alle Rechtsinstitute und Rechtsregeln zu einer großen Einheit verknüpfe. Diese Einteilung ist wenig glücklich, weil sie nicht auf einem klaren Prinzip beruht, denn logisch und historisch muß schließlich jede Auslegung, die grammatische wie die systematische insofern sein, als sie die Denkgesetze und nicht minder den gesamten historischen Zustand bei Erlaß des Gesetzes zu berücksichtigen hat. Andererseits darf man die historische Interpretation nicht dahin verstehen, als ob im Zweifel das alte Gesetz für die Auslegung maßgebend sei, denn nicht selten macht der Gesetzgeber gegenüber der Vergangenheit einen radikalen Schnitt, so daß ein Heranziehen früherer Gesetze zur Auslegung einer derartigen einschneidenden Neuerung als eine ganz unzulässige Vermischung heterogener Dinge erscheinen muß. Daher haben auch die späteren Pandektisten, welche im übrigen getreulich den Spuren Savignys folgten, seine Vierteilung nicht mit übernommen, sondern sich mit der herkömmlichen Zerlegung der doktrinellen Auslegung[1]) in grammatische und in logische oder systematische begnügt. Unter der ersteren verstanden sie die Auslegung einer Gesetzesstelle nach ihrem eigenen Wortlaut, während sie die Interpretation aus dem Ganzen der Rechtsordnung als logische oder systematische bezeichneten. Die Grundauffassung Savignys dagegen, nämlich die Gleichstellung der juristischen mit der philologischen Interpretation, blieb bis zum Ende des vorigen Jahrhunderts vorherrschend, wenn sie auch wiederholt sehr energisch angegriffen wurde.[2]) Einen markanten Ausdruck

---

[1]) Nur die doktrinelle Auslegung ist Auslegung im eigentlichen Sinne des Wortes, dagegen charakterisiert sich die authentische Interpretation, welche mittels Gesetzes als legale oder durch Gewohnheit als usuelle den Sinn einer gesetzlichen Bestimmung feststellt, als Schaffung einer neuen Rechtsnorm mit rückwirkender Kraft. Denn bei einer authentischen Interpretation kommt es gar nicht darauf an, ob das neue Gesetz oder die Gewohnheit den Sinn der alten Bestimmung getroffen oder ob sie das gerade Gegenteil ihres offenbaren Wortlauts angeordnet haben.

[2]) Die philologische Auslegungstheorie wurde vor allem angegriffen von: Kohler, „Über die Interpretation von Gesetzen“, in Grünhuts Zeitschrift, Bd. 13, S. 1—61. — Binding, „Handbuch des Strafrechts“, Bd. 1, S. 450—474. — Wach, „Handbuch des deutschen Zivilprozeßrechts“, Bd. 1, S. 254—305.

gab Windscheid[1]) der rein philologischen Auslegungstheorie, indem er forderte, daß der Ausleger sich unter Beachtung aller erreichbaren Momente möglichst vollständig in die Seele des Gesetzgebers hineindenke. Um diesen Zweck zu erreichen, erscheint nichts geeigneter, als die eigenen Aufzeichnungen und sonstigen Äußerungen der an der Gesetzgebung beteiligten Personen, wie sie aus den Motiven, Protokollen und Parlamentsberichten ersichtlich sind, nach Möglichkeit auszunutzen. Freilich ist es in unserem modernen konstitutionellen Staat, wo eine so große Anzahl physischer Personen an der Gesetzgebung beteiligt ist, fast unmöglich, den Willen des Gesetzgebers in einwandsfreier Weise festzustellen. Aber da half man sich mit mehr oder weniger plausiblen Unterstellungen. Nicht selten wurde angenommen, daß, wenn eine an der Gesetzgebung beteiligte Person sich in einem bestimmten Sinn geäußert hätte, ohne daß die übrigen widersprochen hätten, letztere damit die fragliche Äußerung adoptierten, wodurch die Materialien selber mehr oder weniger mit Gesetzeskraft ausgestattet würden.[2]) Die Schattierungen dieser Lehren im einzelnen zu verfolgen verlohnt sich nicht, weil die ganze Grundanschauung, auf der diese Theorie aufgebaut ist, als vollkommen unhaltbar erscheint. Denn mit der formalen Kraft der Rechtsautorität werden nur die Worte des Gesetzes bekleidet, weitere Äußerungen einer an der Gesetzgebung beteiligten Person sind rein individuelle Erklärungen ohne irgend welche bindende Verpflichtungskraft. An diesem Punkt tritt der Gegensatz zwischen der rein philologischen und der spezifisch juristischen Interpretation deutlich in die Erscheinung: der Philologe, der den Gedankeninhalt eines Geisteswerks erforschen will, sucht sich nach Möglichkeit in die Seele seines Autors hineinzuversetzen. Zu diesem Zweck studiert er den Werdegang der geistigen Schöpfung, indem er sie als als ein Produkt des Charakters ihres Autors und der

---

[1]) Windscheid, „Pandekten“, Bd. 1, § 21, S. 99. Derselben Ansicht ist Regelsberger, „Pandekten“, Bd. 1, S. 143: „Gesetz ist der Ausdruck des Willens des Gesetzgebers, Inhalt des Gesetzes das vom Gesetzgeber erkennbar Gewollte, der Wille des Gesetzgebers“.

[2]) Die einzelnen Nuancierungen dieser Lehre erwähnt Kohler bei Grünhut, Bd. 13, S. 22. Über den Kultus der Materialien siehe auch Kohler, „Lehrbuch des B.G.B.“, Bd. 1, S. 130.

Kulturzustände seiner Zeit zu verstehen sucht. Diese Methode muß auch der Jurist anwenden, wenn er Gesetze oder juristische Schriften, wie andere literarische Erzeugnisse, einer philologischen Kritik unterzieht, wenn er also z. B. die Fragmente eines Papinian, Ulpian oder Paulus oder die Aufzeichnungen eines Suarez, oder schließlich die Motive zum B.G.B. zu erklären unternimmt. Ganz anders aber ist die Lage des Juristen, welcher die Gesetze zum Zwecke der praktischen Anwendung zu interpretieren hat; denn soweit ein literarisches Erzeugnis mit Gesetzeskraft bekleidet wird, löst es sich von der Person seines Autors ab und nimmt eine selbständige Stellung ein. Daher darf es nicht mehr aus der Person des Verfassers erklärt werden, vielmehr muß der ihm objektiv innewohnende Sinn herausgearbeitet werden. Eine derartige Selbständigkeit des Gesetzestextes ist unbedingt notwendig, wenn der Zweck, den die Gesetzgebung erstrebt, erreicht werden soll. Dieses Ziel ist die Feststellung des objektiven Rechts durch Fixierung in einer bestimmten Urkunde:[1]) überall in der Universalrechtsgeschichte wird durch die Forschung bestätigt, daß die Unsicherheit und Zweifelhaftigkeit des uralten Gewohnheitsrechts zu einer Formulierung durch feierliche Gesetzesworte drängt. Häufig macht ein leidenschaftlicher Parteikampf zwischen verschiedenen Ständen oder Volksschichten, wie beim Erlaß des römischen Zwölftafelgesetzes, eine Einschränkung der richterlichen Macht durch genau fixierte Gesetze zu einem besonderen Bedürfnis. Das Ideal der Rechtssicherheit würde aber nur sehr unvollständig erreicht, wenn der Wortlaut nicht aus sich selbst, sondern aus der Seele derjenigen konkreten Personen, die zufällig an der Redaktion teilgenommen haben, interpretiert werden müßte. Denn dann würde das Gesetz, das hoch erhaben über allen persönlichen Zufälligkeiten thronen soll, vollständig in den Strudel der individuellen Vorstellungen und Meinungen der Redaktoren hineingezerrt werden. Ein Vergleich aus der Lehre von den Rechtsgeschäften möge das Gesagte erläutern:

---

[1]) Oskar Kraus, „Die leitenden Grundsätze der Gesetzesinterpretation“ in Grünhuts Zeitschrift Bd. 32, S. 622ff. weist mit Energie darauf hin, daß der Zweck der Gesetzgebung, die Rechtssicherheit zu erhöhen, eine rein philologische Interpretation des Gesetzestextes entschieden verbiete.

die Regel des § 133 B.G.B., welche bestimmt, daß bei Auslegung einer Willenserklärung der wirkliche Wille zu erforschen und nicht an dem buchstäblichen Sinne des Ausdrucks zu haften ist, wird für die große Mehrzahl der Rechtsgeschäfte, nämlich für die Verträge durch die Vorschrift des § 157 B. G. B., nach welcher Verträge so auszulegen sind, wie Treu und Glaube mit Rücksicht auf die Verkehrssitte es erfordern, wesentlich modifiziert.[1]) Daher ist im großen und ganzen nur für die letztwilligen Verfügungen der wirkliche Wille des Erklärenden schlechthin maßgebend, auch wenn er in den Worten oder sonstigen Zeichen keinen adäquaten Ausdruck gefunden, während für die übrigen Rechtsgeschäfte die direkte oder analoge Anwendung des § 157 B.G.B. Platz greift. Diese Regelung ist durchaus angemessen; denn bei den letztwilligen Verfügungen kommt es vor allem darauf an, daß der Wille des Erblassers nach Möglichkeit verwirklicht werde. Daher hat man auch die Wunderlichkeiten eines rein individuellen Sprachgebrauchs zu respektieren. Sollte also z. B. zweifelsfrei feststehen, daß ein alter Sonderling die Gewohnheit hatte, stets Taler zu sagen, wenn er Mark meinte, so hätte man diesen Sprachgebrauch bei Auslegung des Testamentes zu berücksichtigen. Wenn der Erblasser also einem Legatar tausend Taler vermacht hätte, so wären diesem nur tausend Mark auszuzahlen, wollte man ihm tausend Taler zusprechen, so würde man am buchstäblichen Sinne des Ausdrucks haften, aber dem wirklichen Willen des alten Sonderlings, der den Erben nicht die dreifache Summe zu entziehen beabsichtigte, in keiner Weise gerecht werden. Ganz anders aber ist die Sachlage bei den Verträgen und sonstigen Verkehrsgeschäften. Würde man auch bei ihnen die Wunderlichkeiten des individuellen Sprachgebrauchs zur Auslegung heranziehen, so wäre die Sicherheit des Verkehrs im höchsten Grade gefährdet; niemand könnte mehr dem Wort des andern trauen, sondern müßte befürchten, daß bei der Auslegung der Parteierklärungen rein persönliche Absonderlichkeiten des einen Vertragschließenden die Gültigkeit des Rechtsgeschäfts in Frage stellen könnten. Dieser Möglichkeit tritt die Vorschrift des § 157 B. G. B.

[1]) Siehe hierüber Danz, „Die Auslegung der Rechtsgeschäfte", S. 121 ff.

entgegen, nach der es bei Verträgen auf die typische Bedeutung, welche man regelmäßig mit den gebrauchten Worten im Verkehr verbindet, ankommt, während ein vom normalen Wortsinn abweichender Parteiwille nur im Rahmen der Irrtums- und Betrugsanfechtung seine Berücksichtigung finden kann. Würden jedoch sämtliche Vertragschließende einem absonderlichen Sprachgebrauch huldigen, so hätte die Regel des § 133, nach welcher der wirkliche Wille zu erforschen ist, insoweit zu gelten, als sich die Wirkung des Vertrags ausschließlich auf die Kontrahenten erstreckt; denn unter dieser Voraussetzung erfordert die Verkehrssicherheit keine Einschränkung der reinen Willenstheorie. Wenn also z. B. jener oben erwähnte alte Sonderling eine Bibliothek für tausend Taler kaufen würde, so könnte er sich auf seinen rein individuellen Sprachgebrauch, Taler statt Mark zu sagen, seinem Verkäufer gegenüber nur dann mit Erfolg berufen, wenn ausnahmsweise auch dieser demselben Sprachgebrauch huldigte oder sich wenigstens die Wunderlichkeiten des Sonderlings gefallen ließ. Im übrigen wäre er darauf beschränkt, den Kauf unverzüglich anzufechten und gemäß § 122 verpflichtet, dem Verkäufer das negative Vertragsinteresse zu ersetzen. Wenn man die für die Rechtsgeschäfte maßgebenden Auslegungsregeln auf die Gesetzesinterpretation entsprechend anwendet, so ergibt sich folgendes Resultat: daß bei den Gesetzen, welche sich an das Publikum in seiner Gesamtheit wenden, eine rein individuelle Auslegung im Sinne des § 133 völlig ausgeschlossen sei, ist ein unbedingtes Erfordernis der Rechtssicherheit. Darum kann nur derjenige Sinn, welcher sich rein objektiv nach grammatischen und logischen Grundsätzen aus den Worten ergibt, bei der Rechtsanwendung in Betracht kommen. Insofern kann man sagen, daß Gesetze nach Treu und Glauben ausgelegt werden müssen, nur darf man nicht vergessen, daß natürlich eine Anfechtung wegen Irrtums oder gar wegen Betrugs völlig ausgeschlossen ist. Denn einmal braucht bei der überaus vorsichtigen Abfassung der Gesetze ein Irrtum weniger befürchtet zu werden, andererseits würde durch ein Zurückgreifen auf den wirklichen Willen der konkreten Gesetzgeber der große Vorteil, der durch die Gesetzgebung erreicht werden soll, nämlich die Außerstreitsetzung des objektiven Rechtes in erheblichem Maße wieder in Frage gestellt werden.

Eine Modifikation muß allerdings der Satz, der den Irrtum des Gesetzgebers für unerheblich erklärt, im Falle des sogenannten Redaktionsversehens erleiden. Denn wenn auch ausschließlich der objektive Sinn der Worte maßgebend ist, und etwaige Vorstellungen des Gesetzgebers vom Inhalt seiner Sätze irrelevant sind, so muß doch immerhin der Wille der gesetzgebenden Faktoren gerade auf den Wortlaut gerichtet sein. Schleicht sich also bei der parlamentarischen Beratung ein Irrtum in den Entwurf ein, wird z. B. die Nummer des Paragraphen, auf welchen verwiesen wird, falsch zitiert, so ist eine derartige fehlerhafte Redaktion des Textes gar nicht gewollt und wird daher auch trotz Sanktion und Publikation niemals verbindliches Gesetz.[1]) Wollte man das Gegenteil annehmen, so käme man unter Umständen zu ganz absurden Konsequenzen, wie etwa folgender Fall zeigen möge: bei Beratung eines neuen Strafgesetzbuches soll die Strafe für ein mittelschweres Delikt durch Verweisung auf einen andern Paragraphen bestimmt werden, im Reichstag versieht man sich aber in der Nummer und verweist auf den Paragraphen, welcher die Todesstrafe anordnet. Wenn das Strafgesetzbuch mit diesem Redaktionsversehen sanktioniert und publiziert würde, so müßten nach der gegnerischen Ansicht bis zum Erlaß eines Korrektivgesetzes alle diejenigen, welche ein mittelschweres Delikt begangen hätten, zum Tode verurteilt werden. Ein derartiges Ergebnis ist aber ganz unzulässig, vielmehr hat man nach dem Gesagten anzunehmen, daß gar keine Strafdrohung zustande gekommen ist, denn der erklärte Gesetzesinhalt ist nicht gewollt und der gewollte nicht erklärt. Im Falle eines Redaktionsversehens ist also die gegebene Bestimmung hinfällig, und es muß daher nach den später zu erörternden Grundsätzen der Lückenausfüllung eine eventuelle Ergänzung eintreten. Daß in dem erwähnten Fall einer infolge irrtümlicher Verweisung fehlerhaften und daher nichtigen Strafandrohung eine Lückenausfüllung verboten ist, folgt aus dem bekannten Prinzip „nullum crimen sine lege".

Als wichtigster Grundsatz der Gesetzesauslegung ist der Satz anzusehen, daß es nicht auf den konkreten Willen der

---

[1]) Für Gültigkeit des irrtümlichen Textes beim Redaktionsversehen spricht sich Binding aus „Handbuch", Bd. 1, S. 463.

Redaktoren, sondern auf den objektiven Sinn der gebrauchten Worte ankommt. Aber wie soll man den objektiven Sinn erforschen? Zu diesem Zweck muß zunächst eine grammatische Interpretation vorgenommen werden, man hat die Bedeutung, welche mit den im Gesetzestext benutzten sprachlichen Ausdrücken normalerweise verbunden ist, festzustellen. Allzuweit dürfte den Ausleger die grammatische Interpretation nicht führen, denn nur in den allerseltensten Fällen ergibt sich aus einem sprachlichen Ausdruck ein unzweideutiger Sinn, der keiner weiteren Erklärung bedarf. Als Beispiel einer solchen eindeutigen Vorschrift mag § 192 B. G. B. hier angeführt werden, welcher bestimmt, daß unter „Anfang des Monats" der erste, unter „Mitte des Monats" der fünfzehnte, unter „Ende des Monats" der letzte Tag des Monats verstanden wird. Die meisten gesetzlichen Bestimmungen dagegen lassen rein sprachlich eine oft überraschend große Zahl von Auslegungen zu. Denn selbst in einem Gesetzbuch wie dem B.G.B., welches sprachlich außerordentlich fein ausgearbeitet ist und namentlich die juristischen Kunstausdrücke stets in ihrer technischen Bedeutung anzuwenden sich bemüht, sind bei der Interpretation der weitaus meisten Paragraphen verschiedene Wortauslegungen sprachlich sehr wohl möglich. Dieses Ergebnis hat auch nichts Befremdendes, denn wollte der Gesetzgeber seine Ausdrücke immer so wählen, daß ein Zweifel nicht möglich wäre, so würde er in eine nebelhafte Weitschweifigkeit verfallen und schließlich bei einem kasuistischen Kleinkram anlangen, was erst recht zu vielen Zweifeln Anlaß geben würde.

Als Beispiel einer gesetzlichen Bestimmung, die rein sprachlich eine große Menge Deutungen zuläßt, mag der viel verhandelte Tierhalterparagraph herausgegriffen werden. Der § 833 B.G.B. lautet folgendermaßen: „Wird durch ein Tier ein Mensch getötet, oder der Körper oder die Gesunddeit eines Menschen verletzt, oder eine Sache beschädigt, so ist derjenige, welcher das Tier hält, verpflichtet, dem Verletzten den daraus entstehenden Schaden zu ersetzen." Bei Interpretation dieser Worte erheben sich sofort eine Menge Fragen, erwähnt seien nur die beiden berühmtesten Kontroversen: erstens, wer hält ein Tier? zweitens, wann entsteht die Verletzung d u r c h ein Tier? Wenn man die überaus reichliche Literatur über diese

Fragen[1]) überblickt, so findet man die verschiedensten Beantwortungen, welche sämtlich mehr oder weniger mit dem Wortlaut harmonieren. Was die erstere Kontroverse anlangt, so wird bald der Eigentümer, bald der mittelbare, bald der unmittelbare Besitzer, bald derjenige, welcher das Tier in Pflege hat und ihm Unterkunft oder Nahrung gewährt, oder schließlich, wer es im eigenen Interesse ausnutzt, als Tierhalter bezeichnet. Noch größer ist die Meinungsverschiedenheit über die Frage, wann der Schaden d u r c h das Tier verursacht ist, insbesondere, ob eine jede tierische Bewegung als Ursache genügt oder ob der Tatbestand noch durch weitere Gesichtspunkte differenziert werden muß. Wie man sich auch zu den einzelnen Ansichten stellen mag, soviel dürfte sicher sein, daß keine der vielen Lösungsversuche mit dem Wortlaut des § 833 kollidiert; denn die Präposition „durch“ ist viel zu vage, als daß sich aus ihr irgend ein Argument für die eine oder die andere Lehre entnehmen ließe. In gleicher Weise könnte an den meisten Bestimmungen des B.G.B. gezeigt werden, daß eine bloße Wortauslegung nicht zum Ziele führt, weil sie zu viele Möglichkeiten offen läßt.

Ist mit der Konstatierung dieses Fiaskos der reinen Wortauslegung die Gesetzesinterpretation schon am Ende ihres Könnens angelangt, und muß sie schon hier die Vollendung ihres Werkes der freien Rechtsschöpfung überlassen? Manche Juristen[2]) glauben diese Frage ohne weiteres bejahen zu dürfen, denn nur der Gesetzestext — so argumentieren sie — und nicht etwaige Zweckvorstellungen des Gesetzgebers bänden den Richter. Wenn mithin der Wortlaut mehrere Bedeutungen zulasse, so könne die Auslegung sich diejenige Entscheidung aussuchen, die ihr als die sachgemäßeste erscheine. Wäre diese Auffassung richtig, so würde dem Subjektivismus des Richters auf Kosten der Rechtssicherheit der größte Spielraum gewährt; aber eine solche Einengung des Gebietes der Auslegung übersieht, daß ein Gesetz nicht bloß aus Buchstaben besteht, sondern daß

[1]) Siehe das Verzeichnis über die einschlägige Literatur bei Oertmann, „Das Recht der Schuldverhältnisse“, 2. Auflage, S. 971. Besondere Hervorhebung verdienen die Abhandlungen von Litten und Hagelberg.

[2]) So vor allem Schlossmann, „Der Irrtum über wesentliche Eigenschaften der Person und der Sache nach dem B.G.G.“, S. 33,

es vor allem ein latentes Werturteil über die Abgrenzung von Willenssphären, eine immanente Interessenabwägung, enthält. Aber wie soll man ein solches latentes Werturteil aus dem Gesetzestext hervorziehen, da es doch verboten ist, den Willen des Gesetzgebers zur Auslegung zu benutzen? Hierauf erhalten wir verschieden klingende, aber im wesentlichen übereinstimmende Antworten: so sagt Binding,[1]) der Ausleger habe festzustellen, nicht was der Gesetzgeber, sondern was das Gesetz denke oder wolle, während Kohler [2]) fordert, daß man das geistige Zweckbestreben, dessen Träger und Verkörperung das Gesetzeswort sei, zu erforschen habe. In ähnlicher Weise redet auch Zitelmann[3]) vom Zweck des Gesetzes im Gegensatz zum Willen des Gesetzgebers; an einer anderen Stelle[4]) führt er diesen Gegensatz des näheren aus: nicht nach den zufälligen Ansichten der konkreten, bei dem Gesetzesakt beteiligten Personen fragten wir, wir hypostasierten vielmehr einen normalen Gesetzgeber, den wir uns nach den gesamten, objektiv zur Zeit der Entstehung des Gesetzes vorliegenden Verhältnissen konstruierten und fragten, was ein solcher Gesetzgeber bei Abfassung dieses Gesetzeswerkes vernünftigerweise gewollt haben müsse. Etwas Ähnliches schwebte wohl auch Windscheid[5]) vor, als er es für die Aufgabe des Auslegers ansah, hinter dem Sinne, welchen der Gesetzgeber habe ausdrücken wollen, dessen eigentlichen Gedanken hervorzuziehen. Es könne nämlich vorkommen, daß der Gesetzgeber sich diesen Gedanken selbst nicht vollständig klar gemacht habe, daß er bei einer Erscheinungsform des Gedankens stehen geblieben sei, welche dessen wahrem Gehalt nicht vollständig entspräche. Es sei die höchste und edelste Aufgabe der Auslegung in einem solchen Fall dem Gesetzgeber zur Hilfe zu kommen und dessen ausgedrücktem Willen gegenüber seinen eigentlichen zur Geltung zu bringen. So wenig diese Darstellung befriedigen kann, weil die Gegenüberstellung von ausgedrücktem und eigentlichem Willen im Grunde inhaltsleer ist, so erscheint Windscheids Ansicht darum besonders interessant, weil

---

[1]) „Handbuch", Bd. 1, S. 456.
[2]) Grünhuts Zeitschrift, Bd. 13, S. 34.
[3]) „Die Gefahren des B.G.B. für die Rechtswissenschaft", S. 19.
[4]) „Zum Grenzstreit zwischen Reichs- und Landesrecht", S. 33.
[5]) „Pandekten", Bd. 1, § 22, S. 102.

sie zeigt, daß selbst ein so entschiedener Anhänger der rein philologischen Auslegungstheorie den Willen des Gesetzgebers nicht für ausreichend hielt, sondern hinter ihm noch ein weiteres Moment suchte, das er aber nicht klar erkannte, sondern nur mit dem ganz verschwommenen Ausdruck „Eigentlicher Wille“ bezeichnete.

In den erwähnten Formulierungen obiger Autoren tritt das Bestreben zutage, eine teleologische Interpretation zu ermöglichen, ohne in den Fehler einer rein historisch-philologischen Auslegung zurückzufallen. M. E. ist bezüglich des von den genannten Schriftstellern eingeschlagenen Weges, um zu immanenten Werturteilen zu gelangen, ein methodisches Bedenken nicht vorhanden. Wie bei der rein grammatischen, so kann auch bei der teleologischen Auslegung eines Gesetzestextes der Gegensatz zwischen den Regeln der §§ 133, 157 B.G.B. als Parallele herangezogen werden: wie bei der grammatischen Auslegung nicht der rein individuelle Sprachgebrauch, sondern nur der typische Sprachsinn zu berücksichtigen ist, so soll auch bei Feststellung des Zwecks des Gesetzes nicht auf rein subjektivische Vorstellungen der an der Gesetzgebung beteiligten Personen, sondern auf die objektive Sachlage acht gegeben werden. Wenn Schlossmann gegen diese Auslegungstheorie einwendet,[1]) daß sie auf einem Zirkel beruhe, da man selbst nur in das Gesetz hineinlege, was, wie man meine, der Gesetzgeber hätte hineinlegen sollen und alsdann mittels der sogenannten Auslegung aus dem Gesetze herausnehme, was man selber vorher hineingelegt habe, so übersieht er, daß der Ausleger keineswegs immer den Zweck des Gesetzes als sachgemäß anzusehen braucht, sondern ihn als höchst unvernünftig verurteilen kann. Daß das immanente Werturteil nicht immer zweifelsfrei festgestellt werden kann, und daß man in diesem Fall notgedrungen zur Rechtsschöpfung greifen muß, ist ohne weiteres zuzugeben, beweist aber nicht, daß man niemals ein latentes Zweckbestreben im Gesetzbuch entdecken könnte. Vielmehr hat der Ausleger zunächst seine eigene legislativ-politische Schätzung hintenanzusetzen, indem er sich bemühen muß, rein objektiv zu erforschen, welche Regelung des sozialen Zusammenlebens mit einem bestimmten Gesetzestext unter den gegebenen Umständen

---

[1]) Schlossmann, „Der Irrtum“, S. 35.

bezweckt sein kann. Zu diesem Behufe müssen das bisherige Recht, die Strömungen, die sich gegen dasselbe gerichtet, nicht minder die übrigen gesetzlichen Bestimmungen, die neben dem auszulegenden Recht bestehen bleiben oder neu eingeführt sind, berücksichtigt werden; ferner sind die Lebensverhältnisse und Kulturgüter, deren Regelung Gegenstand des fraglichen Textes ist, in ihrer Bedeutung für das Rechtsleben zu würdigen, insbesondere muß man den Interessengegensatz, welcher geschlichtet werden soll, klar und scharf herausstellen. Ist erst einmal das in Frage stehende legislativ-politische Problem richtig erfaßt, so läßt sich aus der dem Gesetzestext entnommenen Entscheidung das latente Werturteil ohne große Schwierigkeiten entnehmen. Das auf diese Weise gewonnene Werturteil ist dann weiter das Mittel, um die vom Gesetz gewollte Umgrenzung des Wortlauts festzustellen, und daher kann man das immanente Werturteil insofern, als es Erkenntnisgrund für eine zutreffende Auslegung ist, auch ratio legis nennen, aber man darf niemals vergessen, daß das Werturteil wohl Grund, aber keineswegs psychologische Ursache des Gesetzes ist. Eine Verwechselung zwischen Erkenntnisgrund und Kausalität würde zu dem Fehler einer rein individuellen Interpretation zurückführen, denn das latente Werturteil, welches Erkenntnisgrund für die Auslegung ist, braucht keineswegs die legislativen Handlungen in der Seele der maßgebenden Einzelpersonen, der Minister, Parlamentarier usw. motiviert zu haben. Noch weniger darf man freilich das immanente Werturteil im Sinne der ratio legis mit der historischen Veranlassung, welche eine gesetzgeberische Aktion herbeigeführt hat, der occasio legis vermengen. So wurde die als „lex Heinze" bekannte Novelle zum Strafgesetzbuch vom 25. Juni 1900 durch den Prozeß gegen den berüchtigten Zuhälter Heinze veranlaßt, aber ihr Zweck beschränkte sich keineswegs auf die Bekämpfung der Zuhälterei. Man kann den Gegensatz zwischen der rein philologischen und der spezifisch juristischen Interpretation in die Forderung zusammenfassen, daß die Auslegung wohl historisch vorgehen, aber sich nicht auf Individualpsychologie beschränken, sondern den Text in soziologischer Hinsicht interpretieren soll.[1])

---

[1]) Kohler, „Lehrbuch des B.G.B.", Bd. 1, S. 124.

Als Beispiel für die Anwendung der richtigen Methode der Gesetzesauslegung mag eine Interpretation des die Haftpflicht des Tierhalters festsetzenden § 833 B.G.B. dienen: da es nach dem Gesagten vor allem darauf ankommt, den Zweck des Gesetzes zu erfassen, so hat man sich zunächst zu fragen, was mit einer Durchbrechung des regelmäßigen Verschuldungsprinzips und mit einer Statuierung der reinen Erfolgshaftung für Tierschäden beabsichtigt sein kann. Daß ein jeder zurechnungsfähige Mensch für den von ihm schuldhaft verursachten Schaden hafte, bedarf keiner ausführlichen Rechtfertigung. Denn eine derartige Haftung wird, abgesehen von allen ethischen Grundsätzen, schon durch die rein pädagogische Erwägung erfordert, daß ein Antrieb zu möglichst großer Vorsicht zur Geltung kommen muß. Wenn das Recht dagegen auch eine Verpflichtung zum Ersatz des schuldlos verursachten Schadens statuiert, so liegt darin eine auffällige Erscheinung, welche der Erklärung dringend bedarf. Was kann die Rechtsordnung bewegen, von dem Grundsatz „casus sentit dominus" abzuweichen und dem einen Rechtsgenossen etwas zu nehmen, um es dem andern zu geben? Als Grund der Erfolgshaftung bezeichnet Rudolf Merkel[1]) das aktive Interesse, das jemand an einer von ihm getroffenen Veranstaltung nimmt, denn jeder habe die Kosten der Geltendmachung seiner Interessen selbst zu bestreiten als Korrelat seines Vorteils, als Risikoprämie seiner Gewinnchance, als Passivum seiner Wirtschaft. Wer in Kollisionsfällen sein Interesse wahre auf Kosten des rechtmäßigen Interesses eines anderen, hafte diesem für Ersatz, auch wenn seine Handlung nicht widerrechtlich sei. Wenn auch nicht zugegeben werden darf, daß die Gerechtigkeit ohne weiteres die Erfolgshaftung wegen aktiven Interesses erfordert, so kann es doch in Frage kommen, ob es nicht unter Umständen geboten erscheint, dem Schadenstifter, welcher zum eigenen Vorteil tätig wird, denjenigen Verlust, der durch die generell voraussehbare Verletzung fremder rechtmäßiger Interessen entsteht, aufzuerlegen. So hebt auch M. Rümelin[2]) hervor, daß dort, wo eine schadenstiftende oder gefährdende Tätig-

---

[1]) R. Merkel, „Die Kollision rechtsmäßiger Interessen", S. 148, 165.

[2]) M. Rümelin, „Die Gründe der Schadenszurechnung", S. 36.

keit im eigenen Interesse erfolgt, de lege ferenda immer die Frage zu stellen sei, ob nicht das Gleichgewicht der Interessen durch eine Ersatzpflicht hergestellt werden könne. Bekanntlich ist das legislative Problem der Erfolgshaftung durch das gegenwärtige deutsche Reichsrecht grundsätzlich im verneinenden Sinne entschieden worden. Nur wenige Bestimmungen, wie z. B. die Haftpflicht der Eisenbahn und des Tierhalters, ragen gleich Erkern in das Gebiet der Erfolgshaftung hinein. Unser Reichsrecht hat also für die weitaus meisten Fälle den Haftungsgrund des aktiven Interesses nicht für durchschlagend erachtet, sondern ihn nur unter besonderen Umständen für gerechtfertigt gehalten. Wenn man weiter die Natur der durch jene Ausnahmebestimmungen geregelten Lebensverhältnisse, nämlich des Eisenbahnbetriebs und des Tierhaltens, ins Auge faßt, so findet man, daß bei derartigen Veranstaltungen für das große Publikum eine besondere Gefahrquelle in Aktivität tritt. Was insbesondere die Tiere anlangt, so liegt ihre spezifische Gefährlichkeit in der Tatsache, daß sie sich einerseits als höchst komplizierte Kraftzentren darstellen, und andererseits ihr Verhalten, abweichend vom menschlichen, gar nicht oder doch nur in sehr geringem Maße von den abstrakten Vorstellungen des Sollens motiviert werden kann.[1]) Diese ihre halb vernünftige Natur[2]) macht sie für den Menschen unberechenbar und daher so überaus gefährlich, während doch auf der anderen Seite ihre Benutzung für die menschliche Kultur unentbehrlich ist. Die Interessenabwägung zwischen Tierhalter und Publikum ist vom deutschen Reichsrecht zugunsten des letzteren entschieden worden. Aus diesem immanenten Werturteil lassen sich alle Kontroversen aus dem Gebiet der Tierhaftung ohne richterliche Rechtsschöpfung prinzipiell entscheiden. Was die Frage nach der Person des Tierhalters anlangt, so ergibt sich aus dem Haftungsgrundsatz des aktiven Interesses, daß nach der bekannten Regel „cujus commodum, ejus periculum“ derjenige, welcher den materiellen oder ideellen Nutzen aus dem Tier zieht, als sein Halter anzusehen ist. Freilich darf die Beziehung zu dem Tier keine ganz vorübergehende

---

[1]) Litten, „Die Ersatzpflicht des Tierhalters“, S. 14—15.
[2]) Kohler, „Lehrbuch des B.G.B.“, Bd. 2, S. 495.

sein, denn eine bloß auf eine ganz verschwindend kleine Zeit berechtigte Benutzung kann nicht als eine Veranstaltung angesehen werden, welche die Anwendung des Haftungsgrundsatzes des aktiven Interesses rechtfertigt. Hierfür ist vielmehr notwendig, daß das Tier in den Wirtschaftsbetrieb des Haftpflichtigen eingereiht ist. Um Mißverständnissen vorzubeugen, sei noch hervorgehoben, daß es sowohl Produktiv- als Konsumtiv- und Berufswirtschaften gibt, so daß nicht nur der Bauer für sein Vieh, sondern nicht minder der Rentier für seinen Luxushund und der Physiologe für seine Versuchskaninchen haftet.[1]) Bezüglich des Umfangs der Ersatzpflicht ergibt sich aus obigem immanenten Werturteil, daß der Tierhalter nur für die spezifische Tiergefahr einzustehen hat. Daher ist die Art der schädigenden Tierbewegung irrelevant. Es ist insbesondere einerlei, ob sie rein reflektorisch erfolgt oder ob sie durch Vorstellungen vermittelt wird. Noch weniger kann man von einem tierischen Verschulden reden,[2]) der Tierhalter haftet vielmehr auch dann, wenn sich sein Pferd wie das bravste Exemplar der Gattung benommen hat. Es kommt vielmehr alles darauf an, ob jene eigentümliche Gefährlichkeit, die mit aller nicht menschlichen organischen Bewegungskraft verbunden ist, in die Erscheinung tritt. Daher findet keine Haftung statt, wenn z. B. eine Katze von einem Menschen als Wurfgeschoß benutzt wird und durch die Schwere ihres Körpers einen Schaden hervorruft; denn hier kann von einer spezifisch tierischen Gefährlichkeit keine Rede sein, weil irgend ein toter Gegenstand von annähernd derselben Beschaffenheit den gleichen Schaden verursacht hätte. Aber auch dann entfällt jede Haftung aus § 833 B.G.B., wenn das Tier ausschließlich den Weisungen seines Lenkers und nicht seinen eigenen animalischen Instinkten folgt. Denn in derartigen Fällen wird vom Lenker über die im Tier aufgespeicherte physiologische Energie in ganz derselben Weise wie über rein mechanische Kraft disponiert. Diese Auslegung des Tierhalterparagraphen aus seinem immanenten Werturteil ist von der legislativ-politischen Würdigung völlig unabhängig. Man kommt vielmehr nach der ausgeführten Methode

---

[1]) Kohler, „Lehrbuch des B.G.B.“, Bd. 2, S. 496.

[2]) Zu dieser naiven Auffassung neigt Isay in Gruchots Beiträgen, Bd. 48, S. 511 ff.

zu völlig übereinstimmenden Resultaten, mag man die Erfolgshaftung in diesem Fall als sachgemäß ansehen, oder mag man eine so weit gehende Belastung des bäuerlichen Mittelstandes und der kleineren Gewerbetreibenden für verfehlt halten.[1])

Eine derartige Feststellung von latenten Interessenabwägungen wird um so schwieriger, je weiter die Entstehung des Gesetzes zeitlich zurückliegt: wenn Gesetzbücher, die schon vor Jahrhunderten erlassen worden, zu interpretieren sind, so hat man sich in jene ferne Zeit mit ihren ganz abweichenden sozialen Zuständen und geistigen Strömungen hineinzuversetzen, um zu erforschen, was in jenen Tagen ein normaler Gesetzgeber im Sinne Zitelmanns mit den gebrauchten Worten gewollt haben mag. Man hat also nicht bloß den Sprachgebrauch jener Tage zugrunde zu legen, sondern man muß sich vollständig in das derzeitige Kulturmilieu hineindenken, um aus dem gesamten Recht jener Tage, dem damaligen Bau des sozialen Körpers und den geistigen Strömungen, wie sie in jener Zeit vorherrschten, das immanente Werturteil zu finden. Aber damit erschöpft sich die Aufgabe des Interpreten noch nicht, vielmehr beginnt gerade hier der interessanteste und schwierigste Teil. Denn ein Werturteil über Interessenabwägungen verschiedener Willenssphären, wie sie ein jedes Gesetzbuch in großer Zahl enthält, sind keineswegs ein- für allemal fixiert, sondern wie alle Kulturerscheinungen dem Wechsel der Zeit unterworfen. Auch wenn ein Gesetz nicht geradezu durch ein neues Gesetz oder eine derogierende Gewohnheit abgeschafft wird, so unterliegt es doch dem langsam nagenden Zahn der Zeit; mag auch der Gesetzestext rein äußerlich in Takt bleiben, innerlich kann er doch unterhöhlt werden, wenn das ursprüngliche Werturteil, das dem Gesetzgebungsakt zugrunde gelegen hat, beseitigt oder wenigstens zurückgedrängt und durch eine neue Interessenabwägung ersetzt worden ist. Auch an diesem Punkt bewährt sich jenes allgemeine Gesetz der geistigen Entwicklung, welches von seinem Entdecker Wundt[2]) als Gesetz

---

[1]) Der im September 1906 zu Kiel tagende deutsche Juristentag hat sich mit überwältigender Mehrheit in seiner Plenarsitzung für die Aufrechterhaltung der § 833 B.G.B. ausgesprochen.

[2]) Wundt, „Grundriß der Psychologie“, 6. Auflage, S. 389. — Derselbe, „Logik“, Bd. 2, Abtl. 2, 2. Auflage, S. 281.

der Heterogonie der Zwecke bezeichnet worden ist. Er versteht unter jenem Prinzip die allgemeine Erfahrung, „daß in dem gesamten Umfange menschlicher Willensvorgänge die Wirkungen der Handlungen mehr oder weniger weit über die ursprünglichen Willensmotive hinausreichen, so daß hierdurch für künftige Handlungen neue Motive entstehen, die abermals neue Wirkungen hervorbringen, an denen sich nun der gleiche Prozeß der Umwandlung von Erfolg in Motiv wiederholen kann".[1]) „Indem der Effekt den vorgestellten Zweck überholt, werden zugleich die künftigen Motive reicher und mannigfaltiger".[2]) Es ist das große Verdienst Jellineks,[3]) auf die Bedeutung dieses Gesetzes für die Reichsgeschichte mit Nachdruck hingewiesen zu haben. Als Beispiele heterogenen Zweckwandels sozialer Gebilde führt Jellinek das Hervorgehen der heutigen Urteilsjury aus der Beweisjury des normannischen Rechts und die Entwicklung unserer jetzigen Ehe aus der Raub- und Kaufehe an. Auch die Benutzung der Form der streitbaren Gerichtsbarkeit für die Zwecke der freiwilligen Gerichtsbarkeit, wie z. B. die römische in jure cessio, gehört in diese Kategorie rechtshistorischer Erscheinungen. In der Tat ist der Zweckwandel für die Entwicklung der meisten Rechtsinstitute von der größten Bedeutung, daher winkt der Rechtsgeschichte noch eine reiche Ausbeute, wenn sie sich entschließt, das Wundtsche Entwicklungsgesetz in höherem Maße als bisher geschehen, zur Erklärung rechtlicher Phänomen eher anzuziehen. Insbesondere dürfte sich über das Entstehen des primitiven Gewohnheitsrechts noch manches Licht ausbreiten, wenn man erwägt, wie oft ein unbeabsichtigter Nebenerfolg einer Handlung hinterher zum Motiv ihrer Wiederholung wird und schließlich imstande ist, die ursprüngliche Zweckvorstellung vollkommen aus dem Bewußtsein zu verdrängen. Auch bei der Gesetzgebung bewährt sich das Wundtsche Prinzip, denn außerordentlich häufig zeitigt ein Gesetz einen ganz anderen Erfolg, als zur Zeit seines Erlasses beabsichtigt worden; nachträglich aber wird der Erfolg zum Motiv, das fragliche Gesetz, welches für den ursprünglichen Zweck nicht mehr nötig wäre, auch ferner beizubehalten. So

[1]) Wundt, „Ethik", 3. Auflage, Bd. 1, S. 274—275.
[2]) Wundt, „Ethik", Bd. 2, S. 52.
[3]) Jellinek, „Allgemeine Staatslehre", 2. Auflage, Bd. 1, S. 41 ff.

wurde z. B. das allgemeine, gleiche, direkte und geheime Wahlrecht im norddeutschen Bund und Deutschen Reich ursprünglich eingeführt, weil man ein solches extrem demokratisches Wahlrecht für das geeignetste Mittel zur Befestigung der deutschen Einheit ansah. Daß das Proletariat mit Hilfe dieses Wahlrechts sich einen so großen Einfluß im Reichstag erwerben würde, wie ihn zurzeit[1]) die Sozialdemokratie durch ihre große Anzahl Mandate tatsächlich besitzt, konnte damals nicht vorausgesehen werden. Dieser unbeabsichtigte Nebenerfolg, so unerwünscht er sonst sein mag, spricht doch entschieden gegen Aufhebung des Wahlrechts, weil letzteres ein geeignetes Mittel ist, um sozialistische Bestrebungen, die nun einmal mehr oder weniger im Proletariat vorhanden sind, in ein legales Bett zu leiten. Während also die Befestigung der deutschen Einheit der Grund der Einführung des Wahlrechts war, ist dieses Moment in der Gegenwart mehr zurückgetreten, vielmehr spricht jetzt vor allem der Gesichtspunkt, daß ein Wahlrecht, dessen demokratische Grundtendenz nicht gut überboten werden kann, ein gutes Sicherheitsventil für sozialistische Bestrebungen darstellt, gegen eine Änderung zugunsten von Besitz und Bildung. Ein weiteres Beispiel für heterogenen Zweckwandel sind die progressiven Steuern auf Einkommen, Besitz und Nachlaß, welche ursprünlich eingeführt wurden, um der chronischen Finanznot des Staates abzuhelfen, aber außerdem den unbeabsichtigten Nebenerfolg hatten, einer Anhäufung von Riesenvermögen in wenigen Händen vorzubeugen; gegenwärtig spricht dieser Gesichtspunkt entschieden für den weiteren Ausbau der Progression, denn die Gesundheit unserer Volkswirtschaft fordert gebieterisch, daß eine allzusehr gesteigerte Ungleichheit in den Besitzverhältnissen nach Möglichkeit verhindert werde.

Auch bei der Auslegung findet der die ganze Rechtsentwicklung beherrschende Grundsatz von der Heterogonie der Zwecke seine Anwendung. Denn das latente Werturteil, welches Erkenntnisgrund für die Interpretation ist, wird allmählich dadurch abgewandelt, daß das Gesetz einen unbeabsichtigten

[1]) Obenstehende Bemerkungen wurden vor den Kolonialwahlen vom Januar und Februar 1907 geschrieben, deren Ausfall einen weiteren schlagenden Beweis für die teleologische Berechtigung des Wahlsystems geliefert hat.

Nebenerfolg zeitigt, der seinerseits an Stelle oder doch wenigstens neben den früheren „Zweck des Gesetzes“ tritt, indem er Motiv für Aufrechterhaltung der Bestimmung wird. Die Aufgabe der Auslegung ist also eine doppelte: zunächst hat sie unter Zugrundelegung des gesamten Kulturmilieus zur Zeit der gesetzgeberischen Aktion mittels einer „soziologischen Interpretation“ das ursprüngliche immanente Werturteil ausfindig zu machen. Dann ist zu prüfen, ob die gesetzliche Bestimmung noch einen weiteren sozialen Erfolg gezeitigt hat, der eine unbeabsichtigte Schlichtung widerstreitender Interessen enthält. Ist diese Frage bejaht, so gilt es schließlich, festzustellen, ob dieser Erfolg selber nach dem Gesetz der Heterogonie zum „Zweck des Gesetzes“ geworden ist, denn damit wäre ein neues latentes Werturteil entdeckt, das seinerseits zum Erkenntnisgrund für die weitere Auslegung zu dienen hätte.

Als Beispiel mag auch hier wieder die Erfolgshaftung dienen. Es wurde schon gezeigt, daß als Grund einer so weitgehenden Haftung das aktive Interesse anzusehen sei. Wer zum eigenen Nutzen eine gefährliche Tätigkeit ausübt, hat unter bestimmten Voraussetzungen den Schaden zu ersetzen, der unbeteiligten Dritten durch den Betrieb entsteht. Aus diesem Grundsatz folgt mit logischer Notwendigkeit, daß der Unternehmer nur dem großen Publikum, keineswegs aber auch solchen Personen, mit denen er in einem besonderen rechtlichen Verhältnis steht, haften soll. Diesen gegenüber kommt vielmehr nach den Regeln der Gesetzeskonkurrenz[1]) nur das besondere obligatorische Band, welches auf Vertrag oder Quasikontrakt (z. B. auftragloser Geschäftsführung) beruht, in Betracht. Deshalb kann sich der Geschädigte, wenn der Vertragstypus eine Haftung für schuldlos verursachten Schaden nicht kennt, niemals auf die allgemeine Erfolgshaftung wegen aktiven Interesses berufen. Bekanntlich hat aber bezüglich der auf dem Haftpflichtgesetz vom 7. Juni 1871 (§ 1) beruhenden Ersatzpflicht des Eisenbahnunternehmers die Judikatur ständig angenommen, daß auch das reisende Publikum, und soweit nicht das Unfallversicherungsgesetz zur Anwendung kommt, auch

[1]) Auf diesen Gesichtspunkt aufmerksam gemacht zu haben, ist das Verdienst von Hellwig, „Gesetzeskonkurrenz und Tierhaftung“ in der deutschen Juristen-Zeitung Bd. 11, S. 1289 ff.

das Bahnpersonal den Unternehmer auf Schadenersatz mit Erfolg belangen kann. In gleicher Weise hat das Reichsgericht nach Inkrafttreten des B.G.B. einen Anspruch wegen Tierschaden auch den zur Pflegung und Wartung angestellten Bediensteten, wie Tierwärtern und Pferdeknechten, zugebilligt, während es dem Trainer und anderen selbständigen Aufsichtspflichtigen auf Grund der Fiktion eines stillschweigenden Verzichts ein Ersatzrecht abgesprochen hat.[1]) Weiter ist allen vom Tierhalter beförderten Personen, nicht nur denjenigen, die ein Entgelt entrichtet haben, sondern nicht minder solchen, welche aus Gefälligkeit mitgenommen worden sind, ein Anspruch auf Ersatz des Tierschadens zugebilligt worden. Daß diese ganze Judikatur insofern unrichtig ist, als sie mit der ratio der gesetzlichen Bestimmung, nämlich mit der Haftung wegen aktiven Interesses, in Widerspruch steht, ist bereits ausgeführt worden. Dennoch ist jene Rechtssprechung keineswegs zu ignorieren, vielmehr einer eingehenden Betrachtung wert, weil hier neue Werturteile um ihre Anerkennung ringen; soweit es diesen gelingt, sich durch Gewohnheit durchzusetzen, würde neben die alte ratio eine neue treten, die ihrerseits für die weitere Auslegung von Bedeutung wäre. Was den Ersatzanspruch des mittels Eisenbahn oder tierischer Kraft beförderten Publikums angeht, so muß es zunächst auffallen, daß eine Haftung des Tierhalters, namentlich eines Menschenfreundes, der einen andern unentgeltlich aus Gutmütigkeit mitgenommen hat, allgemein verurteilt wird, während man sich niemals über die völlig analoge Ersatzpflicht der Eisenbahn in ähnlicher Weise aufgeregt hat. Der Grund dieses Unterschiedes liegt offenbar in dem Umstand, daß der Eisenbahnunternehmer als solcher durch die Haftpflicht weniger belastet wird, weil er das Risiko infolge der außerordentlich großen Anzahl von Transportgeschäften, welche er abschließt, auf seine Kunden abzuwälzen imstande ist, während der Tierhalter, der vielfach zum mittleren oder kleineren Unternehmerstande gehört, durch eine erfolgreiche Schadenersatzklage nur zu leicht wirtschaftlich ruiniert wird. In dieser Erwägung steckt zweifellos ein richtiger Kern,

---

[1]) Siehe die Judikatur über die Haftpflicht des Eisenbahnunternehmers bei Eger, „Reichs-Haftpflichtgesetz“, S. 2 ff. und des Tierhalters bei Oertmann, „Recht der Schuldverhältnisse“, S. 971 ff.

freilich kann der Gesichtspunkt, daß der Eisenbahnunternehmer regelmäßig reich, der Tierhalter aber meist weniger begütert ist, nicht ernsthaft in Betracht kommen, denn der berüchtigte Satz „richesse oblige“ gilt bei uns glücklicherweise noch nicht in seiner brutalen Nacktheit. Wohl aber tritt hier ein Gesichtspunkt in die Erscheinung, welcher in unserer heutigen Volkswirtschaft mehr und mehr zur Geltung kommt; es ist dies der Versicherungsgedanke. In der Tat liegt hier ein klassisches Beispiel für die Entstehung eines neuen Werturteils infolge heterogenen Zweckwandels vor. Ursprünglich ging der Zweck des Gesetzes nur auf Schutz des großen Publikums vor den spezifischen Gefahren des Eisenbahnbetriebs; nachdem aber die Judikatur infolge einer rein mechanischen Rechtsanwendung den Ersatzanspruch auch den Reisenden, welche in einem besonderen Vertragsverhältnis zu dem Unternehmer stehen, zugesprochen hatte, trat der unbeabsichtigte Nebenerfolg ein, daß die rechtlichen Beziehungen zwischen den Reisenden und dem Unternehmer sich derart gestalteten, als ob sie nicht nur einen Transport-, sondern auch einen Versicherungsvertrag miteinander abgeschlossen hätten. Dieser heterogene Nebenerfolg konnte sich dauernd halten und mittels Gewohnheit zu einem selbständigen Werturteil führen, weil der Eisenbahnunternehmer infolge des großen wirtschaftlichen Schwingungsradius seines Betriebes imstande ist, das Risiko, welches der einzelne Passagier läuft, nach versicherungstechnischen Grundsätzen auf die Gesamtheit der Reisenden abzuwälzen. Aus diesem Moment ergibt sich, daß eine Belastung des Tierhalters mit dem Transportrisiko des Fahrgastes, wie sie die Judikatur des Reichsgerichts gezeitigt hat, deshalb wenig sachgemäß ist, weil der Tierhalter regelmäßig einen viel zu kleinen Betrieb hat, um das Risiko durch Erhöhung des Fahrpreises versicherungstechnisch abzuwälzen. Er müßte sich schon selber gegen Haftpflicht versichern und die Prämie auf seine Kunden abwälzen. Aber wenn überhaupt eine Versicherung stattfinden muß, so kann sich der Fahrgast ebensogut selber versichern. Es erscheint als ein überflüssiger Umweg, wenn der Fahrgast erst auf den Tierhalter die Gefahr abwälzt und dann dieser sich versichert, um die Prämie in der Form einer Erhöhung des Fahrpreises von ersterem zu erheben. Man darf nicht etwa einwenden, daß der Tierhalter ja auch den Schaden, welchen unbeteiligte Passanten erleiden, ersetzen muß; denn das Verhältnis zwischen Tierhalter und Passant ist ein völlig anderes, als dasjenige zwischen Tierhalter und Fahrgast, weil letzterer in einem besonderen Vertragsverhältnis zu ersterem steht. Da mithin das Ergebnis der reichsgerichtlichen Judikatur in diesem Punkt wenig sachgemäß erscheint, so darf mit Fug bezweifelt werden, ob der heterogene Nebenerfolg, nämlich die Abwälzung des Transportrisikos vom Fahrgast auf den Tierhalter, durch Gewohnheit zu einem immanenten Werturteil wird. Die zweite Frage betreffend den Anspruch der mit der Pflege und Wartung der Tiere angestellten Personen ist durch das Unfallversicherungsgesetz in ihrer praktischen Bedeutung eingeschränkt. Immerhin gibt es noch derartige Angestellte, die dem öffentlichen Versicherungszwang nicht unterliegen, wie z. B. die Kutscher von Ärzten, Privatiers usw. Die zweckmäßigste Lösung, die sicherlich auch über kurz oder lang eintreten wird, besteht darin, sämtliche mit der Pflege und Leitung beauftragte Angestellte in die Unfallversicherung einzubeziehen; ob in der Zwischenzeit die Judikatur des Reichsgerichts, welche im Gegensatz zum ursprünglichen Zweck des Gesetzes, den Bediensteten einen Ersatzanspruch gewährt, durchdringen wird, bleibt abzuwarten. Wäre dieses der Fall, so würde auch hier ein Beispiel für das Gesetz der Heterogonie der Zwecke vorliegen; denn eine der ratio widersprechende Anwendung des § 833 B.G.B. würde zu einer Durchbrechung des Grundsatzes über Tragung der Gefahr bei gegenseitigen Verträgen geführt haben, eine Modifikation, welche aus sozialpolitischen Gründen nicht unsympathisch berührt und jedenfalls nicht ohne Analogien ist.[1])

Die Lehre von der allmählichen Umwandlung immanenter Werturteile führt zu dem letzten Punkt dieses Paragraphen, nämlich zur Auslegung des Gewohnheitsrechts hinüber. Diese Aufgabe, so interessant und schwierig sie ist, kann erheblich kürzer behandelt werden, weil das Gewohnheitsrecht gegenwärtig von geringerer Wichtigkeit ist; denn seine Hauptbedeutung erschöpft sich in einer von der Gesetzgebung beherrschten

[1]) Erinnert sei an die sozialpolitischen Bestimmungen der §§ 616 und 617 B.G.B.

Zeit im wesentlichen auf die sogenannte usuelle Interpretation, durch welche ein zweifelhaftes Gesetz in authentischer Weise ausgelegt wird, so wie auf die im vorhergehenden geschilderte heterogene Umwandlung immanenter Werturteile. Dagegen wird ein selbständiges Gewohnheitsrecht, das sich nicht an ein Gesetz anschließt, weil entweder der Gewohnheit überhaupt kein die betreffende Materie regelndes Gesetz vorhergegangen ist oder ein derartiges Gesetz durch ein derogierendes Gewohnheitsrecht völlig beseitigt worden ist, in der heutigen Zeit immer seltener. Im eigentlichen Sinn des Wortes kann beim Gewohnheitsrecht gar nicht von einer Auslegung, sondern nur von einer Feststellung gesprochen werden, denn es fehlt bei ihm jener Dualismus von sprachlichem Ausdruck und Sinn, welcher für die Gesetzesinterpretation charakteristisch ist. Wenn man auch natürlich das Gewohnheitsrecht nur aus äußeren Daten, also abgesehen von den Handlungen und Gebräuchen des täglichen Lebens, hauptsächlich aus Präjudizien, Lehrbüchern oder ähnlichen Schriften feststellen muß, so erlangt doch der Wortlaut niemals eine selbständige Bedeutung, weil er nicht mit rechtlicher Autorität bekleidet ist. Daher hat man sich beim Gewohnheitsrecht unmittelbar an die immanenten Werturteile zu halten, wie sie im Rechtsleben zutage treten. Zur Annahme eines Gewohnheitsrechts ist es, wie schon ausgeführt, nicht ausreichend, wenn die Rechtsgenossen in ihrer Mehrzahl eine bestimmte Interessenabgrenzung für gerecht und billig halten (Gerechtigkeitsüberzeugung). Vielmehr ist erforderlich, daß sie jenes Werturteil als ein existentes, maßgebendes, als ein nicht erst zu verwirklichendes ansehen (Rechtsüberzeugung). Ferner gehört zur Annahme eines Gewohnheitsrechts, daß jene Rechtsüberzeugung auch praktisch geübt wird. Wenn man mit Savigny[1]) und Puchta[2]) dieses äußere Moment übersieht, so verkennt man das Wesen des Gewohnheitsrechtes ebenso, als wenn man umgekehrt mit Zitelmann[3]) die subjektive Voraussetzung unberücksichtigt läßt; denn ohne das Erfordernis der Übung würde die Überzeugung ein bloß psychisches Internum bleiben, während die nackte Tatsache der Gewöhnung, ohne

[1]) Savigny, ‚System", Bd. 1, S. 34ff.
[2]) Puchta, „Das Gewohnheitsrecht".
[3]) Zitelmann, Archiv f. d. civ. Pr. Bd. 46, S. 413ff.

eine Vorstellung von der zwingenden Natur der Normen, wohl allmählich Recht erzeugen kann, selbst aber noch kein Recht, sondern höchstens Sitte oder Moral enthält.[1]) Nur insofern hat Zitelmann recht, als er die Vorstellung von der Angemessenheit der Rechtsnormen nicht für ein notwendiges Merkmal des Rechtsbegriffes ansieht, denn die Gerechtigkeitsüberzeugung kann der Rechtsgewohnheit erst nachfolgen, ebenso wie sie ihr vorausgehen kann. Im ersteren Falle hat die längere Herrschaft des Rechtssatzes die Vorstellung seiner Richtigkeit erzeugt (Gewöhnungsrecht), während im letzteren Fall ein Wunschrecht irrtümlich als bereits existierend angesehen wird und dadurch wirklich zum positiven Recht erstarkt (Überzeugungsrecht).[2]) Im Gegensatz zu dieser nach der psychologischen Art der Entstehung erfolgten Einteilung zerfällt das Gewohnheitsrecht nach den Personen, welche im wesentlichen Träger des Rechts sind, in Volksrecht, Standesrecht und Juristenrecht, welches sich seinerseits in Gerichtsgebrauch und Recht der Wissenschaft gliedert. Jedoch darf man niemals übersehen, daß diese Einteilung keine scharfe Abgrenzung bietet, sondern daß die einzelnen Kategorien nicht selten ineinander überfließen. In der Gegenwart mit ihren komplizierten Rechtszuständen ist das eigentliche Volksrecht, welches im Bewußtsein der gesamten Nation wohnt, mehr und mehr zurückgetreten, während das Recht einzelner Stände, wie z. B. das der Kaufleute, noch eine größere Bedeutung behalten hat. Im wesentlichen ist aber das Gewohnheitsrecht reines Juristenrecht geworden, da nur fachmännisch vorgebildete Rechtskundige imstande sind, das überaus feine Getriebe unseres Rechts zu überschauen. Hauptsächlich tritt das Gewohnheitsrecht in den Gerichtsentscheidungen und in wissenschaftlichen Lehrbüchern in die Erscheinung, während das Volk in seiner Gesamtheit nur wenige, meist recht primitive und unklare Rechtsvorstellungen besitzt. Man hat daher vor allem die Präjudiziensammlungen und die tonangebenden Lehrbücher zu studieren, wenn man die dem Gewohnheitsrecht immanenten Werturteile, mit deren Hilfe man die gesuchten Rechtssätze finden kann, feststellen will. Eine

---

[1]) Übereinstimmend Gierke, „Deutsches Privatrecht“, Bd. 1, S. 163 bis 164, sowie Windscheid, „Pandekten“, Bd. 1, § 15, S. 76 ff.

[2]) Siehe Jellinek, „Allgemeine Staatslehre“, Bd. 1, S. 345.

wirklich schöpferische Bedeutung großen Stils hat das Juristenrecht noch zur Zeit des gemeinen Rechts gehabt. So sei z. B. an Jherings Lehre vom negativen Vertragsinteresse oder an Bährs Theorie von der Anerkennung als Verpflichtungsgrund erinnert. Nach Erlaß des B.G.B. beschränkt sich das Juristenrecht im wesentlichen darauf, eine bestimmte Auslegung des Gesetzes durch Gewohnheit zu einer authentischen Interpretation zu erheben. Derartige Fälle sind so überaus häufig, daß es mehr oder weniger willkürlich erscheint, irgend ein Beispiel herauszugreifen. So ist z. B. die Frage, ob es zur Gültigkeit einer Wechselerklärung genüge, wenn der Bevollmächtigte den Namen seiner Firma nur unterstempele und sich im übrigen darauf beschränke, seinen eigenen Namen eigenhändig zu zeichnen, durch die ständige Judikatur des Reichsgerichts im bejahenden Sinne entschieden worden, so daß eine dahingehende Usualinterpretation ohne Bedenken unterstellt werden kann.[1]) Auch im Strafrecht hat die usuelle Auslegung ihre Bedeutung, denn abgesehen vom Verbot der gewohnheitsrechtlichen Einführung neuer Strafdrohungen ist das Gewohnheitsrecht auch im Strafrecht keineswegs abgeschafft. So hat sich die Praxis fast allgemein der Ansicht des Reichsgerichts von der Strafbarkeit des untauglichen Versuchs derart gefügt, daß man wohl nicht zu weit geht, wenn man hier eine Usualinterpretation annimmt.[2])

Aus dem Gesagten ergibt sich, daß es sowohl bei der Gesetzesauslegung als bei der Feststellung des Gewohnheitsrechtes vor allem auf die Auffindung der latenten Werturteile ankommt, mit deren Hilfe die einzelnen gesuchten Rechtssätze gewonnen werden können. Bei dieser Tätigkeit, welche man im Gegensatz zur bloßen Wortinterpretation als teleologische Auslegung bezeichnen kann, ist aber nicht nur auf die einzelnen Gesetzestexte bzw. Gewohnheiten zu achten, vielmehr muß stets auch die Gesamtheit des Rechtsganzen ins Auge gefaßt werden, d. h. die teleologische Auslegung muß systematisch betrieben werden. Das Rechtssystem kann freilich nur auf Grund der durch teleologische Interpretation gefundenen Sätze gebildet werden.

[1]) Die Judikatur über diese Frage siehe bei Staub, „Wechselordnung" Artikel 95, § 8 d.

[2]) Siehe die Judikatur bei R. Frank, „Das Strafgesetzbuch" zu § 43.

Hierin liegt aber kein Zirkel, denn das System wird ja nicht erst gebildet, wenn alle zweifelhaften Stellen ausgelegt sind, vielmehr liegt schon ein mehr oder weniger ausgearbeitetes System vor, wenn einzelne Texte noch ihre Auslegung erwarten. In der juristischen Kunst gilt in dieser Hinsicht nichts anderes als in den Naturwissenschaften, welche ebenfalls aus gewissen Einzeltatsachen Gesetze induzieren, um dann mit deren Hilfe neue Erscheinungen zu erklären. Die eine wichtige Aufgabe des Systems für die Rechtsanwendung besteht also darin, die Auffindung des latenten Inhalts des positiven Rechts zu vertiefen. Viel bedeutender ist aber die zweite Aufgabe, der das System dient, nämlich die Ausfüllung der Lücken, welche sich in jedem positiven Rechte in größerem oder geringerem Maße finden.

§ 5.

Die Begriffsjurisprudenz.

Freilich hat es nicht an Stimmen gefehlt, welche die Existenz von Rechtslücken schlechthin leugneten und dem Recht im objektiven Sinn den Charakter eines in sich geschlossenen lückenlosen Ganzen vindizierten. Besonders ist diese Ansicht von Bergbohm[1]) vertreten worden, der sie folgendermaßen begründete: entweder treffe das positive Recht bezüglich eines bestimmten äußerlichen Verhaltens keine Anordnung, dann falle dieser Tatbestand in den rechtsleeren Raum, wo die Willkür, das reine Belieben im juristischen Sinne, genauer im Sinne des zur Zeit in concreto maßgebenden Rechts herrsche. Daher sei hier vom Standpunkt des positiven Rechts aus gar keine Lücke, sondern ein rechtsleerer Tatsachenraum um das Recht vorhanden, oder könne man dieses nicht zugeben, so müsse eine Entscheidung, d. h. ein Quantum positiven Rechts, das genau in die sogenannte Lücke passe, gefunden werden, wodurch sich dieses scheinbare Vakuum von selbst schließe. Eine solche Entscheidung sei immer zu finden, denn wenn sie auch nicht direkt aus den Worten des Gesetzes abgelesen werden könne, so ergäbe sie sich doch aus den Rechtsgedanken, die jeder selbst aus den gegebenen Gedankenweckern, nämlich den Worten des Gesetzes, erzeugen müsse. Das Recht bedürfe niemals der Ausfüllung von außen her, denn es sei jeden Augenblick voll, weil seine innere Fruchtbarkeit, seine logische Expansionskraft im eigenen Bereich jeden Augenblick den ganzen Bedarf an Rechtsurteilen decke. Daher stimmt Bergbohm

---

[1]) Bergbohm, „Jurisprudenz und Rechtsphilosophie", Bd. 1 S. 367 bis 393.

der Bemerkung von Brinz zu,[1]) daß die Lücke in dem nach dem Recht Forschenden, nicht im Recht stecke.

Bei der Behandlung der Lehre von der Lückenausfüllung kommt es vor allem darauf an, drei Fragen strenge auseinanderzuhalten, die nicht selten sehr zum Schaden der Klarheit miteinander vermischt werden,[2]) nämlich die Feststellung des Begriffs der Rechtslücke, die Frage nach ihrer Existenz und schließlich das Problem der Lückenausfüllung. Was die Natur der Rechtslücke anlangt, so dürfte als zweifellos anzusehen sein, daß niemals eine Lücke im Wissen des Richters, sondern immer nur eine objektive Lücke im Recht selbst in Frage kommen kann. Denn daß die Rechtskenntnis der einzelnen Personen mehr oder weniger fragmentarisch ist, hat noch niemand in Abrede gestellt. Von einer objektiv vorhandenen Lücke kann nur dann die Rede sein, wenn das Recht keine Antwort auf die Frage gibt, ob und eventuell welche Rechtsfolge sich an einen bestimmten Tatbestand, Zustand oder Handlung, anschließt. Im übrigen kann man zwei Arten von Rechtslücken unterscheiden, einmal solche, welche sich in der Summe der Einzelbestimmungen eines positiven Rechts finden, und zweitens solche, welche auch in dem Rechtssystem vorhanden sind, das durch reine Logik ohne Zuhilfenahme eines außerhalb des positiven Rechts existierenden Prinzips aus den Rechtsnormen gebildet worden ist. Daß es Lücken der ersteren Art gibt, ist niemals bestritten worden, die Frage nach der Existenz von Rechtslücken bezog sich immer nur auf die Lücken im Rechtssystem als Ganzem.

Wenn Bergbohm diese Frage mit der Begründung verneint, daß ein Lebensverhältnis, für das sich ein Rechtssatz nicht finden lasse, eben in den rechtsleeren Raum falle und daher nur durch die Normen der Moral und Sitte geregelt werde, so läßt sich nicht leugnen, daß es in der Tat juristisch indifferente Tatbestände gibt, welche das positive Recht nicht selbst nor-

---

[1]) Brinz, „Kritik von Adickes Abhandlung über die Rechtsquellen", in der Kritischen Vierteljahrsschrift Bd. 15 S. 164.

[2]) Das tut Affolter, „Der Positivismus in der Rechtswissenschaft", im Archiv für öffentliches Recht Bd. 12 S. 31, wenn er die Existenz von Rechtslücken leugnet, weil der Richter an den erklärten oder mutmaßlichen Willen des Gesetzgebers gebunden sei.

miert, sondern nur dem von Konventionalregeln beherrschten, aber sonst freien Belieben der Beteiligten überläßt. Ebenso kann es vorkommen, daß ein Ereignis oder ein Zustand in der einen Beziehung z. B. was den zivilistischen Ersatzanspruch angeht, von Rechtswirkungen begleitet wird, während die genannten Momente eine öffentliche Strafe nicht hervorzurufen imstande sind. Erinnert sei an die Bestimmung des § 826 B.G.B., wonach ein vorsätzlicher Verstoß gegen die guten Sitten zum Schadenersatz verpflichtet, ohne daß aber eine solche tadelnswerte Handlung kriminelle Strafe nach sich zöge. Schon Zitelmann[1]) hat daher mit Recht hervorgehoben, daß der Begriff des rechtsleeren Raums ganz relativ sei, weil es so viele Räume als Rechtsfolgen gäbe. Auf der anderen Seite kann aber auch der Fall eintreten, daß das positive Recht ein Lebensverhältnis in den rechtserfüllten Raum einbeziehen will, es aber unterläßt, eine erschöpfende Regelung zu geben. Ferner kann gerade der Lauf der „Demarkationslinie" zwischen rechtserfülltem und rechtsleerem Raum zweifelhaft sein, weil man nicht weiß, ob ein bestimmter Tatbestand rechtlich geregelt sein soll oder nicht. Bergbohm freilich behauptet, daß ein jedes positive Recht etwas in lückenloser Ganzheit Dastehendes sei, aber diese Annahme, welche an Kühnheit keiner naturrechtlichen Spekulation nachstcht, ist cinc völlig unhistorische Fiktion, für welche Bergbohm auch nicht einen Schatten von empirischem Beweis beigebracht hat. Wie könnte das Recht auch anders als lückenhaft sein, da es doch ein historisches Produkt des Kulturlebens ist und daher wie alles, was von Menschen bewußt oder unbewußt geschaffen ist, den Stempel des Unvollkommenen an sich trägt.

Auch Zitelmann[2]) gibt die Existenz von Rechtslücken zu. Im einzelnen unterscheidet er zwei Arten solcher Lücken, welche er als echte und unechte bezeichnet. Unter der ersteren Kategorie begreift er die Fälle, in denen das Gesetz eine Antwort überhaupt schuldig bleibe, eine Entscheidung gar nicht ermögliche, während eine Entscheidung doch getroffen werden müsse. Im Fall einer wahren Lücke gebe das Gesetz einen positiven Satz, nach dem zu entscheiden ist, lasse aber innerhalb dieses

---

[1]) Zitelmann, „Lücken im Recht", S. 43.

[2]) Zitelmann, „Lücken im Recht", S. 27.

Satzes ein einzelnes Moment unbestimmt; der Wille des Gesetzes, daß eine rechtliche Behandlung gewisser Art eintrete, stehe fest, aber innerhalb dieses Rahmens seien mehrere Möglichkeiten vorhanden, und das Gesetz sage nicht, welche davon es wolle. Als Beispiel für derartige echte Lücken führt Zitelmann den Rechtsfall an, daß unter der Herrschaft des preußischen allgemeinen Landrechts an der Ergreifung eines flüchtigen Defraudanten, für welche eine Belohnung ausgelobt sei, mehrere Personen beteiligt wären; die Frage, auf welche Weise und nach welchem Maßstab die ausgelobte Summe zu verteilen sei, ist im Landrecht nicht geregelt worden, aber andererseits kann es keinem Zweifel unterliegen, daß die an der Ergreifung des Defraudanten beteiligten Personen nach der Absicht des Landrechts einen Anspruch auf die ausgesetzte Geldsumme haben sollten. Mithin fiel der gesamte Tatbestand keineswegs in den rechtsleeren Raum im Sinne Bergbohms, vielmehr sollte hier ein Rechtserfolg eintreten, das Gesetzbuch hatte es nur unterlassen, denselben genau genug zu fixieren. Die klaffendste Lücke, welche sich in unserem heutigen Recht findet, betrifft die Lehre von der Statutenkollision, auch internationales Privatrecht genannt.[1]) Diese ganze Materie hat im Einführungsgesetz zum B.G.B. nur eine ziemlich fragmentarische Regelung erhalten; namentlich ist die berühmte Kontroverse nach dem Sitz der Obligation vom Gesetz gar nicht berührt worden, daher ist in dieser Hinsicht zweifellos eine Lücke vorhanden: wenn also z. B. ein in der Schweiz wohnhafter Russe in Hamburg mit einem in Holland lebenden Franzosen einen in London zu erfüllenden Warenkauf abschließt, so wird niemand im Ernst in Abrede stellen wollen, daß dieser Tatbestand in die Rechtssphäre hineinfällt, aber welche Rechtsfolge sich im einzelnen an diesen Vorgang knüpft, hängt vom Inhalt der Rechtsordnung desjenigen Staates oder Ortes ab, welcher Sitz der Obligation ist.[2]) Hierüber entscheiden die am Gerichtsort maßgebenden

---

[1]) Der Ausdruck „Internationales Privatrecht" ist ganz ungeeignet und verwirrend, denn die Normen, welche die Frage nach der Anwendbarkeit der einander territorial koordinierten Privatrechtsordnungen auf den einzelnen Fall entscheiden, sind nicht international, sondern national, und gehören nicht zum Privatrecht, sondern zum öffentlichen Recht.

[2]) Hierüber s. Zitelmann, „Internationales Privatrecht", Bd. 2, S. 366ff.

Regeln über Statutenkollision: wird also in Deutschland geklagt, so findet das E.G. zum B.G.B. Anwendung, und da dieses eine Beantwortung der Frage nicht enthält, das frühere Recht aufgehoben ist, und ein Gewohnheitsrecht sich noch nicht gebildet hat, so stehen wir hier vor einer echten Rechtslücke, für deren Ausfüllung die Kunstlehre der Rechtsanwendung die richtige Methode zu finden hat.

Abgesehen von den erwähnten Lücken, welche vorliegen, wenn die Rechtsordnung an einen Tatbestand eine Rechtsfolge knüpft, aber die Voraussetzungen für die Art und den Umfang der Rechtswirkung nicht genau genug fixiert, leugnet auch Zitelmann, daß es echte Lücken im Recht gäbe. „In den Fällen, in denen man gemeinhin von Lücken spricht, handelt es sich in Wahrheit darum, daß für besondere Tatbestände eine besondere von der allgemeinen Regel abweichende rechtliche Behandlung im Gesetz vermißt wird. Lückenausfüllung bedeutet, daß der Richter jene allgemeine Regel für diese besonderen Tatbestände durchbricht und für sie einen neuen Rechtssatz, meist in Weiterbildung anderer schon vorhandener Sondersätze, findet.“ Zitelmann[1]) erblickt also in den gewöhnlichen Fällen einer analogen Anwendung gegebener Bestimmungen, wie z. B. in der Ausdehnung des Strafausschließungsgrundes der tätigen Reue auf den Anstifter und des § 447 B.G.B. auf Versendungen innerhalb derselben politischen Gemeinde und der Erfolgshaftpflicht der Gastwirte auf Schlafwagenunternehmer, eine Korrigierung des bestehenden Rechts.[2]) Diese ganze Auffassung ist nicht haltbar, denn läge hier in Wahrheit keine Lücke vor, so dürfte der Richter die Analogie[3]) nicht anwenden, denn nach heutigem deutschen Staatsrecht ist ihm im Gegensatz zum römischen Prätor eine Befugnis zur Abänderung des bestehenden Rechts nicht gegeben. In Wahrheit kann aber

[1]) Zitelmann, „Lücken im Recht“, S. 24, 25.

[2]) Auch Stammler, „Der Garantievertrag“, im Archiv für die zivilistische Praxis, Bd. 69 S. 33, neigt dieser Ansicht zu. „Lücken im Recht können sonach sein, de lege ferenda, nicht aber de lege lata; hier sind sie nur scheinbar, nur in der äußeren Formulierung vorhanden.“

[3]) Ebensowenig andere Formen freier Rechtsschöpfung. Im folgenden ist der Einfachheit halber durchgehends an Stelle des Begriffs der richterlichen Rechtsschöpfung ihr wichtigster Anwendungsfall, die Analogie, gebraucht.

auch in diesen Fällen von einer Lückenlosigkeit keine Rede sein, denn der allgemeine negative Satz, nach dem alle nicht besonders geregelten Tatbestände rechtsfolgefrei bleiben, ist eine keineswegs selbstverständliche Wahrheit. Vielmehr beruht das Dogma, nach welchem ohne weiteres alle Momente, deren das Recht nicht Erwähnung tut, vollständig rechtlich indifferent sein sollen, auf dem bekannten logischen Fehler, vom Grund auf die Folge negativ zu schließen, während doch eine derartige negative Konklusion nur von der Folge auf den Grund zulässig ist und ein Fortschritt von dem Grund zur Folge nur positiv stattfinden darf: also aus dem Satz, „wenn A ist, dann ist X", folgt keineswegs, daß, wenn A nicht ist, auch X nicht sein könnte, sondern man kann nur aus dem Fehlen von X auf das Nichtvorhandensein von A schließen. Nichts anderes gilt vom Recht: wenn die Rechtsordnung an den Tatbestand A eine Rechtsfolge X knüpft, so ist damit über die Frage, ob diese Folge nicht auch aus den Tatbeständen B, C usw. hervorgehen kann, noch gar nichts entschieden. Es bedarf vielmehr immer noch der weiteren Untersuchung, ob diese Tatbestände eine Rechtsfolge nach sich ziehen, oder ob sie wirklich in den rechtsleeren Raum fallen. Der Umkehrschluß, das sogenannte argumentum e contrario, führt nur hin und wieder zu richtigen Ergebnissen[1]) und ist daher, wie alle Schlußformen, welche nicht ausnahmslos eine zutreffende Konklusion ergeben, ein echtes Sophisma und daher logisch vollständig wertlos und nur geeignet, Verwirrung anzurichten. Vielmehr hat sich der Ausleger jedesmal zu fragen, ob er eine gegebene Bestimmung analog ausdehnen, oder die Umkehrung vornehmen soll.[2]) Ist ihm der Satz „Wenn die Tatsache A oder B oder C vorliegt, so soll der Rechtserfolg X eintreten" gegeben, so kann er diese Regel umkehren, indem er sagt, „sind A oder B oder C nicht vorhanden, so tritt X nicht ein", er kann aber rein logisch ebenso gut sagen, „wenn P, das mit A, B, C das Merkmal n gemein hat, vorliegt, so soll auch X eintreten." Welchen der beiden

[1]) In der Terminologie der formalen Logik ausgedrückt, heißt es, daß eine Konversion bejahender Sätze nicht ohne Veränderung der Quantität möglich ist. Sigwart, „Logik", Bd. 1 S. 449.

[2]) Siehe hierüber G. Rümelin, „Werturteile und Willensentscheidungen im Zivilrecht", S. 40.

Wege er einzuschlagen hat, darüber gibt ihm die teleologische Methode der Rechtsschöpfung, von der weiter unten die Rede sein wird, Auskunft. An dieser Stelle möge der Hinweis genügen, daß der Umkehrsatz nicht etwa eine logisch zwingende Konklusion aus dem Hauptsatz mittels eines imaginären Umkehrschlusses enthält, sondern ebenso, wie der analog gefundene Satz, der richterlichen Rechtsschöpfung seine Existenz verdankt, so daß er gleich diesem einer teleologischen Begründung bedarf; denn die Umkehrung ist nichts weiter als die Negation der Analogie, nämlich die Feststellung, daß eine entsprechende Anwendung der fraglichen Vorschrift nicht opportun erscheint. Es kommt auch nicht selten vor, daß das Recht selber durch eine besondere Bestimmung den Richter anweist, die Umkehrung oder die analoge Anwendung von Rechtssätzen vorzunehmen. Das bekannteste Beispiel für den ersteren Fall ist der § 2 des Strafgesetzbuches, welcher eine analoge Ausdehnung von Strafdrohungen verbietet. Aber auch weniger einschneidende Bestimmungen wären hervorzuheben, so z. B. der § 5 B.G.B., nach welchem die Volljährigkeitserklärung nur erfolgen soll, wenn sie das Beste des Minderjährigen befördert. Hiernach darf die Volljährigkeitserklärung nicht stattfinden, wenn sie durch das Interesse anderer Personen als des Mündels gefordert wird, wenn also z. B. der Minderjährige ein Mädchen geschwängert hat und die Volljährigkeitserklärung nur zu dem Zwecke vorgenommen werden soll, damit der Minderjährige das Mädchen durch Heirat rehabilitieren kann; einer analogen Ausdehnung, welche in diesem Falle manches für sich hätte, steht die einschränkende Bestimmung des § 5 B.G.B. mit seinem unerbittlichen Wörtchen „nur“ entgegen. Aber nicht minder kommt es vor, daß das Gesetz die analoge Ausdehnung selber anordnet. So bestimmt § 704 B.G.B., daß auf das Pfandrecht, welches dem Gastwirt für seine Forderungen für Wohnung und andere Leistungen an den eingebrachten Sachen des Gastes zusteht, die für das Pfandrecht des Vermieters geltenden Vorschriften entsprechende Anwendung finden. Damit wird dem Richter die Anweisung erteilt, selber methodisch zu prüfen, inwieweit jene Rechtssätze, auf die Bezug genommen ist, zur Regelung des Pfandrechts der Gastwirte geeignet sind. Soweit sich aber die Anordnung einer Umkehrung oder einer

Analogieziehung nicht direkt oder indirekt aus dem Gesetz oder der Gewohnheit ergibt, muß stets im Einzelfall geprüft werden, inwieweit eine entsprechende Anwendung teleologisch erforderlich ist.[1])

Das Gesagte gilt nicht nur von den Rechtssätzen, welche an einen bestimmten Tatbestand einen Rechtseffekt anschließen, sondern nicht minder von den Sonderrechtssätzen, welche einen anderen Satz nur einschränken oder sonstwie modifizieren. Auch bei ihnen hat man zu prüfen, ob eine Umkehrung oder eine analoge Anwendung angezeigt ist. Nur soweit das Gesetz selber den einen oder den anderen Weg vorschreibt, hat es hierbei sein Bewenden. Auch darf nicht übersehen werden, daß gerade bei einschränkenden Sätzen eine Umkehrung vom Recht nicht selten angeordnet wird. Jedoch ist es unrichtig, wenn zuweilen gelehrt wird, daß Sonderrechtssätze überhaupt einer analogen Ausdehnung unfähig seien. Diese Ansicht verwechselt die Sonderrechtssätze, die einen speziellen Tatbestand regeln, mit den anomalen Rechtssätzen, welche der ratio juris widersprechen und sich daher zur analogen Anwendung nicht eignen.[2]) Dagegen können die Sonderrechtssätze sehr wohl analog ausgedehnt werden, denn auch bezüglich ihres Inhalts besteht kein allgemeiner negativer Satz, wonach alle nicht erwähnten Momente unfähig sind, die Wirkungen eines anderen Rechtssatzes einzuschränken. Bestimmt also die Rechtsordnung, daß, wenn Q, R, S vorliegen, ein sonst eintretender Rechtseffekt X wegfalle oder modifiziert werden soll, so ist damit über die Frage, ob auch T diese modifizierende Wirkung ausübt, gar nichts gesagt. Eine Umkehrung, wonach die fragliche Modifikation von X nur in Kraft tritt, wenn Q, R, S vorliegen, folgt nicht

---

[1]) So sei an den von G. Rümelin, „Werturteile und Willensentscheidungen", S. 41, erwähnten Fall des Bärenführers erinnert, „der seinen Bären in den Wartesaal der Eisenbahn bringt und sich darauf beruft, es sei angeschrieben, Hunde dürfen nicht hereingebracht werden, daraus folge per argumentum a contrario, daß Bären Zutritt haben". Daß in diesem Fall nicht eine Umkehrung, sondern eine analoge Anwendung der fraglichen Bestimmung Platz zu greifen hat, ergibt sich ohne weiteres aus der Erwägung, daß dort, wo Hunde keinen Zutritt haben, größere Tiere, welche das Publikum in noch erheblicherem Maße belästigen, erst recht nicht zugelassen werden dürfen.

[2]) Auf diesen Unterschied weist Dernburg hin „Pandekten" Bd. 1, § 33.

mit zwingender Notwendigkeit aus obigem Sondersatz. Es ist ja möglich, daß sich ein solcher Umkehrsatz im Recht irgendwo findet. Dann erübrigt sich eine Untersuchung, ob eine analoge Anwendung am Platze ist, sonst aber muß ebenso wie bei den allgemeinen Sätzen geprüft werden, ob jene Ausnahmebestimmungen auszudehnen sind. So ist z. B. nach B.G.B. die Gefahr bei gegenseitigen Verträgen derart geregelt, daß der Schuldner der Hauptleistung seinen Anspruch auf die Gegenleistung verliert, wenn die von ihm geschuldete Leistung ohne Verschulden oder Annahmeverzug seines Vertragsgegners unmöglich wird (§§ 323 ff. B.G.B.). Dementsprechend hat der Unternehmer beim Werkvertrag bis zur Abnahme des Werks die Gefahr zu tragen (§ 644 Satz 1 B.G.B.). Von dieser Regel macht jedoch der folgende Absatz des genannten Paragraphen für den Fall der Versendung nach einem anderen Ort als dem Erfüllungsort die wichtige Ausnahme, daß die Gefahr schon dann auf den Besteller übergeht, wenn der Unternehmer die Sache dem Spediteur, dem Frachtführer oder der sonst zur Ausführung der Versendung bestimmten Person oder Anstalt überliefert hat. Eine fernere Ausnahme enthält § 645 B.G.B., welcher bestimmt, daß, wenn das Werk vor der Abnahme infolge eines Mangels des von dem Besteller gelieferten Stoffes oder infolge einer von dem Besteller für die Ausführung erteilten Anweisung untergegangen, verschlechtert oder unausführbar geworden, ohne daß ein Umstand mitgewirkt hat, den der Unternehmer zu vertreten hat, letzterer einen der geleisteten Arbeit entsprechenden Teil der Vergütung und Ersatz der in der Vergütung nicht inbegriffenen Auslagen verlangen kann. Es wäre voreilig, diese Bestimmung ohne weiteres umzukehren und daraus zu entnehmen, daß andere als die genannten Momente nicht imstande wären, eine Verschiebung der Gefahr beim Werkvertrag zu bewirken. Dann würde der Unternehmer de Gefahr auch tragen, wenn er die hergestellte Sache seinen Kunden innerhalb derselben politischen Gemeinde zuschickte und sie auf dem Transport durch Zufall unterginge, oder wenn ein alter Herr, der sich ein künstliches Gebiß machen läßt, vor Beendigung der Arbeit stirbt, ohne daß eine der speziellen Voraussetzungen des § 645 vorliegt. Vielmehr muß geprüft werden, ob es sich nicht empfiehlt, den § 644 in

Verbindung mit §447 auf Versendungen innerhalb derselben politischen Gemeinde und den § 645 auf sämtliche Unfälle, welche sich in der Sphäre des Bestellers[1]) ereignen, analog auszudehnen. Auf eine Beantwortung dieser Fragen, die meines Erachtens bejaht werden müssen, kann erst eingegangen werden, wenn die Methode der Lückenausfüllung dargelegt ist. An dieser Stelle muß die Feststellung genügen, daß es sich auch bei Ausdehnung von einschränkenden Sätzen um wahre Lückenausfüllung handelt.

Im praktischen Erfolg unterscheidet sich diese meine Ansicht nicht im geringsten von Zitelmanns Lückentheorie, denn auch er läßt im Prinzip eine analoge Anwendung von Sondervorschriften zu, nur sieht er in ihr keine Lückenausfüllung, sondern eine Korrektur des bestehenden Rechts.[2]) Zitelmann geht von der Auffassung aus, daß es einen Rechtssatz gäbe, welcher die Umkehrung aller Rechtsregeln gebietet, fügt aber sogleich hinzu, daß der Richter diesem allgemeinen Negativsatz keinen Gehorsam schulde, sondern im Widerspruch mit ihm eine analoge Ausdehnung vornehmen dürfe. Empfiehlt es sich da nicht mehr, die Existenz des allgemeinen Negativsatzes zu leugnen als zu sagen, daß er zwar vorhanden, aber für den Richter unverbindlich sei? Das Gefährliche der Zitelmannschen Ansicht besteht darin, daß sie auf der einen Seite konservative Richter von einer sachgemäßen Anwendung der Analogie durch die Vorstellung abschrecken kann, als ob eine entsprechende Anwendung gegebener Bestimmungen eine corrigendi causa vorgenommene Verletzung des positiven Rechts enthalte, während sie radikale Elemente durch das Zugeständnis, daß die analoge Ausdehnung eine richterliche Rechtsänderung sei, zu der Annahme verleiten kann, daß der Richter das positive Recht nur insoweit anzuwenden habe, als es ihm sachgemäß erscheine. In der Tat ist nicht einzusehen, wie man dieser Konsequenz ausweichen will: wenn der Richter die Lehre von der Gefahrtragung korrigieren darf, warum soll er dann vor dem § 2 Str.G.B., welcher den Grundsatz „nullum crimen

---

[1]) Siehe hierüber Örtmann in Grünhuts Zeitschrift, Bd. 24 S. 48.

[2]) Ebenso O. Kraus in Grünhuts Zeitschrift, Bd. 32 S. 626, und Ehrlich, „Über Lücken im Recht“, in Burians juristischen Blättern, Bd. 17 S. 497.

sine lege“ sanktioniert, Halt machen? Wer darf ihn hindern, auch dieses Palladium der bürgerlichen Freiheit aus dem Rechtssystem heraus zu korrigieren, wenn ihm dieses sachgemäß erscheint? Gibt man dem Teufel des Radikalismus den kleinen Finger, so nimmt er die ganze Hand, gesteht man einmal zu, daß der Richter das bestehende Recht korrigieren dürfe, so gibt es kein Halten mehr, man kommt schließlich zu dem Resultat, daß dem bestehenden Recht jede selbständige Bedeutung fehlt, weil es nur soweit Anwendung findet, als es dem Richter sachgemäß erscheint. Demgegenüber kann nicht häufig und nicht eindringlich genug der fundamentale Satz aller Auslegung hervorgehoben werden, daß eine richterliche Rechtsschöpfung, eine selbständige teleologische Bewertung, nur dort einzutreten hat, wo echte Lücken im positiven Recht vorhanden sind; soweit aber das gegebene Recht eine Antwort erteilt, hat jede richterliche Bewertung zu schweigen, denn nur zur Ergänzung, nicht zur Verbesserung des Rechts ist der Richter berufen.

Von einer Lücke im Recht kann aber nur dann geredet werden, wenn ein bestimmter Tatbestand vom positiven Recht weder positiv noch negativ geregelt worden ist, wenn also weder bestimmt ist, daß sich an den Tatbestand eine Rechtsfolge irgend einer Art knüpft, noch auch, daß er in dieser oder jener Hinsicht rechtlich indifferent sein soll. Unter positivem Recht hat man die Gesamtheit der zu einer bestimmten Zeit an einem bestimmten Ort herrschenden Rechtsnormen ohne Rücksicht auf die Rechtsquelle, aus welcher die einzelnen Rechtssätze stammen, zu verstehen. Insbesondere gilt dies auch von den einander übergeordneten Gesetzgebungen; daher kann von keiner Lücke die Rede sein, wenn eine Frage nicht durch das Reichsrecht, sondern nur durch das Landesrecht geregelt wird, denn letzteres füllt kraft seiner Subsidiarität die Lücken des Reichsrechts aus, so daß das positive Recht als Ganzes in dieser Hinsicht eine Antwort nicht schuldig bleibt.[1]) Ferner liegt nicht schon dann eine Lücke vor, wenn man die Entscheidung nicht unmittelbar mit irgend einem Gesetzestext oder mit einer

[1]) Daher ist das Argument, welches Kipp bei Windscheid, „Pandekten“, § 23 S. 108 Anm. 1 b, gegen Bergbohm richtet, nämlich die Notwendigkeit einer Ergänzung des Reichsrechts durch das Landesrecht, unzutreffend.

bestimmten Gewohnheit belegen kann, sondern das positive Recht versagt erst dann, wenn sich nicht einmal durch logische Verarbeitung des durch Auslegung gefundenen Gedankeninhalts die Beantwortung der in Rede stehenden Rechtsfrage finden läßt. Auch Anhänger der gegnerischen Ansicht, wie Bergbohm, vertreten das Dogma von der Lückenlosigkeit nur insofern, als sie behaupten, daß man die Lücken in den Einzelbestimmungen infolge der logischen Expansionskraft des positiven Rechts ohne Zuhilfenahme eines außerhalb desselben befindlichen Grundsatzes beseitigen könne. Da also die gegnerische Behauptung dahin geht, daß die Lückenlosigkeit sich nicht auf die Summe der Einzelbestimmungen, sondern auf das zu einem logischen Ganzen verarbeitete System bezieht, so wird sie nicht schon durch den Nachweis, daß für die Beantwortung mancher Frage eine bestimmte Rechtsnorm nicht zu finden ist, widerlegt. Vielmehr muß noch weiter gezeigt werden, daß man ohne Zuhilfenahme eines nicht im positiven Recht selbst enthaltenen Moments durch reines Denken jene Lücke nicht schließen kann, denn nur unter dieser Voraussetzung ist die Existenz einer wahren Systemlücke bewiesen.

Dieser Glaube an die dialektische Expansionskraft des Rechtes ist erkenntnistheoretisch unhaltbar, denn die reine Logik ist nicht imstande, irgend einen synthetischen Satz zu liefern und damit unser Wissen auch nur um die geringste Wahrheit zu bereichern, weil sie wohl gegebene Sätze durch Konversion, Kontraposition oder ähnliche formale Operationen in andere Formen gießen, aber im Gegensatz zur Mathematik, welche ihre Begriffe durch Konstruktion in den a priori gegebenen Anschauungsformen des Raums und der Zeit verifiziert, niemals einen neuen Inhalt finden kann. Daher ist sie auch nicht imstande, unsere Rechtskenntnis zu vermehren, sondern sieht sich darauf beschränkt, den positiven Rechtsstoff zu formen. Denn man kann zwar aus einem Rechtsprinzip eine Menge Folgerungen ziehen, aber diese sind nur dann erwiesen, wenn jenes Prinzip, in welchem die Konklusionen enthalten waren, gegeben ist. Mithin kann die Logik nur das Gold der allgemeinen Rechtsprinzipien gegen die Kurantmünze einzelner Sätze einwechseln, aber niemals den Rechtsschatz selber vermehren. Demgegenüber könnten die Anhänger der logischen Geschlossenheit des

Rechts einwenden, daß die Entwicklung des gegebenen Quantums von Rechtssätzen zwar nicht auf aprioristisch-deduktivem, sondern auf induktivem Wege zu erfolgen habe. Aber auch dieser Gesichtspunkt ist nur scheinbar zutreffend; denn wenn man das Wesen der Induktion analysiert, so wird man finden, daß auch sie nicht imstande ist, die einzelnen Rechtsnormen zu einem lückenlosen System zusammenzufassen. Die Induktion[1]) ist jene Gedankenoperation, durch die man aus einer Mehrzahl einzelner Sätze ein allgemeineres Urteil gewinnt. Sie ist entweder eine vollständige oder eine unvollständige: die erstere Art liegt vor, wenn die Subjekte der einzelnen Sätze S 1, S 2, S 3, von denen ein Prädikat P ausgesagt wird, den Umfang des Begriffes M, der Subjekt des allgemeineren Urteils ist, erschöpfen; wenn dagegen S 1, S 2, S 3 nur einen Teil des Umfanges von M umfassen, so spricht man von einer unvollständigen Induktion. Was den Wert dieser logischen Form anlangt, so ist die vollständige Induktion zwar logisch zwingend, aber sie verwandelt den gegebenen Stoff nur in eine andere Form, ohne Neues hinzuzufügen. Sie kann daher wohl der Vereinfachung des Gegebenen dienen, aber sie ist an sich nicht produktiv. Umgekehrt ist die unvollständige Induktion zwar imstande, neue Sätze zu gewähren, aber sie stellt, wie schon Aristoteles erkannt hat, keine logisch zwingende Schlußform dar. Wenn der Begriff M in die Unterbegriffe S 1 bis S 12 zerfällt, so ist aus der Tatsache, daß den Begriffen S 1, S 2, S 3, das Prädikat P zukommt, noch keineswegs der Schluß zu ziehen, daß es nun auch den Begriffen S 4 bis S 12 zugehöre; ja sogar, wenn man P von S 1 bis S 11 prädizieren könnte, so würde daraus nicht folgen, daß P auch dem Begriff S 12 zukäme. Da jede unvollständige Induktion nur ein hypothetisches Reduktionsverfahren ist, so bedarf der auf diese Weise gefundene Satz erst der Bestätigung durch die Erfahrung. Zu diesem Zweck müssen aus dem hypothetisch zugrunde gelegten Obersatz nach dem Schema der ersten Figur alle erdenklichen Folgen gezogen werden, und es muß weiter geprüft werden, ob diese Folgen durch die Erfahrung bestätigt werden. Durch eine einzige negative Instanz wird das allgemeine Prinzip widerlegt,

---

[1]) Über Induktionen siehe: Sigwart, „Logik“, Bd. 2 S. 407.

aber noch so viele positive Instanzen können seine Richtigkeit nicht in zwingender Weise erhärten. Je größer aber die Zahl der bestätigten Folgerungen ist, ohne daß eine negative Instanz vorliegt, um so größer wird die Wahrscheinlichkeit, daß die Hypothese zutreffend ist. So kann es schließlich dahin kommen, daß eine Hypothese wie z. B. die heliozentrische Weltanschauung des Kopernikus den mathematischen Axiomen an Gewißheit so gut wie gleich steht. Auf keine andere Weise als nach dieser von der Logik geforderten Methode kann die juristische Kunstlehre dazu gelangen, ihr System zu erweitern.[1]) Damit ist aber schon gezeigt, daß die Lehre von der logischen Expansionskraft des Rechtes auch mit Hilfe der Induktion nicht zu halten ist. Denn entweder geben die Gegner zu, daß die Konklusionen aus dem hypothetisch zugrunde gelegten allgemeinen Prinzip an irgendwelchen teleologischen Gesichtspunkten verifiziert werden müssen, dann verlassen sie den Boden der rein logischen Schule und betreten das Gebiet der teleologisch-konstruktiven Methode, oder aber sie leugnen, daß der durch Generalisation gewonnene Satz noch einer weiteren Begründung als der Übereinstimmung mit den einzelnen Normen des positiven Rechts bedürftig sei, dann begehen sie den groben logischen Fehler, eine unvollständige Induktion ohne weiteres für ein zwingendes Schlußverfahren zu halten. In der Tat wird dieser Fehler außerordentlich häufig selbst von hervorragenden und verdienten Rechtslehrern begangen: so lehrt Thöl,[2]) daß die Wissenschaft aus rechtlichen Grundlagen Rechtssätze finde, indem sie entweder aus den einzelnen gesetzlichen oder gewohnheitlichen Rechtssätzen den höheren Rechtssatz, das Prinzip, finde, oder aus einem Rechtssatz seine Konsequenzen ziehe. In diesen Worten tritt die Unfruchtbarkeit der rein logischen Methode klar zutage, denn die Deduktion kann immer nur entwickeln, was bereits im allgemeinen Prinzip verborgen lag. Sie ist daher ebensowenig schöpferisch wie die vollständige Induktion, welche nur vorhandene Erkenntnis in eine handlichere Form bringt. Was aber die unvollständige Induktion anlangt, so ist diese zwar fruchtbar, sie kann aber nur unter

---

[1]) Über juristische Induktion siehe Ehrlich in Burians juristischen Blättern, Bd. 17 S. 569.

[2]) Thöl, „Einleitung in das deutsche Privatrecht“, S. 140.

der Voraussetzung, daß sie in der Erfahrung verifiziert wird, als eine logisch zulässige Schlußform angesehen werden. Auch Savigny[1]) war sich über die Tragweite der Logik im Recht nicht ganz im klaren, wenn er sagt, daß die Analogie nicht immer eine bloß logische Konsequenz sei wie das reine Verhältnis zwischen Grund und Folge, sondern zugleich eine „organische“, die aus der Gesamtanschauung der praktischen Natur der Rechtsverhältnisse und ihrer Urbilder hervorgehe. Was die Heranziehung des Begriffes „organisch“ [2]) anlangt, so ist an sich nichts dagegen einzuwenden, ein Problem der einen Wissenschaft durch Vergleich mit einem Begriff einer anderen Wissenschaft aufzuhellen. Aber in diesem Fall fehlt es an jeder Auseinandersetzung der Frage, inwieweit ein Parallelismus zwischen dem erwähnten Ausdruck der Biologie und der Analogie als Mittel der Rechtsanwendung vorhanden sein soll. Daher ist die Bemerkung Savignys gerade infolge ihrer Unbestimmtheit zwar wenig geeignet, den Sachverhalt aufzuklären. Immerhin ist sie insofern sehr interessant, weil sie erkennen läßt, daß auch dem Begründer der historischen Rechtsschule die Vorstellung von der Mangelhaftigkeit der rein logischen Methode, wenn auch nur recht dunkel, vorgeschwebt hat. Auch Thöl (a. a. O. S. 144) fühlt diese Unzulänglichkeit und führt daher als drittes Mittel zur Rechtsergänzung neben Deduktion und Induktion die Natur der Sache an. Die Wissenschaft finde Rechtssätze aus faktischen Grundlagen aus der Natur der Sache, der Verhältnisse, der Institute, des Tatbestandes, aus dem Faktischen, aus diesem folge ein Rechtssatz zuweilen mit Notwendigkeit. Nach welcher Methode man aber aus Faktischem neue Rechtsnormen gewinnen kann, darüber gibt der Autor leider keine Auskunft. Wenn er diesen Gedankengang weiter verfolgt hätte, so würde er sich bald von der Unzulänglichkeit der rein logischen Methode vollständig überzeugt haben.

Die Bekämpfung der rein dialektischen, das teleologische Moment vernachlässigenden Jurisprudenz hat sich vor allem

---

[1]) Savigny, „System“, Bd. 1 S. 292.

[2]) Auch Unger, „System des österreichischen allgemeinen Privatrechts“, Bd. 1 S. 59, spricht von der „organischen Ergänzung des positiven Rechts“.

Jhering[1]) in seinen letzten Jahren angelegen sein lassen. Am bekanntesten ist in dieser Hinsicht sein satyrisches Märchen über den juristischen Begriffshimmel geworden, in dem er die von ihm als „Begriffsjurisprudenz" bezeichnete, rein logische Methode mit beißendem Spott verfolgt. Leider fehlt es sowohl in dieser scherzhaften Abhandlung als in den übrigen Werken Jherings an einer genauen Definition der von ihm verspotteten Begriffsjurisprudenz.[2]) Offenbar hat Jhering unter diesem Ausdruck nichts anderes verstanden, als jene Methode, welche unter Vernachlässigung des teleologischen Momentes auf rein logische Weise ein lückenloses Rechtssystem glaubt bilden zu können. Eine oberflächliche Betrachtung des Namens könnte freilich zu der falschen Annahme verführen, als ob die Begriffsjurisprudenz diejenige Methode sei, welche das Recht begrifflich oder konstruktiv darstelle und daher den Rechtsbegriffen eine große Wichtigkeit zuschreibe. In diesem Sinne kann aber der Ausdruck von Jhering unmöglich gemeint sein, denn dann wäre schließlich jede juristische Methode, welche sich über die roheste Kasuistik erhöbe, Begriffsjurisprudenz zu nennen. Jhering hat vielmehr diesen Ausdruck auf diejenige Methode beschränken wollen, welche von den Rechtsbegriffen eine Leistung erwartet, welche sie unmöglich gewähren können, nämlich die Fähigkeit, aus sich heraus neue Rechtssätze zu schaffen. In diesem Sinne ist aber niemand anders als Jhering selbst in seiner unter dem Einfluß Puchtas stehenden Jugendzeit durch die Anpreisung seiner naturhistorischen Methode der Verfechter der von ihm später mit Spott verfolgten Begriffsjurisprudenz geworden.[3])

Nach der naturhistorischen Methode besteht das Wesen

---

[1]) Jhering, „Scherz und Ernst in der Jurisprudenz". Insbesondere das daselbst S. 247—383 abgedruckte Phantasiebild „Im juristischen Begriffshimmel", ferner seine Monographie „Der Besitzwille".

[2]) Wie schon Becker, „Ernst und Scherz", S. 129, richtig hervorgehoben, hat Jhering manche ihm unsympathische literarische Erscheinung in den Begriffshimmel versetzt, die mit Begriffsjurisprudenz nicht das geringste zu tun hat: so mag man gegen Schloßmanns „Vertrag" noch so weittragende Einwände erheben, niemand wird Schloßmann für einen Begriffsjuristen halten, vielmehr ist er das Gegenstück eines solchen, nämlich ein Gefühlsjurist.

[3]) Jhering, „Geist des römischen Rechts", Bd. 1 S. 25—58, Bd. 2 S. 309—389, Bd. 3 S. 311—326 und seine Abhandlung „Unsere Aufgabe" in seinen Jahrbüchern, Bd. 1 S. 1—52.

der juristischen Konstruktion in der Tätigkeit, die Rechtssätze mittels Definitionen in Rechtsbegriffe zu verwandeln und dadurch gleichsam in einen „höheren Aggregatzustand" („Geist" Bd. 1 S. 37) zu erheben. Die auf diese Weise gewonnenen Rechtsbegriffe sieht Jhering als Rechtskörper an, denen wie anderen Körpern Realität in der Form „eines individuellen Seins und Lebens" zukäme („Geist" Bd. 2 S. 360). „Und wäre auch gar kein Nutzen abzusehen, so ist er — nämlich der nach der naturhistorischen Methode gefundene Rechtsbegriff — eben da seiner selbst wegen, er existiert, weil er nicht nichtexistieren kann" („Unsere Aufgabe" S. 18). „Es gibt auch eine ansehnliche Zahl von Rechtskörpern, bei denen ein Zweck überhaupt garnicht angegeben werden kann, da sie nicht einem praktischen Bedürfnis (utilitas), sondern nur der juristischen Konsequenz oder Notwendigkeit (ratio juris) ihren Ursprung verdanken, nur existieren, weil sie nicht nicht-existieren können („Geist" Bd. 2 S. 365). Da den Begriffen mithin Realität an sich zukommt, so sind sie auch imstande, Wirkungen auszuüben. „Die Begriffe sind produktiv, sie paaren sich und zeugen neue" („Geist" Bd. 1 S. 40), so daß sie zu einer unversieglichen Quelle neuen Stoffes werden und auf diese Weise eine Ausfüllung von Rechtslücken ermöglichen. „Das Material aber zu dieser Ergänzung gewährt uns teils der einzelne Körper selbst, seine Natur und innere Dialektik, teils die allgemeine Theorie der juristischen Körper" („Geist" Bd. 2 S. 388). Daß diese Methode unhaltbar ist, ergibt sich schon aus dem oben Gesagten, denn es ist offensichtlich, daß sie jenen bekannten Fehler, dessen sich alle metaphysische Logik schuldig macht, nämlich die vom scholastischen Realismus beliebte Hypostasierung der Universalien ebenfalls begeht. Wie in Wahrheit alle Begriffe nichts als Zusammenfassungen einzelner Erscheinungen sind, so sind auch die Rechtsbegriffe nur terminologische Hilfsmittel, um bestimmte Tatbestände oder Rechtsfolgen mit einem Wort bezeichnen zu können. Die Präzipitierung der Rechtssätze dient einmal zur Vereinfachung der Darstellung, da ohne die Rechtsbegriffe die juristische Ausdrucksweise unerträglich schwerfällig würde.[1]) Ferner ermöglicht alle in diese Umwand-

[1]) Übereinstimmend Schloßmann, „Der Vertrag", S. 240—243.

lung der Sätze in Begriffe eine Klassifikation des Rechtsstoffes, weil sich nur Begriffe, nicht aber Urteile subsumieren lassen. Wenn aber Jhering für seine Begriffe außerdem noch eine immanente dialektische Kraft, durch die der Rechtsstoff erweitert werden kann, in Anspruch nimmt, so ist diese Auffassung ganz unhaltbar, denn man kann zwar aus Begriffen, oder richtiger gesagt,[1]) aus den ihnen zugrunde liegenden Sätzen Folgerungen ziehen, aber die Richtigkeit der Konklusionen ist natürlich nur dann bewiesen, wenn jene Obersätze, aus denen deduziert worden ist, zutreffend sind. Wenn sie also nicht unmittelbar im Gesetz oder in der Gewohnheit enthalten sind, so müssen sie erst ordnungsmäßig induziert werden. Für diese Gedankenoperation reicht aber, wie oben ausgeführt, die reine Logik nicht aus, vielmehr müssen erst teleologische Erwägungen die Induktion bestätigen. Dieses Erfordernis übersieht die Begriffsjurisprudenz, indem sie eine selbständige teleologische Würdigung glaubt entbehren zu können; ihr Kardinalfehler besteht darin, daß sie die Umwandlung eines Rechtssatzes in einen Rechtsbegriff für ein Beweisverfahren hält. Jene Logik, welche den Universalien Realität zuspricht, meint einen Satz bewiesen zu haben, wenn sie ihn in die Begriffsform gebracht hat, denn dadurch nimmt er nach ihrer Ansicht an der Realität der Begriffswelt teil. Daß auch Jhering diesen Fehler begeht, beweist seine Theorie der Konstruktion[2]): er stellt als Voraussetzung einer richtigen Konstruktion drei Erfordernisse auf: zwei absolut notwendige und ein nur erwünschtes. Auf das letztere, das Gesetz der juristischen Schönheit, braucht nicht näher eingegangen zu werden, weil es nach Ihering nur fakultativ ist, seine Übertretung also keinen logischen Fehler enthält. Die beiden absolut notwendigen Erfordernisse sind die Gesetze der Deckung des positiven Stoffes und dessen Nicht-

---

[1]) Der mehr formale Einwand, daß man nur aus Sätzen, nicht aber aus Begriffen deduzieren könne und daß man daher die Rechtsbegriffe, um sie dialektisch verwerten zu können, erst wieder in die Urteilsform zurückübersetzen müsse, ist durchaus zutreffend. Aber es wäre eine arge, zu einer höchst schleppenden Terminologie führende Pedanterie, wenn man, anstatt von einer Schlußfolgerung aus Begriffen zu sprechen, stets von einer Deduktion aus denjenigen Rechtsprinzipien, welche zu bestimmten Begriffen erhoben sind, reden wollte.

[2]) Jhering, „Geist", Bd. 2, S. 370—383.

widerspruchs oder der systematischen Einheit. Diese letztere Voraussetzung ist selbstverständlich erforderlich, nur darf man niemals vergessen, daß in der Jurisprudenz ebenso wie in den Naturwissenschaften die allgemeinen Gesetze durch Sonderregeln modifiziert werden können. Was aber das Gesetz der Deckung des Rechtsstoffes angeht, so ist es überaus charakteristisch, daß Jhering sich mit der Deckung des positiven Rechts begnügt. Nach seiner Ansicht sind also die allgemeinen Rechtsprinzipien schon dadurch als richtig erwiesen, daß die im positiven Recht gegebenen Einzelregeln mit ihnen nicht in Widerspruch treten. Aber wie oben gezeigt, sind die durch hypothetische Reduktionen gewonnenen Rechtsprinzipien noch nicht ohne weiteres richtig, sondern es muß noch weiter geprüft werden, ob sich die aus der Hypothese gezogenen Folgerungen teleologisch bewähren.[1]) „Alle Prinzipien, mögen sie auch noch so bequeme Forderungen gewähren, hängen doch in der Luft, wenn es nicht gelingt, sie selbst wieder wissenschaftlich zu begründen." „Denn so eigentümlich ist der Mensch geartet: mag das Prinzip, aus dem er deduzieren will, selbst auch willkürlich ersonnen, und mag die Begründung, die ihm Weihe geben soll, nur ein durchsichtiger Schleier sein — weil die Einzelentscheidung sich aus dem Prinzip ableiten läßt, scheint sie selbst begründet zu sein; man beruhigt sich bei dieser ihrer Ableitung und fragt nach der Festigkeit der Grundlage nicht mehr viel."[2]) So hält auch Jhering irrtümlicherweise eine unvollständige Induktion ohne weiteres für ein zwingendes Schlußverfahren, denn seine naturhistorische Methode trübt ihm den Blick für den wahren Sachverhalt. Er sieht nicht, daß ein unvollständig induzierter Satz durch Präzipitierung[2]) zu einem Rechtsbegriff gar nichts an Wahrheit gewinnt, vielmehr glaubt er als echter Begriffsjurist, daß das gefundene allgemeine Prinzip, nachdem es in einen Rechtsbegriff verwandelt und damit zu einem Rechtskörper geworden, so real als die Begriffswelt selbst sei.

Diese von Jhering so anschaulich geschilderte Begriffsjurisprudenz, welche bis gegen Ende des neunzehnten Jahr-

[1]) Die Unfruchtbarkeit der naturhistorischen Methode bekämpft auch Schloßmann, „Der Vertrag", S. 235—243.

[2]) Zitelmann, „Internationales Privatrecht", Bd. 1 S. 21 und 23.

hunderts vorherrschte, stützt sich im wesentlichen auf die Autorität von Savigny und Puchta.[1]) Daß gerade die Begründer der historischen Rechtsschule einem so starren Begriffsdogmatismus huldigten, könnte wunderbar erscheinen, da doch eine streng historische Auffassung dahin führt, in dem Recht wie in der Sprache und allen übrigen geschichtlichen Erzeugnissen ein irrationales Produkt aus einer unendlich großen Anzahl mehr oder weniger zufälliger Faktoren zu erblicken. Aber verglichen mit dem heutigen Positivismus, waren Gelehrte wie Savigny und Puchta nicht historisch genug gesinnt, sondern dem Rationalismus viel zu sehr geneigt. Zur Zeit ihrer Wirksamkeit herrschte die panlogistische Metaphysik Hegels vor, und wenn auch die Begründer der historischen Rechtsschule es entschieden ablehnten, zu seinen Schülern oder Anhängern gezählt zu werden, so konnten sie sich doch dem Geist ihrer Zeit, welche in einer unkritischen Überschätzung des Logischen befangen, alles Seiende auf logische Kategorien glaubte zurückführen zu können, nicht völlig entziehen. Selbst in einem Werke, das wie Savignys „System des heutigen römischen Rechts" ein offenes Auge für die Bedürfnisse des Lebens zeigt, tritt die Tendenz, aus Begriffen heraus alle möglichen Sätze zu deduzieren, sehr zum Schaden des Ganzen offen zutage. Ein besonders charakteristisches Beispiel ist die bekannte Darstellung, welche Savigny[2]) von der Lehre vom Geschäftsirrtum gibt. Denn er sucht seine These, daß der wesentliche Geschäftsirrtum die Willenserklärung regelmäßig nichtig macht, aus dem

---

[1]) Auch Windscheid neigte dieser Richtung zu, siehe hierüber M. Rümelin, „Bernhard Windscheid und sein Einfluß auf Privatrecht und Privatrechtswissenschaft", S. 38 ff.

[2]) Savigny, „System", Bd. 3 S. 99 u. 263 ff. — Nur vom Geschäftsirrtum, als Nichtübereinstimmung von Wille und Erklärung, ist im folgenden die Rede, nicht aber vom verdeckten Dissens, der vorliegt, wenn zwar die Erklärung eines jeden Kontrahenten mit seinem Willen übereinstimmt, aber die beiderseitigen Erklärungen sich nicht decken, ohne daß diese Differenz den Beteiligten zum Bewußtsein käme. Im letzteren Fall liegt wegen mangelnden Konsenses nicht einmal der äußere Tatbestand eines Vertrages vor, während beim Geschäftsirrtum, wo die beiderseitigen Erklärungen sich decken, der Mangel sich nur auf das innere Moment des Willens bezieht. Diese beiden Tatbestände sind so verschieden gelagert, daß die gleiche Behandlung, die ihnen Savigny zuteil werden läßt, nicht gerechtfertigt ist.

Begriff der Willenserklärung, welche das Dasein des Willens, die Erklärung des Willens und seine Übereinstimmung mit der Erklärung voraussetze, auf deduktivem Wege zu beweisen. Diese ganze Argumentation läuft offenbar auf eine petitio principii hinaus, denn wenn man die Notwendigkeit der Übereinstimmung von Wille und Erklärung als Merkmal des Begriffes „Willenserklärung" aufstellt, ist es natürlich sehr leicht hinterher zu finden, daß ein Rechtsgeschäft nicht vorhanden ist, wenn jene Übereinstimmung fehlt. Mit Recht bemerkt Becker,[1]) daß man nach dieser Methode genau das entgegengesetzte Dogma von der Wirkungslosigkeit des Geschäftsirrtums scheinbar beweisen könnte, sofern man nur die Willenserklärung definiert als „diejenige Erklärung, welche von dem, an den sie ergeht, nach den Regeln des gewöhnlichen Verkehrs als Anzeichen vom Dasein des Wollens zu erfassen ist". Daß sich selbst ein Geist wie Savigny eine so gewöhnliche petitio principii zuschulden kommen ließ, erklärt sich aus der Tatsache, daß auch ihm die allgemeinen Rechtsbegriffe als Realitäten erschienen, welche die Wahrheit in sich trügen und daher keines weiteren Beweises bedürftig wären. Nach der richtigen Methode hätte Savigny zunächst untersuchen müssen, ob sich im gemeinen Recht seiner Zeit bezüglich des Interessengegensatzes zwischen dem irrenden Kontrahenten und seinem gutgläubigen Partner ein Werturteil gebildet hätte. Wenn er diese Frage wohl hätte verneinen müssen, weil sich weder aus den Quellenstellen noch aus der Praxis jener Zeit eine Antwort auf diese Kontroverse finden ließ,[2]) so hätte er eine selbständige teleologische Erwägung[3]) anstellen und das auf diese Weise gefundene Prinzip zur Bestimmung des Begriffs „Willenserklärung" verwerten müssen, anstatt seine Konsequenzen aus einem angeblich feststehenden Begriff der Willens-

[1]) Becker, „System des heutigen Pandektenrechts", Bd. 2 S. 57.

[2]) Es wird im folgenden immer vorausgesetzt, daß sich auf die einzelnen Fragen in der Lehre vom Geschäftsirrtum im gemeinen Recht eine unzweideutige Entscheidung nicht findet. Würde man das Gegenteil annehmen, so kämen einfach dessen Regeln ohne Rücksicht auf ihre Brauchbarkeit zur Anwendung, denn in diesem Falle wäre eben keine Lücke und auch kein Bedürfnis für ihre Ausfüllung vorhanden.

[3]) Siehe hierüber: Windscheid, „Wille und Willenserklärung", in seinen von Örtmann herausgegebenen gesammelten Reden und Abhandlungen S. 344.

erklärung ohne Rücksicht auf die Praktikabilität des Resultats zu deduzieren.

Noch bedenklicher aber als dieses Verfahren, einzelne Rechtssätze ohne Prüfung ihrer Angemessenheit mittels scholastischer Scheinbeweise aus Rechtsbegriffen zu deduzieren, ist eine weitere Konsequenz, zu der die Begriffsjurisprudenz hinführt. In ihrem an sich lobenswerten Bestreben, das Recht auf möglichst wenige allgemeine Prinzipien zu reduzieren, neigt sie dazu, das System allzusehr zu vereinfachen und damit manche Momente, welche vom teleologischen Standpunkte aus Beachtung verdienen, unberücksichtigt zu lassen. Durchdrungen von der Realität ihrer obersten Begriffe, zieht sie mit Hilfe der formalen Logik rein mechanisch alle möglichen Konsequenzen, ohne zu prüfen, ob die Ergebnisse sich teleologisch rechtfertigen lassen. Denn es erscheint ihr nicht zweifelhaft, daß der Ausleger, wenn er einmal die Richtigkeit der Grundprinzipien zugegeben hat, auch die Konsequenzen wie ein Fatum hinnehmen müsse. Diese Auffassung ist aber unhaltbar, denn zwar sind alle aus richtigen Prämissen logisch korrekt gezogenen Konsequenzen zutreffend, aber dies ist doch nur unter der Voraussetzung der Fall, daß keine Sondersätze bestehen, welche die allgemeinen Prinzipien einschränken oder sonst modifizieren und damit das gefundene Resultat in Frage stellen. Gerade daraus, daß die Begriffsjurisprudenz sich auf wenige allgemeine Prinzipien zurückzieht und die unendliche Fülle des Lebens mit all seinen Tatsachen, die teleologisch gewürdigt sein wollen, vollständig ignoriert, entsteht jene weltfremde Rechtskunst, welche nicht nur das Rechtsgefühl der Laien beleidigt, sondern auch manchem tiefer blickenden Juristen, der erkennt, daß man den ganzen Reichtum der menschlichen Kultur nicht mit einigen wenigen logischen Schablonen regeln kann, ein Kopfschütteln der Verwunderung abnötigt. Diese Richtung hat keiner juristischen Disziplin vollständig gefehlt, ist aber im romanistischen Privatrecht am intensivsten aufgetreten. Wenn man auch nicht verkennen darf, daß die zivilistische Wissenschaft der begriffsrealistischen Methode viel verdankt, weil sie es vorzüglich verstand, den Rohstoff der Einzelbestimmungen auf wenige allgemeine Prinzipien zu reduzieren, so läßt sich doch auf der anderen Seite nicht leugnen, daß sie in dieser Hinsicht vielfach auf Kosten teleologischer Richtigkeit zu weit ging. Dadurch verfiel die Privatrechtsdisziplin in einen unerträglichen Doktrinarismus, denn doktrinär ist jede Methode, welche den unendlichen Reichtum der einander kreuzenden Interessen verkennend, alle das menschliche Verhalten regelnden Normen aus wenigen allgemeinen Prinzipien, welche an sich ganz zutreffend, aber für jene Aufgabe unzureichend sind, glaubt deduzieren zu können. Das gilt z. B. auch von Savignys Lehre vom Geschäftsirrtum: da nach ihm Übereinstimmung von Willen und Erklärung zum Begriff der Willenserklärung gehört, und daher auch ein Vertrag, bei dem einer der Kontrahenten über den Inhalt seiner Erklärung im Irrtum befangen ist, ohne weiteres absolut nichtig sein muß, so kann sich mithin auch der Gegner des Irrenden auf den Irrtum als Nichtigkeitsgrund berufen. Wenn also z. B. A von B für 1000 Mark ein bestimmtes Grundstück X kauft, A aber bei Abschluß des Vertrages das Grundstück Y zu erstehen glaubt, so könnte sich nach Savignys Lehre der Verkäufer, welchen der Kauf reute, weil inzwischen der Wert des Grundstücks X erheblich im Preise gestiegen ist, von seiner Verpflichtung dadurch befreien, daß er sich auf den Irrtum des Käufers beriefe. Dieses Ergebnis verletzt nicht bloß das natürliche Billigkeitsgefühl, sondern ist auch vom teleologischen Standpunkt aus abzulehnen, da die Berücksichtigung des Geschäftsirrtums ausschließlich im Interesse des Irrenden erfolgt und daher dem Gegner keine Handhabe bieten darf, sich vom Rechtsgeschäft loszusagen. Anstatt durch Annahme einer relativen Nichtigkeit oder Anfechtbarkeit die Begriffe so zu konstruieren, daß sie zu annehmbaren Ergebnissen führen, werden von Savigny aus einem allgemeinen Prinzip, dessen Richtigkeit rein begriffsrealistisch, also in Wirklichkeit gar nicht bewiesen ist, Folgerungen gezogen, welche nicht etwa bloß dem gesunden Menschenverstand, sondern nicht minder einer methodisch geführten teleologischen Erwägung widersprechen. Selbst Gelehrte, welche aller Begriffsjurisprudenz feindlich gesinnt sind, halten sich von diesem Fehler nicht immer frei. So führt z. B. Zitelmann[1]) zur Begründung seiner Ansicht, daß auch bezüglich der rechtsgeschäftlichen Obligationen das Personalstatut

[1]) Zitelmann, „Internationales Privatrecht", Bd. 2 S. 384.

des Heimatsstaates und nicht etwa dasjenige des Wohnsitzes oder der Handlungsniederlassung maßgebend sei, den Gesichtspunkt an, daß es inkonsequent sei, im Obligationenrecht das Personalstatut abweichend vom übrigen System zu bestimmen. Es seien auch wesentlich Erwägungen der Zweckmäßigkeit, die man für diese Inkonsequenz ins Feld führe, aber Zweckmäßigkeitserwägungen seien keine Gründe. Mit diesen Worten wird ein Begriffszwang bedenklichster Art proklamiert, denn es wird der logischen Konsequenz zuliebe auf die Anstellung von Zweckmäßigkeitserwägungen prinzipiell Verzicht geleistet. In Wahrheit ist aber eine logische Notwendigkeit zur Anwendung des Personalstatuts der Staatsangehörigkeit auch auf rechtsgeschäftliche Obligationen in keiner Weise anzuerkennen; vielmehr muß geprüft werden, ob nicht Zweckmäßigkeitsrücksichten in diesem Fall eine Modifikation des allgemeinen Satzes, daß für das Personalstatut das Heimatsrecht maßgebend sei, gebieterisch erfordern.

Ganz besonders verderblich wirkt die Begriffsjurisprudenz, falls sie sich mit naturrechtlichen Anschauungen verbindet. Dieser Fall liegt vor, wenn man die aus den Rechtssätzen irgend eines historisch gegebenen, meist des römischen Rechts gewonnenen Rechtsbegriffe, gleich platonischen Ideen, für ewig und unwandelbar hält. Diese Verirrung hat zu dem Vorurteil verführt, als ob gewisse Rechtsinstitute, wie Inhaberpapiere, Reallasten oder Näherrechte, weil sie in das Begriffssystem des römischen Rechts nicht hineinpaßten, unkonstruierbar seien, oder als ob gewisse Rechtssätze, welche nicht nur durch ein dringendes Bedürfnis gefordert, sondern auch durch das positive Recht anerkannt wurden, wie z. B. die Zulässigkeit der Stellvertretung bei Rechtsgeschäften oder der Abtretbarkeit von Forderungsrechten absolut unmöglich seien, weil sie dem Begriff des Rechtsgeschäfts und der Obligation widersprächen. Während Jhering diese Richtung auch zur Zeit seiner dialektischen Periode stets bekämpfte, haben sich dagegen selbst Gelehrte, wie Puchta, dieses extremen Begriffsrealismus schuldig gemacht und damit gezeigt, wie sehr sie noch im Naturrecht befangen waren. In dieser Hinsicht ist die Stelle in Puchtas „Pandekten“[1]) sehr bezeichnend, wo er die

[1]) Puchta, „Pandekten“, S. 204, § 135 Anm. c.

sehr verständige Anordnung Justinians, daß auch der, welcher des Grundstücks eines Abwesenden sich bemächtigt hat, als gewaltsamer Besitzer soll belangt werden können, eine ganz willkürliche Bestimmung nennt, da hier zwei wesentliche Voraussetzungen, erlittene Gewalt und Verlust des Besitzes, fehlten. Auf dieser Bahn der Willkür sei das kanonische Recht fortgeschritten, indem es das Interdikt auch gegen einen dritten Besitzer gäbe, wenn dieser nur von der dem früheren Besitzer angetanen Gewalt gewußt habe. Noch weiter hätten deutsche Praktiker gehen wollen, indem sie die Spolienklage des kanonischen Rechts so weit hätten ausdehnen wollen, daß es kaum irgend einen Fall gäbe, worin sie nicht anwendbar wäre. Das sei eine in ihrer eigenen Absurdität sich vernichtende Meinung. Nach der Auffassung Puchtas gibt es also von Ewigkeit zu Ewigkeit einen Begriff des interdictum de vi, zu dessen Voraussetzungen erlittene Gewalt und Verlust des Besitzes gehören; nimmt sich aber einmal ein Gesetzgeber heraus, etwas anderes anzuordnen, so versündigt er sich gegen die Heiligkeit ewiger an sich seiender Begriffe. Diese Auffassung Puchtas ist in der Tat ein in seiner eigenen Absurdität sich vernichtendes naturrechtliches Dogma.

Harmloser, aber völlig unfruchtbar ist der naturrechtliche Begriffsrealismus, wenn er zwar gegebene Sätze nicht in Frage stellt, aber darauf ausgeht, das Wesen irgend eines Begriffes, z. B. denjenigen der Obligation, zu finden. Dieses unnütze Treiben persifliert Jhering[1]) in der köstlichsten Weise, indem er schildert, wie die Seelen im Begriffshimmel sich an einer Kletterstange abmühen, um die Probleme von oben herunterzuholen und sie dann wieder hinaufzubringen. Dagegen ist der Vorwurf des Haarspaltens, den Jhering gegen die Begriffsjurisprudenz erhebt, unbegründet, denn eine möglichst feine und exakte Analyse der Begriffe ist nicht nur sehr fruchtbringend, sondern unbedingt erforderlich. In dieser Hinsicht hat die Jurisprudenz bisher des Guten eher zu wenig als zu viel getan und nicht selten sehr komplexe Begriffe, wie z. B. denjenigen des Willens, zu ihrem eigenen Schaden ohne nähere Analyse angewandt. Um so mehr war sie stets bestrebt, das Wesen

---

[1]) Jhering, „Scherz und Ernst“, S. 257.

irgend eines Begriffes zu suchen. Dieser Tätigkeit liegt die Vorstellung zugrunde, daß es irgendwo den einzig wahren ewigen und unwandelbaren Begriff eines Rechtsinstituts gäbe, den der Rechtsgelehrte, wie die Argonauten das goldene Fließ, herbeizuschaffen habe, während in Wahrheit alle Begriffe nur terminologische Hilfsmittel sind, über deren Wert ausschließlich ihre praktische Brauchbarkeit zur Klassifizierung des konkreten Rechtsstoffes entscheidet. Daher ist der ganze Streit, ob die Korrealobligation nur ein oder mehrere Forderungsrechte darstellt, völlig gegenstandslos; denn die Beantwortung hängt ausschließlich von der Definition des Begriffes „Obligation" ab, die ihrerseits allein von Opportunitätserwägungen diktiert wird. Der Pandektist hat die Unterscheidung zwischen Korreal- und Solidarobligation und ihre Entstehung im römischen Recht zu schildern; ob er dann die Korrealobligation unter dem Bilde einer Obligation mit verschiedenen subjektiven Beziehungen[1]) begreifen, oder sie gleich den Solidarobligationen als mehrere auf dasselbe Ziel gehende Forderungsrechte auffassen will, ist reine Geschmackssache und hätte niemals Gegenstand einer ernsthaften wissenschaftlichen Kontroverse sein sollen.

Jhering[2]) hat es in seiner späteren Zeit, als er die Begriffsjurisprudenz bitter bekämpfte, weit von sich gewiesen, selber jemals den Scholastizismus verteidigt zu haben, und mit Nachdruck betont, stets für die Bedeutung des teleologischen Momentes im Recht eingetreten zu sein. Die letztere Behauptung ist richtig: auch in seinem „Geist des römischen Rechts" und in der seine Jahrbücher einleitenden Abhandlung hat Jhering auf die Wichtigkeit der Zweckidee im Recht hingewiesen und namentlich im dritten Bande seines „Geistes" vor der Überschätzung des logischen Moments im Recht gewarnt. Auch in einer ergänzenden Anmerkung im zweiten Band seines „Geistes" (S. 387) hebt er hervor, daß die utilitas vor der ratio juris nicht zu verstummen brauche, daß aber die Jurisprudenz an der Hand der ratio juris überall so weit fortschreiten solle,

---

[1]) Diese von Keller und Ribbentrop aufgestellte Lehre bezeichnet Dernburg, „Pandekten", Bd. 2, § 72, mit Recht als scholastisch. Literatur siehe bei Windscheid, „Pandekten", Bd. 2, § 293, S. 201.

[2]) Jhering, „Scherz und Ernst", S. 9 Anm. 1.

bis die utilitas ihr in den Weg trete und Protest einlege. Nach dieser Auffassung sind also bei der systematischen Entwicklung des Rechts, welche der Ergänzung von Lücken zu dienen hat, zwei Momente, die ratio juris der Begriffszwang und die utilitas die Zweckidee, als materielle Maßstäbe zu berücksichtigen. Aber es fehlt an jeder prinzipiellen Bestimmung zur Entscheidung der Frage, inwieweit das eine oder das andere Moment in Betracht zu ziehen sei, wann also die utilitas der ratio juris in den Weg treten dürfe, um Protest einzulegen. Die richtige Auffassung, die darin besteht, daß die utilitas, das Zweckmoment, das materielle, dagegen die ratio das formelle Element des Rechtssystems darstellt, hat Jhering niemals klar erfaßt und deshalb trägt seine Methodenlehre den Charakter des Inkonsequenten an sich. Wenn Jhering daher auch zur Zeit, als er den „Geist“ schrieb, kein folgerichtiger Begriffsjurist war, weil er auch das teleologische Moment neben dem rein logischen berücksichtigte, so läßt sich doch nicht verkennen, daß er in seiner naturhistorischen Methode anschaulicher als irgend ein anderer Schriftsteller jene juristische Richtung geschildert hat, deren unerbittliche Bekämpfung seinen Lebensabend ausfüllte. Dieser Kampf ist nicht fruchtlos gewesen;[1]) ohne Übertreibung darf man behaupten, daß die Begriffsjurisprudenz der Vergangenheit angehört, denn die Gegenwart, in der auf geschichtlichem wie auf naturwissenschaftlichem Gebiet der Positivismus vorherrscht, hat sich von jenem Aberglauben an die logische Expansionskraft der Begriffe längst befreit, und dieser Wandel hat sich auch in der Jurisprudenz so energisch geltend gemacht, daß man jetzt eher vor einer Unterschätzung des Logischen warnen möchte.

Nach dem Gesagten dürfte es keinem Zweifel unterliegen, daß die Begriffsjurisprudenz in jeder Form unhaltbar ist: durch reines, bloß den Gesetzen der formalen Logik folgendes Denken kann man keinen Schritt zu neuer Erkenntnis vorwärts kommen und daher auch den gegebenen Stoff von Rechtsbestimmungen nicht erweitern. Mithin ist erwiesen, daß die von niemandem

[1]) Neben Jhering waren folgende Gelehrte die namhaftesten Bekämpfer der scholastischen Richtung: Oskar Bülow, „Gesetz und Richteramt“, G. Rümelin, „Werturteile und Willensentscheidungen im Zivilrecht“, ferner Becker, Dernburg und Kohler.

in Frage gestellten Lücken in den Einzelbestimmungen durch reine Dialektik nicht beseitigt werden können und daß es daher in Wirklichkeit echte Systemlücken gibt, die ohne Zuhilfenahme eines außerhalb des positiven Rechts selbst existierenden Prinzips nicht ausgefüllt werden können.[1]) Jetzt erhebt sich die Frage, woher man einen Maßstab nehmen kann, um diesem Mangel abzuhelfen. Denn ausgefüllt muß die Lücke werden, weil der Richter einen ihm zur praktischen Entscheidung vorgelegten Rechtsfall erledigen muß[2]) und sich nicht unter Hinweis auf die Systemlücke seiner Amtspflicht entziehen darf. In praktischer Hinsicht darf also das Recht keine Lücken haben,[3]) wenn es auch in Wirklichkeit niemals davon frei ist. Wie ist dieses Dilemma zu beseitigen?

---

[1]) Diese Auffassung kann man ohne Bedenken als die zurzeit vorherrschende bezeichnen; außer den in der vorigen Anmerkung zitierten Autoren seien hier vor allen folgende erwähnt: Gény, „Méthode d'interprétation et sources en droit privé positif". — Saleilles, „Die Einführung in das Studium des deutschen bürgerlichen Gesetzbuches", ins Deutsche übersetzt von Leonhard. — Ehrlich, „Freie Rechtsfindung und freie Rechtswissenschaft". — Hellwig, „Lehrbuch des deutschen Zivilprozesses", Bd. 2 S. 137—174. — Kipp gegen Windscheid, in dessen Pandekten, Bd. 1, § 22, S. 106 Anm. 8. — Stampe in der Deutschen Juristenzeitung, Bd. 10 S. 416—422, 713—719, 1017—1022; ebenda Heck, S. 1140—1142. — M. Rümelin, „Zur Lehre von den Schuldversprechen und Schuldanerkenntnissen", S. 311—319. — Erich Jung, „Von der logischen Geschlossenheit des Rechts". — R. Müller-Erzbach, „Die Grundsätze der mittelbaren Stellvertretung aus der Interessenlage entwickelt". — Die anonyme Abhandlung „Der Kampf um die Rechtswissenschaft" von Gnaeus Flavius, sowie schließlich fast alle Schriften von Zitelmann, Kohler und Schloßmann.

[2]) Diese Pflicht spricht der bekannte Artikel 4 des Code civil noch besonders aus.

[3]) Wenn Jellinek, „Allgemeine Staatslehre", S. 347—348, sagt, daß das Dogma von der Geschlossenheit des Rechtssystems nur für jene Teile der Rechtsordnung gelte, in denen dem Richter die letzte Entscheidung des Einzelfalles zustehe, so will er nur dem obigen Gedanken Ausdruck geben, aber keineswegs eine Lückenlosigkeit im Sinne Bergbohms behaupten, denn er fügt ausdrücklich hinzu, daß der Richter verpflichtet sei, über jeden an ihn gebrachten Fall zu judizieren.

§ 6.

Die Gefühlsjurisprudenz und die ihr verwandten Richtungen.

Gemäß der alten Erfahrung, nach welcher in der Entwickelung der geistigen Strömungen die Kontraste sich ablösen, ist auch die Begriffsjurisprudenz in ihr Gegenteil, die Gefühlsjurisprudenz, umgeschlagen. Wollte erstere die Rechtsanwendung zu einer Art Mathematik hinaufschrauben, so will letztere das Gefühl, die unkontrollierte Rechtsauffassung zum ausschlaggebenden Moment erheben. Nachdem schon Adickes[1]) auf die subjektive Vernunft als Rechtsquelle hingewiesen, hat vor allem Schloßmann in seinem grundlegenden Werk über den Vertrag[2]) das Rechtsgefühl oder das Empfinden als die im letzten Grunde entscheidende Instanz bezeichnet. In neuerer Zeit hat er manche Nachfolger gehabt, vor allem Ehrlich,[3]) der allen Wert auf die schöpferischen Gedanken einer großen Richterindividualität legt, ferner Radbruch[4]) und die schon erwähnte anonyme Schrift von Gnaeus Flavius, der sich mit großem agitatorischem Geschick und einer seltenen stilistischen Gewandtheit gegen allen Scholastizismus wendet und die freirechtliche Methode als des Rätsels Lösung anpreist. Leider begeht er den bekannten logischen Fehler, daß er die Darstellung des Normativen, des Seinsollenden, mit der Schilderung des Wirklichen, des histsorisch Gegebenen, beständig vermengt. Er macht sich selber einmal den Einwand (S. 44), daß Ideale ganz und gar nicht dadurch widerlegt werden, daß man die Wirklichkeit als ihnen

---

[1]) Adickes, „Die Lehre von den Rechtsquellen", S. 1—23.

[2]) Schloßmann, „Der Vertrag", S. 193—207, siehe auch „Der Irrtum", S. 23—43.

[3]) Ehrlich, „Freie Rechtsfindung und freie Rechtswissenschaft", S. 29.

[4]) Radbruch, „Der Handlungsbegriff", S. 16.

widersprechend nachweist; aber trotz dieser richtigen Erkenntnis fährt er fort, die Vorgänge, wie sie sich in der Wirklichkeit des Rechtslebens abspielen, zu schildern, gerade als ob er eine Psychologie der Rechtssprechung und nicht vielmehr deren Methodenlehre zu liefern sich anheischig gemacht hätte. Es ist überhaupt für die Gefühlsjurisprudenz charakteristisch, daß sie nicht selten ihre Methode der Rechtsanwendung durch Verweisung auf die Wirklichkeit glaubt erhärten zu können, aber daraus, daß sich Richter früher oder jetzt von ihrem unkontrollierten Rechtsgefühl leiten ließen, kann doch nimmermehr gefolgert werden, daß sie das Gefühl auch künftig als Leitstern benutzen sollen. Man darf ohne weiteres zugeben, daß das Rechtsgefühl bisher eine große Rolle gespielt hat, ohne darum in methodologischer Beziehung ein Gefühlsjurist zu sein. Ein solcher ist man vielmehr nur, wenn man das Rechtsgefühl des Richters als maßgebende Instanz bei der Rechtsanwendung fordert. Inwieweit der Richter daneben noch an Gesetz oder Gewohnheit gebunden sei, darüber gehen die Ansichten der Gefühlsjuristen erheblich auseinander. Insbesondere erhält man von ihnen über die Frage, ob der Richter das Recht bloß ergänzen oder auch korrigieren darf, die verschiedensten Antworten. Da wir es hier nur mit der Methode, nicht aber mit der Grenze der richterlichen Rechtsschöpfung zu tun haben, so braucht an dieser Stelle auf die genannte Differenz nicht weiter eingegangen zu werden, vielmehr hat man ausschließlich dasjenige Moment, das ihnen allen gemein ist, daß sie nämlich das Gefühl oder das Empfinden des Richters für die maßgebende Instanz halten, ins Auge zu fassen.

Was die Kritik der Gefühlsjurisprudenz anlangt, so läßt sich zwar nicht verkennen, daß das Rechtsgefühl als Pfadfinder oder als Warner dienen mag, aber andererseits ist es doch völlig außerstande, als Träger der Lückenausfüllung zu dienen. Dafür fehlt es ihm an jeder Bestimmtheit zur prinzipiellen Entscheidung der einzelnen Fragen. Die Beurteilung des Rechtsstreits würde nach dem Ausspruch des Protagoras erfolgen, daß wahr sei, was jedem so scheine; denn nicht das prinzipiell Richtige, sondern die Auffassung, die dem Amtsrichter X oder der Kammer Y oder dem Senat Z gerade beliebte, würde der Entscheidung des Rechtsstreits zugrunde zu legen sein. Danach würde nicht das methodisch gefundene richtige Recht, sondern die reine Willkür maßgebend sein, die Scheinbilligkeit würde über die wahre Gerechtigkeit triumphieren. Wenn die Rechtsgefühlstheorie zutreffend wäre, so könnte man auf die verzweifelte Idee kommen, alle Rechtskontroversen nicht im Prozeßwege, sondern durch das Los zu entscheiden. Jedenfalls würde sich ein solches Verfahren durch seine große Kostenersparnis entschieden empfehlen, und schließlich ist es einerlei, ob man das Fallen der Würfel oder das Rechtsempfinden derjenigen Herren, welche zufällig in der letzten Instanz maßgebend sind, als Zufallsmoment benutzt. Mit der Begründung dieser radikalen Lehre ist es besonders schwach bestellt, denn abgesehen von dem logisch unhaltbaren Schluß vom Sein auf das Sollen bringt die Gefühlsjurisprudenz keine weiteren Argumente für ihre Theorie vor und daher ist es auch nicht nötig, sich eingehender mit ihr zu beschäftigen. Wer nur immer wieder mit Pathos das subjektive Rechtsgefühl als Leitstern anpreist, kann überhaupt gar nicht widerlegt werden, nicht etwa, weil seine These richtig ist, sondern weil er im Grunde gar keine Behauptung über den Gegenstand der Kontroverse aufgestellt hat. Wenn die Gegner, nach der Methode der Rechtsanwendung gefragt, auf das Rechtsgefühl des Richters hinweisen, so liegt in dieser Antwort in Wahrheit ein Verzicht auf jede objektive Methode. Das Problem wird also gar nicht gelöst, sondern nur beiseite geschoben. Während der Richter wissen will, ob sein Rechtsgefühl das Richtige trifft, oder ob es fehlgeht, geben ihm die Gegner keine objektive Methode, an der er sein Rechtsgefühl auf dessen Richtigkeit prüfen kann, an die Hand, sondern verweisen ihn auf sein Rechtsgefühl zurück. Aus diesem unendlichen Zirkel gibt es für die Gefühlsjurisprudenz kein Entrinnen; wie alle rein negativen Theorien ist sie daher zu vollkommener Unfruchtbarkeit verdammt. In der Tat hat sie seit Schloßmanns „Vertrag“ keine wesentlichen Fortschritte gemacht; diesem Werk ist trotz seiner Einseitigkeit ein erhebliches geschichtliches Verdienst nicht abzusprechen, weil es wegen seiner entschiedenen Negation der Begriffsjurisprudenz ein notwendiger Durchgangspunkt für die Entwickelung zu einer höheren Synthese dieser Gegensätze darstellt, aber damit ist auch die historische Mission der Gefühlsjurisprudenz erfüllt. Zu einer positiven Entwickelung einer objektiven Methode der Rechtsanwendung ist sie dagegen völlig ungeeignet. So imposant die Begriffsjurisprudenz auch ihrem entschiedensten Gegner erscheint, so wenig glänzend nimmt sich daneben die Gefühlsjurisprudenz mit ihrer mehr oder weniger sentimentalen Verherrlichung des Rechtsgefühls aus. Daher verdient sie auch jene energische Abfertigung, welche ihr Stammler zuteil werden läßt.[1]) „Es — d. h. das richterliche Urteil — soll ein objektiv richtiges Urteil sein und kein subjektiv freies Befinden: ein Wahrspruch und nicht ein persönlicher Entscheid. Übel stände es an, wenn es von dem richterlichen Ermessen heißen sollte, wie in dem Stück der beiden Veroneser steht:

„Kein anderer ist's als eines Weibes Grund:
Er scheint mir so, nur weil er mir so scheint."

Zu dieser Kategorie zählen auch jene unbewußten Gefühlsjuristen, welche zwar formell das freie Ermessen des Richters ablehnen, aber doch inhaltlich zu demselben Resultat kommen, weil sie es unterlassen, eine objektive Methode der Rechtsanwendung zu liefern. So verwirft z. B. Schneider[2]) das Rechtsgefühl als den für die Rechtssprechung geeigneten Maßstab, weil dabei leider nicht ganz selten nur der Oberflächlichkeit der Begründung Vorschub geleistet werde. Aber wenn er selber den Begriff „Treu und Glauben" als unparteiische Abwägung der beiderseitigen Interessen definiert (S. 107), so läuft diese Ansicht am letzten Ende in Gefühlsjurisprudenz aus, weil es an einem objektiven Kriterium fehlt, an dem die Interessen abgewogen werden können und daher doch schließlich das Rechtsgefühl als Lückenbüßer einspringen muß. Auch alle Schriftsteller, welche, wie Müller-Erzbach,[3]) Rechtssätze aus der Interessenlage entwickeln wollen, sind insoweit Gefühlsjuristen, als sie es unterlassen, ein Kriterium anzugeben, an dem man messen kann, ob eine bestimmte rechtliche Regelung der Interessenlage sachgemäß erscheint.

---

[1]) Stammler, „Richtiges Recht", S. 162.

[2]) Konrad Schneider, „Treu und Glaube im Recht der Schuldverhältnisse des B.G.B.", S. 3.

[3]) Rud. Müller-Erzbach, „Die Grundsätze der mittelbaren Stellvertretung".

Im Grunde gehört auch die bis in den Anfang des neunzehnten Jahrhunderts vorherrschende Naturrechtslehre[1]) mit ihren verschiedenen Abschattierungen in die Klasse der Gefühlsjurisprudenz. Denn wenn z. B. Freiheit und Gleichheit, wie von Rousseau in seinem contrat social, zum Leitstern des Rechts proklamiert wurde, so war dieser Maßstab nicht nur völlig vage, sondern er beruhte auch auf rein subjektiven Gefühlspostulaten.[2]) In jener Zeit, in der es galt, die individuelle Freiheit von den Fesseln der mittelalterlichen Feudalherrschaft und des absoluten Polizeistaates zu befreien, konnten die genannten legislativ-politischen Postulate auf allgemeine Anerkennung rechnen und daher lag es den Theoretikern völlig fern, daß sie ihren Ausgangspunkt methodisch zu begründen hätten. Vielmehr begnügten sie sich mit dem Hinweis, daß ihre Forderungen mit Notwendigkeit aus der geistigen Organisation des Menschen hervorgingen. Daß diese Begründung eine reine Tautologie darstellt, bedarf gar keiner weiteren Ausführung, denn aus dem psychischen Geschehen kann man wohl Kausalgesetze, nach denen sich das Seelenleben abspielt, gewinnen, aber niemals erfahren, welches menschliche Verhalten als der Norm entsprechend zu beobachten sei. Die Naturrechtslehrer dagegen projizierten ihr soziales Ideal in ganz naiver Weise in die Organisation des Menschen, um dann ihre Postulate freudestrahlend aus der menschlichen Natur wieder herauszudeduzieren. In dieser Hinsicht sind die neueren Gefühlsjuristen konsequenter, denn sie nennen das Kind beim rechten Namen, indem sie ausdrücklich hervorheben, daß ebenso wie alle legislativ-politischen Postulate auf dem rein subjektiven Empfinden des einzelnen ruhen, auch die Rechtslücken nur durch das völlig freie Ermessen des Richters ausgefüllt werden können. Ihre Methode besteht eben darin, daß sie keine haben; das geben die neueren Gefühlsjuristen mehr oder weniger offen zu,

---

[1]) Eine eingehende Behandlung der Naturrechtslehre gehört als rein historisch nicht in den Rahmen dieser Arbeit. Über die Geschichte des Naturrechts siehe Bergbohm, „Jurisprudenz und Rechtsphilosophie", S. 148—354.

[2]) Daß auch die Naturrechtslehre keine andere Quelle der Rechtssätze kannte, als „das eigene Rechtsbewußtsein", betont auch Gierke, „Naturrecht und Deutsches Recht", S. 14.

während die Naturrechtslehrer diese ihre Blöße mit tönenden Phrasen von angeborenen Rechten verdeckten. Demnach kann weder durch die Berufung auf das subjektive Rechtsgefühl, noch durch eine Bezugnahme auf ein imaginäres Naturrecht eine Ergänzung des positiven Rechts erfolgen, denn derartige Anweisungen gleichen Kellerwechseln, welche niemals eingelöst werden.

Mit der Gefühlsjurisprudenz nahe verwandt ist jene Lehre, welche zwar nicht das subjektive Rechtsgefühl des Richters, wohl aber das Rechtsempfinden des Volks oder wenigstens eines bestimmten Teils der Rechtsgenossen für die praktisch maßgebende Instanz ansieht. Genau genommen ist diese Verweisung auf die im Volk herrschenden Anschauungen nichts anderes als eine Trivialisierung der Rechtsphilosophie der Romantiker, welche, wie Savigny und Puchta, die Rechtsüberzeugung eines Volks für die wahre Quelle des Gewohnheitsrechts ansahen. Wenn man freilich die im Volk herrschenden Vorstellungen vom Gerechten unmittelbar für positives Recht ansieht, so kann von einer Lückenausfüllung nicht eigentlich die Rede sein; denn dann sind eben so weit, als jene Vorstellungen herangezogen werden, keine wahren Lücken vorhanden. Aber die Grundanschauung der romantischen Schule ist in dieser Hinsicht, wie schon oben ausgeführt wurde, unhaltbar; denn nur die Vorstellungen des Volkes von dem, was recht ist, in Verbindung mit der tatsächlichen Rechtsausübung, sind als Gewohnheitsrecht beachtlich. Trotzdem diese Vermengung von Gerechtigkeitsgefühl und Rechtsbewußtsein heutzutage fast allgemein aufgegeben ist, spielen die im Volk herrschenden Anschauungen noch immer eine große Rolle, namentlich wenn es gilt, die Lücken im Privatrecht auszufüllen. Diese Ansicht ist von M. E. Mayer, der schon in seiner Abhandlung über die „Rechtsnormen und Kulturnormen“ S. 108 darauf hingewiesen hatte, daß die sozialen Gewohnheiten ein bedeutsamer Faktor in der Auslegung und Anwendung der Strafrechtsnormen seien, gelegentlich seiner Kritik[1]) von Stammlers „richtigem Recht“ folgendermaßen formuliert: „In der Idee der in einer Rechtsgemeinschaft herrschenden Anschauungen besitzen wir die for-

[1]) M. E. Mayer, „Kritische Vierteljahrsschrift“ Bd. 46 S. 184.

male Einheit und das Kriterium, das Recht in richtiges und unrichtiges zu scheiden." Was die Berechtigung dieser Kulturnormentheorie angeht, so läßt sich freilich nicht leugnen, daß Sitte und Gebrauch eine große Bedeutung für die Rechtsanwendung namentlich im Privatrecht haben, weil es unter Umständen sachgemäß erscheinen kann, bei der Vornahme einer rechtlich gebotenen Handlung oder Unterlassung die Verkehrsübung zu berücksichtigen. Aber ganz unmöglich ist es, die herrschenden Anschauungen als das allgemeine Kriterium zur Ausfüllung der Rechtslücken hinzustellen. Dieser Aufgabe sind sie noch weniger gewachsen, als das freie richterliche Ermessen. In der Tat vereinigt die Kulturnormentheorie alle Fehler der Gefühlsjurisprudenz, um ihnen noch weitere hinzuzufügen. Zunächst trifft sie der Vorwurf, daß sie es gar nicht unternimmt, ihre Auffassung methodisch zu begründen. Man erfährt niemals, woher die Kompetenz der Kulturnormen zur Lückenausfüllung stammt. Ferner verstößt sie in fast gleicher Weise wie die Gefühlsjurisprudenz gegen das Postulat der Rechtssicherheit, denn die Verweisung auf die herrschenden Ansichten ist viel zu vage, als daß sie zur Grundlage einer methodischen Lückenausfüllung dienen könnte. Nach der Kulturnormentheorie wird dem Richter die Pflicht auferlegt, auf rein empirischem Wege festzustellen, was die Gesamtheit der Rechtsgenossen im einzelnen Fall für recht und billig hält. Dieser Aufgabe aber treten unüberwindliche praktische Schwierigkeiten in den Weg: ist es im einzelnen Fall schon nicht leicht, die Existenz einer Rechtsüberzeugung festzustellen, so muß es als ganz unmöglich bezeichnet werden, die Gerechtigkeitsüberzeugung irgendwie in greifbarer Gestalt fassen zu können. Die meisten Laien, selbst solche, welche eine sehr hohe Allgemeinbildung besitzen und sich eines klaren und scharfen Verstandes erfreuen, sind gar nicht imstande, sich ein Urteil über die Richtigkeit einer zweifelhaften Rechtsentscheidung zu geben; denn die Ansichten der meisten Laien und selbst vieler Juristen über das, was im einzelnen Fall recht und billig ist, sind ganz vage und ungeklärt. Jene populäre Ansicht, die da glaubt, daß der gesunde Menschenverstand des Laien ohne weiteres das Gerechte und Billige finde, beruht auf einer Unkenntnis der Schwierigkeit der juristischen Kunst. Namentlich hat das Privatrecht so unendlich verzwickte Rechtsverhältnisse zu regeln, daß hier am wenigsten die ungeklärten Billigkeitserwägungen von Gevatter Schneider und Handschuhmacher maßgebend sein dürfen.

So teilt die Kulturnormentheorie alle Schwächen der Gefühlsjurisprudenz, aber sie führt noch zu weiteren unerfreulichen Resultaten, welche letztere vermeidet. Denn geht man davon aus, daß der Richter gezwungen wäre, sich unbesehen den Anschauungen der großen Masse zu unterwerfen, so müßte er auch solche Meinungen seinen Entscheidungen zugrunde legen, die er selbst als unrichtig erkannt hat. Durch eine derartige Bindung des Richters an verwerfliche Sitten und Anschauungen würde ein Fortschritt unmöglich gemacht und der Richter in eine seiner hohen Aufgabe unwürdige Lage versetzt, denn er würde, anstatt der Kulturentwickelung durch eine Läuterung überkommener Anschauungen voranzuleuchten, zum Handlanger jeder Unsitte und zum Förderer jeder noch so törichten und verwerflichen Ansicht herabsinken. Diese üble Konsequenz vermeidet die Gefühlsjurisprudenz, denn indem sie das freie Ermessen des Richters für das maßgebende Kriterium erklärt, ermöglicht sie eine Judikatur, welche nicht verwerflichen Anschauungen und Sitten hoffnungslos unterworfen ist, sondern sich der fortschreitenden Entwickelung der Kultur anzuschmiegen vermag. Es ist eben der Vorteil aller rein negativen Theorien, daß sie zwar die richtige Lösung nicht gewähren, aber dafür auch durch kein falsches Resultat die Gewinnung des Ziels erschweren.

Die Erkenntnis, daß die Verweisung auf die herrschenden Anschauungen zu einer Anerkennung verwerflicher Verhaltungsnormen zwingt, hat zu der Ansicht geführt, daß nicht jede Sitte, sondern nur die gute, und auch nicht jede im Volk herrschende Vorstellung von Recht und Billigkeit, sondern nur die Werturteile anständig und gerecht denkender Menschen maßgebend sein dürften. So bezeichnet z. B. Dernburg[1]) die „Sitte anständig und gerecht denkender Menschen“, die „gute Verkehrssitte“ als das für die Rechtsanwendung ausschlaggebende Moment. Auch Crome[2]) steht im wesentlichen auf

---

[1]) Dernburg, „Lehrbuch des B.G.B.“, Bd. 2, §10, S. 24.

[2]) Crome, „System des B.G.B.“, Bd. 1, § 13, S. 68.

demselben Standpunkt, denn er weist zwar auf das Bewußtsein der Allgemeinheit als Kriterium der Rechtsergänzung hin, da bei der Beurteilung nicht bloß vom hohen geläuterten Gesichtspunkt des wahrhaft Edlen und Guten, sondern zugleich von dem der Handwerksmoral im gewöhnlichen Verkehr, im Handel und Wandel auszugehen sei. Er fügt aber zugleich hinzu, daß die Kombination von Treu und Glauben mit der Verkehrssitte uns nicht zumute, ganz zu letzterer herabzusteigen, wenn sie schlecht sei, sondern daß die schlechte Sitte nur „in etwa“ bei Beurteilung des Tatbestandes nach Treu und Glauben mildernd in Anschlag zu bringen sei. Daß diese Definitionen einen Zirkel begehen, bedarf keiner ausführlichen Darlegung, denn es ist ohne weiteres klar, daß man, nach dem Kriterium des Gerechten gefragt, nicht auf die Ansichten gerecht und anständig denkender Menschen verweisen darf, weil damit der zu erklärende Begriff in der Definition wiederkehrt. Im Grunde führt diese Lehre zur Gefühlsjurisprudenz zurück, denn welcher Richter rechnete nicht vor allem sich selbst zu jenen Biedermännern, welche sich glücklich preisen dürfen, im Besitz des normalen Rechtsempfindens zu sein. Entspricht also eine Entscheidung dem Rechtsgefühl des Richters, so wird er nicht zweifeln, daß alle gerecht und billig denkenden Menschen seine Ansicht teilen. Daher trifft diese Lehre derselbe Vorwurf, wie die Gefühlsjurisprudenz: sie ist gar nicht imstande, das Problem der Lückenausfüllung zu lösen, sondern sie schiebt die Frage nur zur Seite. Mithin sind die Anschauungen anständiger Menschen nicht weniger als das freie Rechtsgefühl des Richters eine für die Methodenlehre unbrauchbare Tautologie.

Sämtliche bisher behandelten Lehren leiden an dem Mangel, daß sie die von ihnen aufgestellten Methoden, als da sind: das richterliche Rechtsgefühl, die herrschenden Anschauungen, die Ansichten anständiger Menschen, nicht zu erhärten vermögen, sondern einfach voraussetzen. Man kann eine derartige Behandlungsweise dogmatisch nennen, während das umgekehrte Verfahren, die Prüfung einer Ansicht auf ihre Richtigkeit, die Bezeichnung „kritisch“ verdient. Der Gegensatz von Dogmatismus und Kritizismus durchzieht das gesamte Geistesleben und macht sich nicht minder auf dem Gebiet der Wissenschaft als inbezug auf menschliche Wertungen geltend.

Man kann die herrschenden Anschauungen über die Wirklichkeit als gegeben hinnehmen, oder man kann sie einer kritischen Prüfung auf ihren Wahrheitsgehalt unterziehen. Ebenso mag mancher die überkommenen Werturteile, insbesondere die landläufigen moralischen und rechtlichen Anschauungen unbesehen akzeptieren, während ein anderer sie auf ihre Richtigkeit prüft. Soll das Urteil nicht wiederum selber rein subjektiv ausfallen, so bedarf es eines absoluten Kriteriums, an dem die überkommenen Anschauungen gemessen werden können. Diejenige Methode, welche nach einem solchen Maßstab sucht, ist die kritische Richtung, welche in einem prinzipiellen Gegensatz zu allem Dogmatismus steht. Wer zwar die historisch überkommenen Werturteile einer Kritik unterzieht, aber den Maßstab, welchen er dabei zugrunde legt, nicht als einen objektiv gültigen nachweisen kann, der vertritt einen halb kritischen Standpunkt, dem noch ein Bodensatz von Dogmatismus anhaftet. Eine derartige Mittelstellung findet man häufiger. Es sind vor allem zwei Richtungen zu berücksichtigen: einmal wird nicht selten von positivistischer Seite, so z. B. von A. Merkel,[1]) der Gedanke ausgesprochen, daß das Bestehende den Maßstab für seine eigene Beurteilung und die Musterbilder für seine Umbildung an die Hand gebe. Überall führe uns die Beobachtung des Lebens dazu, uns die Formen zu entwerfen, welche der ungehemmten, unter günstigsten Bedingungen erfolgenden Entwickelung eines Komplexes von Kräften entsprechen. Diese idealen Formen leiteten uns bei unserem Urteil über die jeweils gegebenen, zu deren Ausbildung diese Kräfte unter bestimmten Einflüssen und in einem bestimmten Moment gelangt seien. Sie bezeichneten uns zugleich, je nach ihrer Bedeutung für ideale oder materielle Interessen, ein erstrebenswertes Ziel. Seien unsere sittlichen Interessen dabei im Spiel, so sei in der an uns ergehenden Aufforderung ein ethisches Sollen begründet. Diese Ansicht ist aber, so bestechend sie erscheinen mag, und so sehr sie dem richtigen Ergebnis nahe kommt, doch dem Einwand ausgesetzt, daß man von dem Seienden auf das Normative nicht schließen dürfe und daß es daher an einem

[1]) Merkel, Adolf, „Über das Verhältnis der Rechtsphilosophie zur positiven Rechtswissenschaft und zum allgemeinen Teil derselben“, in Grünhuts Zeitschrift, Bd. 1 S. 418—419.

ausreichenden Beweise für die Richtigkeit dieses Kriteriums fehle.[1])

Ferner gehört zu den halbkritischen Richtungen auch jene Lehre, nach der das Kulturideal, welches in einem bestimmten Zeitalter in der Vorstellung eines Volkes lebe, den Maßstab für die Kritik rechtlicher Werturteile abgebe. So sagt z. B. Felix Dahn,[2]) daß jede Menschengenossenschaft ihr eigenes relatives Rechtsideal besitze, wie sie ihr eigenes Moral- und Kunstideal habe. In ähnlicher Weise spricht Gierke[3]) von der Rechtsidee, „diesem in dem unzugänglichen Urgrunde unseres geistigen Wesens wurzelnden Etwas", das sich zum Recht nicht bloß schöpferisch, sondern auch kritisch verhalte. Wie die Kulturnormentheorie eine Trivialisierung der romantischen Rechtsphilosophie darstellt, so ist die Lehre vom relativen Rechtsideal eine Fortbildung und Vertiefung jener Richtung. Aber zu einer Fundierung der juristischen Methode ist auch diese Auffassung nicht geeignet, denn einmal ist die genauere Bestimmung des Rechtsideals nahezu unmöglich, weil, wie Stammler [4]) spöttisch bemerkt, einige Unklarheit über die Persönlichkeit des Idealinhabers obwaltet. Vor allem ist aber auch diese Lehre der Einwendung ausgesetzt, daß es nicht ersichtlich sei, warum gerade das relative Rechtsideal des Volks zur Lückenergänzung heranzuziehen sei. Über diesen Rest von Dogmatismus kommen auch die Neuromantiker, wie Dahn und Gierke, nicht hinweg. In diesem Punkt völlig reinen Tisch gemacht und den kritischen Standpunkt konsequent durchgeführt zu haben, ist Stammlers unvergängliches Verdienst.

---

[1]) Stammler, „Über die Methode der geschichtlichen Rechtstheorie", S. 20.

[2]) Felix Dahn, „Die Vernunft im Recht", S. 14.

[3]) Gierke, „Naturrecht und deutsches Recht", S. 10 ff.

[4]) Stammler, „Über die Methode der geschichtlichen Rechtstheorie", S. 23.

§ 7.

Der Kritizismus Stammlers.

Nachdem Stammler schon in der Festgabe zu Windscheids 50jährigem Doktorjubiläum unter dem Titel „Über die Methode der geschichtlichen Rechtstheorie" die Schwächen der romantischen Rechtsphilosophie dargelegt und seinen kritischen Standpunkt vorbereitet hatte, gab er in seinen beiden Hauptwerken „Wirtschaft und Recht" und „Lehre von dem richtigen Rechte" das geschlossene System seiner kritischen Jurisprudenz. Kürzlich hat er in dem Sammelwerk „Systematische Rechtswissenschaft"[1]) durch seinen Beitrag „Wesen des Rechts und der Rechtswissenschaft" eine knappe Rekapitulation des Inhalts seiner beiden Hauptwerke geliefert.[2]) Da in dieser Abhandlung die Grundzüge von Stammlers Lehre außerordentlich klar und anschaulich hervortreten, so ist sie zur ersten Einführung in seine Gedankenwelt ganz besonders geeignet. In dem ersteren der Hauptwerke „Wirtschaft und Recht" entwickelt er seine Rechtsphilosophie, indem er zeigt, was Recht sei, und wie es mit den übrigen Kulturgütern, insbesondere mit der Wirtschaft im engsten Zusammenhang stehe. Ein näheres Eingehen auf diese Fragen liegt nicht im Rahmen dieser Abhandlung. Die zum Verständnis notwendigen Erläuterungen sind schon im dritten Paragraphen gegeben worden. Dort wurde Stammlers Definition vom Recht als Inbegriff der Normen, welche das äußere Verhalten der Menschen in autokratischer oder selbst-

---

[1]) Das Sammelwerk „Die systematische Rechtswissenschaft" ist ein Teil eines größeren von Paul Hinneberg herausgegebenen buchhändlerischen Unternehmens, betitelt: „Die Kultur der Gegenwart, ihre Entwickelung und ihre Ziele".

[2]) Siehe ferner Stammler „Die grundsätzlichen Aufgaben des Juristen in Rechtssprechung und Verwaltung" Verwaltungsarchiv. Bd. 15. S. 1—59.

herrlicher Weise regeln („Wirtschaft und Recht", S. 124) als zutreffende Erklärung zugrunde gelegt. Auch die Auffassung, daß das Recht und die Konventionalregeln die Form, das auf Bedürfnisbefriedigung gerichtete Zusammenwirken den Stoff des sozialen Lebens darstellt (W. u. R. S. 131), gibt die allein mögliche Lösung dieser schwierigen Frage. Nur einen Einwurf, der zwar nur terminologischer Natur ist, aber vielleicht Mißverständnissen vorbeugen könnte, möchte ich hier einfügen. Stammler nennt das auf Bedürfnisbefriedigung gerichtete Zusammenwirken gesellschaftlich verbundener Menschen „die soziale Wirtschaft" („Wirtschaft und Recht", S. 147: „Wesen des Rechts und der Rechtswissenschaft", S. 29). Diese Terminologie ist recht ungewöhnlich und daher verwirrend, denn es ist durchaus ungebräuchlich, jedes Zusammenwirken, auch wenn es die Schaffung der ideellsten Güter, wie Kunst, Religion und Wissenschaft bezweckt, als ein wirtschaftliches zu bezeichnen. Vielmehr versteht man unter sozialer Wirtschaft gewöhnlich nur solche Tätigkeiten, welche ihrem ganzen Gattungscharakter nach etwas Typisches, Geschäftsmäßiges an sich tragen, während die freien Berufe, deren Schaffen ihrer Natur nach einen höchst persönlichen Anstrich haben, im Gegensatz zur wirtschaftlichen Tätigkeit stehen. Daß die beiden Arten sozialen Zusammenwirkens nicht selten ineinander übergehen und sich daher zur Einteilung nicht eignen, kann freilich keinem Zweifel unterliegen. Deshalb empfiehlt es sich auch mehr, den Ausdruck „soziale Wirtschaft" ganz zu meiden und dafür von dem auf Kulturförderung gerichteten Zusammenwirken als Materie des sozialen Lebens zu sprechen. Diese Terminologie vermeidet das Mißverständnis, als ob das Recht nur der Diener niedriger Bedürfnisse wäre und nicht vielmehr, was auch Stammler betont, in gleicher Weise das auf Schaffung idealer Güter gerichtete Zusammenwirken zu regeln habe.

In seinem zweiten Hauptwerk, der „Lehre von dem richtigen Rechte", sucht Stammler eine objektiv gültige Methode zur Bestimmung des richtigen Rechts zu gewinnen, um mit deren Hilfe einerseits Richtlinien für die Gesetzgebungspolitik zu erlangen und andererseits eine Ergänzung des positiven Rechts zu ermöglichen. In seiner Einleitung unterscheidet er zwei Arten von Rechtslehren: die technische und die theoretische.

„Während die technische Behandlung das gesetzte Recht in seiner besonderen Bestimmtheit nach Art eines Endzwecks aufnimmt, will die theoretische Erwägung jede bedingte Satzung in ihrer Eigenschaft als Mittel erfassen; sie fragt deshalb nach dem sachlichen Wert des angewandten Mittels und unternimmt es, den Inhalt der rechtlichen Normen zu richten“ (S. 13). Denn „alles gesetzte Recht ist ein Versuch, richtiges Recht zu sein“ (S. 31), aber diese Grundabsicht wird nur teilweise erfüllt (S. 33), daher ereignet es sich nicht selten, daß „das Recht als höchstes Gesetz das größte Unrecht ist“ (S. 34). Mithin ist das richtige Recht nach Stammler ein besonders geartetes gesetztes Recht, nämlich ein positives Recht, welches in einer besonderen Lage mit dem Grundgedanken des Rechts überhaupt zusammenstimmt und dessen Willensinhalt die Eigenschaft der Richtigkeit besitzt (S. 22). Aber „unter welchen allgemeinen Bedingungen ist bei einer besonderen rechtlichen Norm die Eigenschaft des sachlich Richtigen vorhanden?“ (S. 27). „Welche Instanz ist nun anzurufen, um im geordneten Verfahren das begründete Urteil über Vorhandensein oder Fehlen der Eigenschaft des richtigen in einem Rechtsinhalte zu sprechen?“ (S. 44). Ehe Stammler dieses Problem, das besonders wichtig ist, weil neuere Gesetze verschiedentlich durch Ausdrücke wie „gute Sitten“, „Treu und Glauben“ auf richtiges Recht verweisen, beantwortet, behandelt er in den folgenden Abschnitten das Verhältnis des richtigen Rechts zur sittlichen Lehre, zum Naturrecht, zur Gnade und zur ungeprüften Rechtsauffassung. Auf seine Ausführungen wurde schon in den früheren Paragraphen dieser Abhandlung, soweit nötig, eingegangen. Hier sei noch besonders auf den Abschnitt vom Verhältnis des richtigen Rechts zum Naturrecht hingewiesen. Bezüglich dieses Gegensatzes bemerkt Stammler mit epigrammatischer Kürze: das Naturrecht sei ein Recht, dessen Inhalt der Natur des Menschen, das richtige Recht dagegen ein solches, das der Natur des Rechtes entsprechen solle (S. 95). „Alle Richtungen des Naturrechts haben es unternommen, in dem ihnen jeweils eigenen Beweisverfahren ein ideales Rechtsbuch mit einem unwandelbaren, unbedingt gültigen Rechtsinhalte zu entwerfen. Statt dessen ist es unsere Absicht, nur eine allgemeingültige formale Methode zu finden, in der man den notwendig wechselnden Stoff empirisch bedingter Rechtssatzungen dahin bearbeiten, richten und bestimmen mag, daß er die Eigenschaft des objektiv Richtigen erhält“ (S. 116).

In dem zweiten, „Methode des richtigen Rechts“ betitelten Buch wird zunächst auf den Gegensatz kausaler und teleologischer Betrachtung hingewiesen und die Gesetzmäßigkeit der Zwecke bestimmt als „Feststellung einer allgemein gültigen Methode, nach der man den Inhalt von Zwecken, die wir in Gedanken haben, in zwei sachlich geschiedene Klassen teilen kann, in richtigen und unberechtigten Inhalt“ (S. 182). Darauf wird die grundlegende Frage, auf deren Beantwortung man höchst gespannt ist, noch einmal aufgeworfen: „Welches ist nun das Grundgesetz für die Zwecke äußerer Normen?“ (S. 187). Nachdem wir zunächst die negativen Antworten erhalten, daß weder Freiheit und Gleichheit, noch Wohlfahrt und Glück, das Kriterium für ein objektiv gültiges Urteil gewähren könne, so wird schließlich das soziale Ideal, die „Gemeinschaft freiwollender Menschen“, in der eine „Harmonie der Einzelzwecke“ dadurch hergestellt wird, daß „alle möglichen Zwecke von rechtlich Verbundenen zusammengefaßt“ werden, als Idee des richtigen Rechts bezeichnet (S. 196—200). Da „der Gedanke des sozialen Ideals nicht unvermittelt bei den konkreten Aufgaben eines richtig abwägenden Urteiles angewendet werden kann“, so ist ein „System von Grundsätzen und dann weiter von untergeordneten Anweisungen und Lehren nötig, mit deren Hilfe in gesicherter Methode der einzelne Fall in dem Wunsche nach gesetzmäßig geschaffenem Rechtsinhalte bearbeitet zu werden vermag“ (S. 203). Diese Prinzipien dürfen nicht „nach ungefährer geschichtlicher Beobachtung zusammengetragen werden“, sondern müssen aus der Natur des Rechts deduziert werden. Daher ist aus ihrem Inhalt „alles zu entfernen, was von einem bloß empirisch bedingten Stoffe ist“ (S. 204). Vielmehr muß die Untersuchung in der Art geführt werden, daß jede rechtliche Erwägung in doppelter Richtung ausgesponnen wird: „sie kann mehr dem Standpunkt der einzelnen rechtlich Verbundenen, als einzelner zum Mittelpunkt ihrer Betrachtungen nehmen, oder aber die Zusammengehörigkeit jener in ihren gemeinsamen Zielen betonen“ (S 205). Dieser Dualismus führt bezüglich des richtigen Rechts zu den Grundsätzen des

Achtens und Teilnehmens. Entweder wird „jeder einzelne als ein zugleich den anderen unbedingt achtender und von ihm ebenso geachteter Mensch“ vorgestellt, oder es wird „auf die Idee eines verschmelzenden Zusammenlebens und Zusammenwirkens“ und auf die „unbedingte Solidarität der Interessen“ der größere Nachdruck gelegt (S. 206). Mit dieser Klassifikation kreuzt sich die weitere Einteilung, daß einerseits die Existenz einer Rechtsbestimmung und andererseits die Modalität ihrer Ausführung in Frage steht (S. 207). Nach diesem Schema ergeben sich die folgenden vier Grundsätze des richtigen Rechts:

1. „Es darf nicht der Inhalt eines Wollens der Willkür eines andern anheimfallen.“
2. „Jede rechtliche Anforderung darf nur in dem Sinne bestehen, daß der Verpflichtete sich noch der Nächste sein kann.“
3. „Es darf nicht ein rechtlich Verbundener nach Willkür von der Gemeinschaft ausgeschlossen sein.“
4. „Jede rechtlich verliehene Verfügungsmacht darf nur in dem Sinne ausschließend sein, daß der Ausgeschlossene sich noch der Nächste sein kann“ (S. 208 u. 211).

Diese Grundsätze sind nach Stammlers ausdrücklicher Versicherung keine Rechtssätze von stofflich bedingtem Inhalt, sondern „Ausstrahlungen der Idee von dem richtigen Rechte“, der sie „eine tätige Verwertung und Herrschaft möglich machen“ wollen (S. 276). Diesen Grundsätzen fällt nicht nur die Aufgabe zu, eine allgemeine Zielsetzung und Methode für die Politik, insbesondere für die Schaffung neuen Rechts, abzugeben, sondern sie sind vor allem auch bei der Rechtssprechung im Zivil- wie Strafrecht zugrunde zu legen. Dieser Aufgabe sind sie aber noch nicht ohne weiteres gewachsen, vielmehr müssen sie so zugestutzt werden, daß ihnen der empirische Stoff von gewordenen rechtlichen Ordnungen unterbreitet werden kann. Diesen Gedanken von dem „einheitlichen Verfahren bei der Subsumtion von Zweifelsfragen eines rechten Verhaltens unter das soziale Ideal und seine Grundsätze“ (S. 277) nennt Stammler das „Vorbild des richtigen Rechts“, welches imstande ist, „das gesuchte Bindeglied zwischen dem sozialen Ideal und seinen Grundsätzen auf der einen Seite und zwischen dem Mannigfaltigen des rechtlich geordneten Menschenlebens zum anderen Teil zu bilden.“ (S. 280.) Im folgenden Paragraphen wird das Vorbild des richtigen Rechts näher bestimmt als der „Gedanke einer Sondergemeinschaft unter denen, die nach den Grundsätzen des richtigen Rechts auseinanderzusetzen und zu bestimmen sind“ (S. 281). Man verbringt die Streitteile in Gedanken in Sondergemeinschaft und hat bei deren Bestimmung und Auseinandersetzung nun die Grundsätze des richtigen Rechts einzuarbeiten“ (S. 284). Bei dieser Formel handelt es sich nicht etwa „um eine Einrichtung auf Grund bestimmter Rechtsordnung, sondern um ein gedankliches Hilfsmittel, welches einen konkreten Stoff den abstrakten Grundsätzen des richtigen Rechts zuführen soll“ (S. 282).

In dem dritten, „Praxis des richtigen Rechts“ betitelten Buch behandelt Stammler fast das gesamte heutige Privatrecht, während er auf die Gesetzgebungspolitik und die Kriminaljustiz nicht weiter eingeht. Mit ungewöhnlicher logischer Virtuosität sucht er nachzuweisen, daß man mit Hilfe des Vorbilds des richtigen Rechts historisch gegebene Rechtsordnungen in der Art bearbeiten könne, daß sämtliche Einzelfragen in einer objektiv gültigen Weise beantwortet werden, und dadurch das Rechtssystem zu einem lückenlosen Ganzen emporwächst.

Bei einer Würdigung der Leistung Stammlers muß man sich stets gegenwärtig halten, daß seine Stellung in der juristischen Methodenlehre insofern eine einzigartige ist, als er den kritischen Standpunkt zuerst konsequent durchgeführt hat. Vorher haben sich viele Schriftsteller zum Recht kritisch verhalten, aber sie setzten doch ihren Maßstab, subjektives Rechtsgefühl, Kulturnormen einfach als gegeben voraus. Das Epochemachende an Stammlers Lehre besteht darin, daß er sich zur Methode, zum Kriterium des Rechts selber, kritisch verhält. Daher nimmt er in der Rechtsphilosophie eine ähnliche Stellung ein, wie Kant in der Erkenntnistheorie. Über die Gegenstände der Erfahrung ist schon vor Kant viel gestritten worden, nicht minder wurden von seinen Vorgängern erkenntnistheoretische Fragen erörtert. Aber erst durch ihn wurde in ganz konsequenter Weise die Erfahrung als solche zum zentralen Problem erhoben,[1])

[1]) Kuno Fischer, „Geschichte der neueren Philosophie“, Bd. 4, Teil I, S. 6: „Jede unserer wissenschaftlichen Größen seit den Tagen Lessings darf als ein Beispiel gelten, wie man sich im Erkennen kritisch

dessen Lösung die Kritik der reinen Vernunft gewidmet ist. Wie alle frühere Metaphysik durch Kants Kritizismus widerlegt ist, so sind auch sämtliche dogmatische Methodenlehren in Stammlers „richtigem Recht“ als aufgehobene Momente enthalten, so daß sich künftig alle Rechtsphilosophie an Stammler wird orientieren müssen, wie die Erkenntnistheorie dieses bisher mit Erfolg an Kant getan hat.

Stammler sucht sich einen Weg zu einer objektiv gültigen Methode dadurch zu bahnen, daß er das Recht als einen Zwangsversuch zum Richtigen nachweist und daraus den Schluß zieht, daß überall, wo Lücken im Rechtssystem klaffen, oder Hinweise wie Treu und Glauben sich finden, das prinzipiell Richtige Platz zu greifen habe. Diese Ausführung ist zutreffend. Es läßt sich in der Tat nicht leugnen, daß dem Recht das Streben nach einer sachgemäßen Regelung des menschlichen Zusammenlebens innewohnt. Im einzelnen Fall kann es sich freilich ereignen, daß dem Gesetzgeber der gute Wille, gerechte Bestimmungen zu treffen, fehlt. Aber diese bedauerliche Tatsache ändert nichts an dem Umstand, daß alles Recht seiner Natur nach prinzipiell richtige Normen zu setzen trachtet. Nicht immer gelingt dieser Versuch, häufig ereignet es sich, daß mehr oder weniger zahlreichen Bestimmungen das Merkmal der Richtigkeit fehlt und umgekehrt braucht das richtige Recht vom positiven Recht gar nicht anerkannt zu werden; denn bei diesen Unterschieden handelt es sich um zwei Einteilungsgründe: den modalen Gegensatz der Existenz und den inhaltlichen Gegensatz der Richtigkeit. Dieses Verhältnis hat Stammler an der einen Stelle („Richtiges Recht“, S. 69) zutreffend hervorgehoben, während er bei einer anderen Gelegenheit („Richtiges Recht“, S. 22) irrtümlicherweise das richtige Recht für eine Unterart des positiven Rechts erklärt. In Wahrheit kann aber sehr wohl auch ein nicht positives Recht, z. B. ein Entwurf, das Prädikat „richtig“ verdienen; es gibt also zweifellos auch ein nicht positives richtiges Recht. Was aber den Maßstab zur Beurteilung des Rechtsinhalts anlangt, so muß ein solches Kriterium, wenn es wirklich imstande sein soll, ein

verhält; auf dem Gipfel steht Kant, weil er sich zum Erkennen selbst kritisch verhielt und dadurch der philosophische Begründer eines Zeitalters wurde, welches man mit Recht das kritische genannt hat.“

objektiv gültiges Ergebnis zu liefern, von aller Beimischung positiver Rechtssätze frei bleiben und insofern einen absoluten Charakter an sich tragen. Ein derartiger Maßstab kann aber nur aus der Natur des Rechts selber gewonnen werden, wie Stammler mit Recht hervorgehoben hat. Was insoweit gegen ihn vorgebracht worden ist, erscheint wenig stichhaltig. Dies gilt insbesondere von den Bemerkungen von M. E. Mayer,[1]) welcher Stammler vorwirft, daß die transzendentale Erkenntnis des Richtigen als Maxime des Handelns untauglich sei, weil ihre Resultate als reine Begriffe keine motivierende Kraft besäßen. Dieser Einwand, den Stammler[2]) in seiner Replik mit vollem Recht einen „unverbesserlichen elementaren Fehler" nennt, beweist zur Genüge, daß Mayer die kausale mit der teleologischen Betrachtungsweise vollkommen vermengt. Denn zur Erörterung steht ausschließlich die Frage nach der Richtigkeit eines Rechtsinhalts, für deren Beantwortung eine objektiv gültige Methode gesucht wird. Für die Lösung dieses Problems ist es aber völlig irrelevant, ob das gefundene Ergebnis irgendwelche Motivationskraft auf die Rechtsgenossen oder die Richter ausübt. Die systematische Richtigkeit einer Rechtsnorm wird dadurch nicht im geringsten alteriert, daß die Rechtsgenossen sie niemals befolgen und die Richter sie niemals anwenden.

Wenn Stammler das soziale Ideal als Gemeinschaft frei wollender Menschen definiert, so soll durch eine derartige Begriffsbestimmung offensichtlich kein inhaltliches Kriterium, an dem man das Recht auf seine Richtigkeit messen könnte, gegeben, sondern nur ein analytischer Satz geliefert werden. Denn der Begriff „frei" ist rein privativer Natur; man ist niemals frei schlechthin, sondern immer nur frei von etwas, z. B. von Steuerdruck, von Krankheit, von Aberglauben. Man hat daher immer aus dem Zusammenhang zu ersehen, welcher Begriff durch das Wörtchen „frei" negiert werden soll. In obigem Beispiel ist offenbar das Verfolgen bloß subjektiv gültiger Ziele gemeint; wenn man daher unter Aufhebung der beiden Negationen die Definition positiv gestaltet, so bedeutet soziales

---

[1]) M. E. Mayer, „Kritische Vierteljahrsschrift", Bd. 46 S. 193.
[2]) Stammler, „Wirtschaft und Recht", S. 669.

Ideal eine Gemeinschaft von Menschen, die ausschließlich objektiv gültige Ziele verfolgen.

Dagegen geben die Ausführungen Stammlers zu den erheblichsten Bedenken Anlaß, sobald er es unternimmt, das Kriterium, an dem man die Richtigkeit eines Rechts messen könnte, inhaltlich zu bestimmen. Wir wissen nun, daß die Gemeinschaft prinzipiell Richtiges wollender Menschen, ob sie schon in der Erfahrung niemals angetroffen wird, die Idee darstellt, welche der Rechtspolitik wie der Rechtsanwendung voranzuleuchten hat. Aber jetzt wünschen wir den absoluten Maßstab kennen zu lernen, mit dessen Hilfe man in objektiv gültiger Weise beurteilen kann, ob ein bestimmtes Verhalten richtig sei und daher von der Gemeinschaft der Idealmenschen gewollt werden soll. Gegen die Lösung, welche Stammler in seinen Grundsätzen des Achtens und Teilnehmens gibt, erhebt sich ein doppeltes Bedenken: zunächst ist es nicht ersichtlich, inwiefern jene Grundsätze aus der Natur des Rechts folgen. Denn es fehlt an der notwendigen Beweisführung, warum gerade die gegebenen Formeln das Kriterium für die Richtigkeit des Rechts darstellen. Es wäre sehr wohl möglich, daß Gesetzesbestimmungen, welche jenen Regeln zuwiderliefen, trotzdem als richtig anzuerkennen wären. Warum sollte nicht einmal der Inhalt eines Wollens der Willkür eines anderen anheimfallen, oder ein rechtlich Verbundener nach Willkür von der Gemeinschaft ausgeschlossen sein? In Sklavenstaaten geschah dieses ohne Zweifel bezüglich der als Sachen behandelten Sklaven, und doch wäre es sicherlich zu weit gegangen, wollte man ohne weiteres für ausgemacht halten, daß die Sklaverei unter allen Umständen verwerflich sei. Stammler behauptet freilich („Wirtschaft und Recht“, S. 653 Anm. 108), daß das Sklaventum niemals objektiv berechtigt sein könne, aber für diese Negative fehlt der Beweis, der nur zu erbringen ist, wenn zuvor das Kriterium des richtigen Rechts dargetan ist. Letzteres ist aber durch die Grundsätze des Achtens und Teilnehmens nicht geschehen, denn darin besteht der zweite und verhängnisvollere Fehler der Stammlerschen Deduktion, daß jene Grundsätze gar kein inhaltliches Regulativ zu bieten vermögen, sondern sich als Sätze von stofflich bedingtem Inhalt darstellen, denen gleichwohl absolute Gültigkeit vindiziert wird.

Die Parallele zwischen Kant und Stammler, die sich jedem aufmerksamen Leser verschiedentlich aufdrängt, tritt an dieser Stelle besonders klar hervor. Die Stammlersche Lehre vom „richtigen Recht“ erinnert unwillkürlich an Kants Argumentation, wie sie in seiner „Grundlegung zur Metaphysik der Sitten“ enthalten ist. Die bekannte Definition von Kants ethischem Grundgesetz, dem kategorischen Imperativ: „Handle nur nach derjenigen Maxime, durch die du zugleich wollen kannst, daß sie ein allgemeines Gesetz werde“ (S. 44) ist gleich Stammlers sozialem Ideal ein rein analytischer Satz, aus dem man nichts bezüglich des Inhalts dieser Maxime entnehmen kann. Wenn Kant im weiteren Verlauf seiner Darstellung als praktischen Imperativ die Forderung aufstellt, so zu handeln, „daß du die Menschheit sowohl in deiner Person als in der Person eines jeden andern jederzeit zugleich als Zweck, niemals bloß als Mittel brauchst“ (S. 53), so leidet dieses Prinzip an denselben Schwächen wie Stammlers Grundsätze des richtigen Rechts. Denn einmal läßt es sich nicht mit Notwendigkeit aus dem kategorischen Imperativ ableiten; seine Allgemeingültigkeit ist daher nicht erwiesen. Es wäre doch immerhin denkbar, daß die Moral es nicht nur erlaubt, sondern geradezu fordert, einen einzelnen Menschen lediglich als Mittel zu benutzen. Hierüber kann nur das Kriterium, an dem alle Moral zu messen ist, Auskunft erteilen. Ein derartiges Regulativ aber, an dem der Inhalt des Wollens auf seine Richtigkeit geprüft werden könnte, ist in jenem Kantischen Prinzip vom ethischen Selbstzweck des Individuums nicht enthalten. Vielmehr stellt sich dieser Satz selber als eine, wenn auch sehr abstrakte sittliche Norm von stofflich bedingtem Inhalt dar. Deshalb kann man auch mit Hilfe dieses Satzes keinen Einzelfall prinzipiell entscheiden; denn jenem praktischen Imperativ vom Selbstzweck des Individuums wäre schon Genüge getan, wenn ein jeder Mensch auch nur zum allergeringsten Teile als Selbstzweck geachtet würde, da er unter dieser Voraussetzung nicht mehr bloß als Mittel gebraucht würde. In gleicher Weise wären auch Stammlers Grundsätze vom richtigen Recht schon dann befolgt, wenn ein jeder Rechtsgenosse nicht völlig der Willkür eines anderen anheimfiele, wenn der rechtlich Verbundene nicht gänzlich von der Gemeinschaft ausgeschlossen würde und wenn der Verpflichtete oder Ausgeschlossene sich noch in irgend einer Hinsicht der Nächste sein dürfte. Gerade auf die Quantität der rechtlichen Verpflichtung und Ausschließung kommt bei der Entscheidung eines konkreten Einzelfalls, z. B. der Zulässigkeit einer Konkurrenzklausel (§ 74 H.G.B.), alles an. Um wirklich ein Regulativ für Moral und richtiges Recht zu gewinnen, hätte es der Ergänzung mittels teleologischer Erwägungen bedurft, denn ein Verhalten ist gut, sofern es geeignet ist, einen gewissen wertvollen Zustand zu erreichen oder zu behaupten. An diesem Punkt hätte die Arbeit von Kants ethischem Kritizismus einsetzen müssen; anstatt dessen lieferte er nur analytische Sätze für die Definition des kategorischen Imperativs, oder er springt direkt auf Sätze von stofflich bedingtem Inhalt über, wie sie im praktischen Imperativ vom Selbstzweck des Individuums enthalten sind. In Wahrheit freilich operiert auch Kant uneingestandenermaßen mit einem teleologischen Maßstab. Das zeigen seine kasuistischen Beispiele auf das unzweideutigste: „Darf ich, wenn ich im Gedränge bin, nicht ein Versprechen tun in der Absicht, es nicht zu halten?“ so fragt Kant und begründet seine verneinende Antwort mit dem Hinweis, daß man ein allgemeines Gesetz zu lügen gar nicht wollen könne, weil dann keinem Versprechen mehr geglaubt oder doch dem Lügner mit gleicher Münze bezahlt würde (S. 21 und 22). Die These, daß tätiges Mitleid und Wohlwollen gegenüber den Mitmenschen geboten sei, sucht Kant apagogisch zu erhärten. „Ein Wille, der dieses — nämlich die Lieblosigkeit — beschlösse, würde sich selbst widerstreiten, indem der Fälle sich doch manche ereignen können, wo er anderer Liebe und Teilnehmung bedarf und wo er durch ein solches aus seinem eigenen Willen entsprungenes Naturgesetz sich selbst alle Hoffnung des Beistandes, den er sich wünscht, rauben würde“ (S. 47).

Also man darf nach Kant nicht lügen, keine Versprechungen, die man nicht zu halten gedenkt, abgeben und keine Lieblosigkeit gegenüber seinen Mitmenschen an den Tag legen, weil einem sonst mit gleicher Münze heimgezahlt wird. Deutlicher kann nicht erklärt werden, daß der kluge Egoismus der Maßstab aller Sittlichkeit sei. Die Kantische Ethik, die sich mit ihren formalen Grundsätzen so spröde zeigt, verfällt doch schließlich in einen bedenklichen Utilitarismus. Dabei lassen sich die sittlichen Normen der Wahrhaftigkeit und der tätigen Liebe nicht einmal mit logisch zwingender Notwendigkeit aus dem stillschweigend supponierten teleologischen Regulativ des klugen Egoismus ableiten; denn wer besonders schlau ist, daß er die Unwahrhaftigkeit anderer durchschaut, oder wer so stark und mächtig ist, daß er fremder Hilfe nicht bedarf, kann sehr wohl wollen, daß Unwahrhaftigkeit und Lieblosigkeit zur allgemeinen Maxime der Sittlichkeit erhoben werde.[1]) Jedenfalls bestehen hiergegen keine logischen Bedenken; eine derartige monströse Moral könnte nur widerlegt werden, wenn man nachweisen könnte, daß das teleologische Regulativ, welches Kant unbewußt zugrunde gelegt hat, nämlich der kluge Egoismus, durch einen anderen Gesichtspunkt ersetzt werden muß. Denn auf dem Boden der teleologischen Gegensätze kämpfen die ethischen Weltanschauungen um ihre Existenz, und trotz ihres formalistischen Anstrichs bewegt sich auch Kants Ethik auf diesem Kampfplatz, nur daß sie leider in die bedenklichste Nähe der vulgären Utilitätsmoral ihrer Zeit geraten ist.

In derselben Weise wird auch von Stammler das teleologische Moment in der Formulierung seiner Methode unberücksichtigt gelassen, aber bei der Kasuistik des dritten Buches machen sich Zweckerwägungen wider Willen geltend. Die Beispiele, welche Stammler gibt, beweisen dies auf das unzweideutigste: wenn er z. B. das Versprechen einer Vertragsstrafe auf Einhalten von Trinksitten für nichtig (S. 424), dagegen das gleiche Versprechen bezüglich des Meidens von übertriebenem Alkoholgenuß für gültig hält (S. 435), so läßt sich eine derartige Entscheidung mit den Grundsätzen des Achtens und Teilnehmens schwerlich beweisen, denn an diesem Maßstabe gemessen, liegen beide Tatbestände vollkommen gleich. Im ersteren Fall ist das Wollen des Versprechenden der Willkür von feucht-fröhlichen Zechkumpanen, im letzteren Fall dagegen der Willkür von Mäßigkeitsaposteln anheimgegeben. Wenn Stammler trotzdem das Angeloben von Trinksitten als gegen die guten Sitten verstoßend ansieht, während ihm ein Mäßig-

[1]) A. Schopenhauer, „Die Grundlage der Moral". Ges. Werke, Bd. 4 S. 157.

keitsversprechen juristisch einwandsfrei erscheint, so läßt sich dieser Standpunkt nur aus der teleologischen Erwägung heraus rechtfertigen, daß ein übermäßiger Alkoholgenuß den Interessen der einzelnen, wie der Gesamtheit schädlich ist Wenn Stammler ferner die Dienstverträge von Seeleuten, Bergknappen und Hochgebirgsführern für gültig, dagegen das Verdingen als Stierfechter für nichtig hält (S. 426), so ruht diese Entscheidung offenbar auf der stillschweigenden Interessenabwägung, daß wohl die Seefahrt, der Bergbau und der Hochtouristensport, nicht aber die sich an Stiergefechten erfreuende Vergnügungssucht einen Kulturwert von der Art darstellt, daß es gerechtfertigt wäre, ihretwegen Menschenleben aufs Spiel zu setzen.

In noch höherem Maße sind die Grundsätze des Achtens und Teilnehmens ungeeignet, für die Gesetzgebungspolitik die nötigen Anweisungen zur Schaffung von richtigem Recht zu erteilen. Wie wäre es etwa möglich, nach dieser Methode zu entscheiden, ob sich die Einführung des allgemeinen, gleichen, direkten und geheimen Wahlrechts für das preußische Abgeordnetenhaus empfähle, ob die Erfolgshaftpflicht auf Kraftwagenhalter auszudehnen sei, oder ob die Einführung der Prügelstrafe für Roheitsdelikte angezeigt erscheine.? [1]) Gerade bei der Gesetzgebungspolitik, wo man sich auf keine immanenten Werturteile stützen kann, weil ja gerade die Berechtigung des positiven Rechts in Frage steht, zeigt es sich, daß man sich ohne teleologische Erwägungen keinen Schritt fortbewegen kann, da die Richtigkeit eines Rechtsinhalts davon abhängt, ob er geeignet ist, denjenigen Zustand, dessen Sicherstellung Aufgabe der Rechtsordnung ist, herbeizuführen und zu erhalten. Gelingt es also, aus dem Wesen der Rechtsordnung diesen ihren Zweck zu deduzieren, so hat man den archimedischen Punkt gewonnen, mit dessen Hilfe man alle konkreten Einzelfälle in der Rechtssprechung wie in der Gesetzgebung in objektiv gültiger Weise entscheiden kann. Welches ist nun der immanente Zweck aller Rechtsordnung?

---

[1]) Zustimmend von Liszt, „Das richtige Recht in der Strafgesetzgebung", in seiner Zeitschrift für die gesamte Strafrechtswissenschaft, Bd. 27 S. 95.

§ 8.

Das Kriterium des richtigen Rechts.

In unserer historisch geschulten Gegenwart ist man im Gegensatz zur Aufklärungsperiode immer mehr zu der Erkenntnis gelangt, daß man das menschliche Zusammenleben nicht als ein bloßes Nebeneinander einzelner Individuen auffassen darf, sondern daß die Gesellschaft eine von den Einzelsubjekten nicht nur quantitativ, sondern auch qualitativ verschiedene Erscheinung ist. Die soziologische Betrachtung erblickt in der Gesellschaft nicht, wie die atomistische Lehre, ein bloßes Konglomerat von abstrakt gleichen Menschen, sondern einen Organismus, oder wie Spencer[1]) sagt, einen Superorganismus. Dieser Vergleich ist durchaus zutreffend, denn wie alle Organismen, so besteht auch die Gesellschaft nicht aus einer Anhäufung kleinerer Einheiten, von denen man, wie von einem Sandhaufen, einen Teil beliebig entfernen kann, ohne daß der Rest in seiner Qualität irgendwie alteriert würde, sondern beide bilden eine natürliche Einheit, deren Teile differenziert sind und derart in einer notwendigen Abhängigkeit voneinander stehen, daß mit der Entfernung eines bestimmten Organs auch die übrigen Funktionen absterben müssen. So stehen auch die einzelnen Teile eines Volks in einer notwendigen Abhängigkeit voneinander, so daß keine Funktion fehlen darf, ohne daß die übrigen verkümmerten, denn ein jedes Organ ermöglicht erst die übrigen Teile, wie es andererseits durch diese bedingt wird. Alle Kulturgüter, wie Sprache, Sitte, Moral, Religion, Recht, Wirtschaft, Kunst und Wissenschaft, sind in der Wirklichkeit niemals getrennt vorhanden, ihre Isolierung ist vielmehr nur ein Werk wissenschaftlicher Abstraktion. Sämtliche

---

[1]) Spencer, „Die Prinzipien der Soziologie“, deutsch von B. Vetter, Bd. 2 S. 3—181.

Funktionen des sozialen Körpers stehen in einer notwendigen Wechselwirkung.[1]) Würde eine der erwähnten Kulturbetätigungen hinwegfallen, so müßte das betreffende Volk entweder ganz von der Bildfläche der Geschichte verschwinden oder völlig auf das Niveau der Barbarei hinabsinken. Der soziale wie der physische Organismus stellt sich mithin als eine natürliche Einheit differenzierter und integrierter Teile dar. Ob man eine derartige Einheit als eine teleologische betrachten darf, ist eins der schwierigsten philosophischen Probleme, das hier nur gestreift werden kann. Das Tiefste und Reifste, das über diese Frage geäußert worden ist, findet sich in Kants „Kritik der teleologischen Urteilskraft", in der er die Organismen als teleologische Einheiten ansieht. „In einem solchen Produkte der Natur wird ein jeder Teil, so wie er nur durch alle übrigen da ist, auch als um der anderen und des Ganzen willen existierend, d. h. als Werkzeug (Organ) gedacht." Diese teleologische Auffassung ist aber keine Naturerkenntnis, sondern nur eine vernunftnotwendige Betrachtungsweise. „Der Begriff eines Dinges als an sich Naturzwecks ist also kein konstitutiver Begriff des Verstandes oder der Vernunft, kann aber doch ein regulativer Begriff für die reflektierende Urteilskraft sein." Der Gedanke eines immanenten Naturzwecks ist also, wie Kant mit Recht ausführt, nicht imstande, die kausale Erklärung zu ersetzen. Wohl ist ihm insofern ein heuristischer Wert nicht abzusprechen, als er der Naturwissenschaft die Aufgabe stellt, überall dort, wo sich eine scheinbare Zweckmäßigkeit findet, der besonderen kausalen Verknüpfung nachzuspüren.[2]) Mithin weiß wohl die teleologische Urteilskraft, die bei Kant eine eigentümliche Mittelstellung zwischen der reinen Vernunft und der ästhetischen Urteilskraft einnimmt, von natürlichen Zwecken zu berichten, dagegen sind für die von der reinen Vernunft beherrschten Naturwissenschaften alle Organismen nur differenzierte und integrierte Gebilde, aber keine teleologischen Einheiten. In gleicher Weise können auch die sozialen Gemeinschaften von einer Wissenschaft, die sich von ästhetischen Betrachtungen

---

[1]) Auf den notwendigen inneren Zusammenhang zwischen dem Recht und dem übrigen Kulturleben weist Kohler hin, „Das Recht als Kulturerscheinung", S. 5.

[2]) Windelband, „Geschichte der neueren Philosophie", Bd. 2 S. 161.

freihält und die ihr von der Erkenntnistheorie gesteckten Grenzen getreulich beobachtet, nicht als natürliche Zweckeinheiten angesehen werden. Mit dieser Erkenntnis scheint das Suchen nach einem objektiven Zweck bei einem negativen Resultat angelangt zu sein und hierbei hat es auch bezüglich der Theorie sein Bewenden. Ganz anders ist aber die Situation, wenn nicht die Wissenschaften, sondern die technischen Disziplinen in Frage kommen. Letztere haben, wie schon im ersten Paragraphen ausgeführt wurde, die Mittel anzugeben, die geeignet sind, einen bestimmten Zustand herbeizuführen und zu erhalten. Gerade bezüglich der Zweckidee besteht zwischen den genannten Gebieten der fundamentale Unterschied, daß den technischen Disziplinen das Zweckobjekt durch die ihnen gestellte Aufgabe geliefert wird, während die Wissenschaften keine Naturzwecke zu erkennen vermögen und daher auch keine objektiv gültigen Wertmaßstäbe zugrunde legen können. Wenn der archimedische Punkt, nämlich der zu erreichende Zweck, durch die Natur der Aufgabe geliefert wird, so ist eine Wertkritik menschlicher Handlungen möglich. Man kann eine derartige Kritik eine immanente nennen, weil der Wertgesichtspunkt der gestellten Aufgabe immanent ist.[1]) Alle immanente Wertkritik bezieht sich nur auf das Verhältnis vom Mittel zum Zweck, sie kann daher immer nur eine Geschicklichkeitsbeurteilung liefern, aber keine Zwecke an sich selbst setzen. Letzteres ist überhaupt unmöglich; wird daher eine Wertkritik vorgenommen, ohne daß sich der Zweck aus der gestellten Aufgabe ergibt, so muß eine derartige Kritik als eine transzendente angesehen werden, weil der Wertmaßstab jenseits einer objektiven Erkenntnis in der Sphäre rein subjektiver Gefühle liegt. So läßt sich an den Leistungen eines Arztes, eines Feldherrn oder Staatsmannes eine immanente Wertkritik ausüben, denn das Ziel, das ihnen gesetzt ist, ergibt sich ohne weiteres aus ihrer Aufgabe: der Arzt hat die Krankheiten zu heilen und ihnen vorzubeugen, der Feldherr unter möglichst geringen eigenen Opfern die feindlichen Streitkräfte unschädlich zu machen und der Staatsmann die Macht und das Ansehen seines Volkes zu fördern. Ist der Zielpunkt gegeben, so braucht nicht weiter

---

[1]) Wundt, „Logik", Bd. 3 S. 124.

gefragt zu werden, ob oder für wen der bezweckte Zustand Wert hat, vielmehr wird das gesteckte Ziel angesehen, als ob es Selbstzweck wäre. So kann man z. B. das Verhalten von Bismarck und Gramont vor Ausbruch des deutsch-französischen Krieges von 1870 oder die Maßnahmen von Moltke und Bazaine während der Schlacht von Gravelotte einer immanenten Kritik unterwerfen, bei der es zu untersuchen gilt, ob das Vorgehen von Bismarck und Moltke für Preußen und Deutschland oder dasjenige von Gramont und Bazaine für Frankreich vorteilhafter war, während die Frage, ob es besser gewesen wäre, wenn Frankreich anstatt Deutschlands gesiegt hätte, völlig auszuschließen ist. Auch ein Franzose, der gewiß seinem Vaterland den Sieg gewünscht hätte, wird doch auf Grund einer immanenten Wertkritik zu dem Resultat kommen, daß die Maßregeln von Bismarck und Moltke die geschickteren waren. Dieselbe Geschicklichkeitsbeurteilung kann man auch an die Leistungen eines Arztes anlegen, indem man fragt, ob sein Vorgehen für denjenigen Organismus, dessen Behandlung ihm übertragen, heilsam oder schädlich war. Was auf dem Boden der Theorie nicht zu erhärten ist, ergibt sich für die technischen Disziplinen ohne weiteres aus der Natur der ihnen gestellten Aufgabe: die als Organismus bezeichnete Zusammenfassung differenzierter und integrierter Teile wird zu einer teleologischen Einheit erhoben und kann daher unbedenklich wie ein Selbstzweck behandelt werden. Es braucht nicht mehr gefragt zu werden, ob das in Behandlung sich befindende Individuum irgend einen Wert besitzt, denn sein Körper wird durch die dem Arzt gestellte Aufgabe als Zielpunkt für dessen Tätigkeit gesetzt. Gelingt es dem Arzt, solche Maßregeln zu treffen, welche der Entfaltung des Organismus günstig sind, so ist das Vorgehen als richtig zu bezeichnen, mag auch die Erhaltung und Entwicklung jenes Individuums von anderem Standpunkt aus als schädlich anzusehen sein. Nicht anders ist die Stellung des Richters und Gesetzgebers. Auch ihnen ist durch ihre Aufgabe eine Einheit differenzierter und integrierter Teile, nämlich eine soziale Gemeinschaft, als Zweckobjekt aufgegeben. Regelmäßig handelt es sich um ein Volk, d. h. um eine durch die Gemeinsamkeit gewisser Kulturgüter, insbesondere der Sprache, geeinte Menge von Familien, aber notwendig ist dieses Merkmal keineswegs, vielmehr gibt es auch Staaten, die, wie Österreich und die Schweiz, keine national geschlossene Bevölkerung besitzen und schließlich braucht die Rechtsgemeinschaft nicht einmal ein Staat zu sein. Selbst heute finden sich noch Rechtsgebilde, die, wie die katholische Kirche, einen vom Staate qualitativ verschiedenen Rechtscharakter aufweisen. Der Einfachheit halber mag es aber gestattet sein, den regelmäßigen Fall des geschlossenen Nationalstaates zugrunde zu legen und daher von dem organisierten Volk als Zweckobjekt der Gesetzgebung wie der Rechtsanwendung zu reden. Das einzelne Volk ist, wie schon hervorgehoben wurde, insofern ein Organismus, als seine Teile kein bloßes Konglomerat beziehungsloser Individuen darstellen, sondern in einer notwendigen Wechselwirkung stehen. Wie es kein Gehirn, keine Lungen, keinen Magen, getrennt vom übrigen Körper, gibt, so ist es auch unmöglich, sich völlig isolierte Landwirte, Gewerbetreibende, Kaufleute, Soldaten, Richter, Priester, Gelehrte oder Künstler anders als in der bloßen Abstraktion vorzustellen; denn ein jedes der genannten Organe und Funktionen ist nur als Teil des Ganzen denkbar, ebenso wie umgekehrt die einzelnen Tätigkeiten zum Gedeihen des Ganzen notwendig sind. Da dem Gesetzgeber und Richter das Volk als Zweckobjekt aufgegeben ist, so liegt ihnen mithin ob, solche Maßregeln zu treffen, welche eine größtmögliche Entwicklung seiner Organe und Entfaltung der in ihm schlummernden Kräfte sicherstellt. Damit ist auch das Kriterium des richtigen Rechts gewonnen: richtig ist dasjenige Recht, welches die Kulturentwicklung des Volks nach Möglichkeit fördert und am meisten dazu beiträgt, die nationalen Kräfte vom potentiellen in den aktuellen Zustand zu überführen.[1]) Man muß sich hier besonders vor dem Fehler hüten, den Ausdruck „Entwicklung“ in dem populären Sinne zu verstehen, als ob jeder Fortgang von einem früheren zu einem späteren Zustand darunter fiele. Der allgemeine Widerspruch, den v. Liszt mit seiner Identifizierung von richtigem und werdendem Recht erfahren hat, ist dadurch verursacht worden,[2]) daß er den

---

[1]) Über aktuelle und potentielle psychische Energie, siehe Wundt, „Logik“, Bd. 3 S. 275.

[2]) v. Liszt, „Das richtige Recht in der Strafgesetzgebung“, in seiner Zeitschrift, Bd. 26 S. 553—557. Gegen seine Ansicht haben sich aus-

Begriff der Entwickelung mit der bloß zeitlichen Folge verwechselt hat, wie sich aus seinen Ausführungen über den Gegensatz der Vergeltungs- und der Schutzstrafe ohne weiteres ergibt: „Ist mein grundsätzlicher Standpunkt richtig, dann gehört die Zukunft derjenigen Form der Strafe, die uns den späteren und darum höheren Entwickelungstypus der Strafe darstellt.“ In dem Wörtchen „darum“ steckt jener Fehler, der schon am Ende des fünften Paragraphen dieser Abhandlung an Merkels Ausführungen festzustellen war, denn die bloß zeitliche Folge genügt noch keineswegs für die Annahme einer Entwickelung.[1]) Hierfür bedarf es noch des weiteren Moments, daß die Veränderung sich in der Richtung einer größeren Differenzierung und Integrierung bewegt und damit eine weitergehende Überführung von potentieller in aktuelle Energie ermöglicht. Liegt dagegen der umgekehrte Fall vor, findet eine Abnahme von Differenzierung und Integrierung und ein Schwinden aktueller Energie statt, so spricht man von Auflösung. Hieraus ergibt sich schon ohne weiteres, daß der Vorwurf, den Radbruch [2]) gegen die Entwickelungslehre erhebt, daß sie nämlich in ganz unzulässiger Weise vom Seienden auf das Seinsollende schlösse, auf die richtig verstandene Entwickelungslehre gar nicht zutrifft. Denn das Spätere braucht ja im Verhältnis zum Früheren gar nicht Entwickelung zu sein, vielmehr ist es ebensogut möglich, daß der Fortgang der Ereignisse im Sinne der Auflösung erfolgt. Trifft das letztere zu, so hat man nicht wie bei der Entwickelung den natürlichen Verlauf zu unterstützen und vor Schädigungen zu schützen, vielmehr muß man ihn nach Möglichkeit zu verhindern und in eine Entwickelung umzubiegen suchen. So

---

gesprochen: Radbruch, „Zeitschrift“, Bd. 27 S. 246; Beling, „Zeitschrift“, Bd. 26 S. 693—696. Ferner Kohlrausch, „Vergleichende Darstellung des deutschen und ausländischen Strafrechts“, Bd. 3 S. 129—131, und Gerland daselbst Bd. 1 S. 113—118. In der Fortsetzung seiner Abhandlung (Zeitschrift, Bd. 27 S. 91—96) hat v. Liszt den Begriff der Entwickelung richtig als Fortschritt der Organismen zu differenzierteren und lebenskräftigeren Formen (S. 95) definiert.

[1]) Richtig gefaßt ist der Begriff der Entwickelung bei Kohler, „Rechtsphilosophie und Universalrechtsgeschichte“, in seiner „Enzyklopädie“, Bd. 1 S. 9.

[2]) Radbruch, „Methode der Rechtsvergleichung“, in der Monatsschrift für Kriminalpsychologie und Strafrechtsreform, S. 423, 424.

befand sich das politische, militärische, überhaupt das ganze sittliche Leben Preußens nach der Schlacht bei Jena in völliger Auflösung. Um so mehr fühlten sich die Patrioten jener Tage getrieben, ihr Vaterland einer neuen Entwickelung entgegenzuführen, indem sie seine politische, militärische und sittliche Kraft weckten. Aus diesem Beispiel erhellt ohne weiteres, daß Entwickelung keineswegs mit dem natürlichen Verlauf zusammenfällt, sondern die Schaffung neuer Kräfte bedeutet.

In der größtmöglichen Entfaltung des Kulturlebens eines Volkes haben alle sozialen Organe und Funktionen mitzuwirken, denn es ist ihre Aufgabe, der Entwickelung des Ganzen, an dem sie alle teilhaben, zu dienen. Diesem Zweck ist auch die Rechtsordnung gewidmet. Insbesondere steht das Recht mit der Wirtschaft in enger Verbindung, es ist eine seiner Hauptaufgaben, das Zusammenwirken zur Erzeugung von Tauschwerten zu regeln, aber es wäre ein großer Irrtum, wollte man annehmen, daß sich sein Beruf in dem Schutz materieller Interessen erschöpfe, vielmehr hat das Recht auch zur Pflege idealer Interessen mitzuwirken. Selbst das Privatrecht, welches vorwiegend mit ökonomischen Gütern zu tun hat, schützt doch auch im Familienrecht das ideelle Verhältnis zwischen Mann und Frau und zwischen Eltern und Kindern. Demnach ist es Aufgabe des Rechts, die gesamte, nicht nur die wirtschaftliche, sondern vor allem auch die geistige Kultur nach Möglichkeit zu fördern. Dagegen wäre es eine ganz oberflächliche Vorstellung, als ob das Recht dem Nutzen der einzelnen oder der Gesamtheit zu dienen und darauf hinzuwirken hätte, daß sich möglichst viele Menschen so wohl, als es unter den gegebenen Umständen irgend angeht, fühlen.[1]) Gegen einen derartigen Krämerwohlfahrtsstaat erheben sich nicht nur in praktischer Beziehung die größten Schwierigkeiten,[2]) denn einerseits gehen die Ansichten der Menschen über den Nutzen himmelweit auseinander; es fehlt also völlig an einem Kriterium, um die Wohlfahrt genau

[1]) Diese sozial-utilitaristische Theorie ist vor allem von Jhering, „Zweck im Recht“, ausgeführt worden. „In diesem Sinne bezeichnen wir den gesellschaftlichen Eudämonismus als Ziel und treibenden Gedanken der gesamten sittlichen Weltordnung, als Prinzip des Sittlichen.“ Ähnlich Steinbach, „Die Moral als Schranke“, S. 42 ff.

[2]) Windelband, „Vom Prinzip der Moral“, „Präludien“, S. 345 ff.

bestimmen zu können. Andererseits gibt es keinen Maßstab, nach dem man den gesellschaftlich disponiblen Fonds von Glückseligkeit auf die einzelnen Individuen verteilen kann. Viel größer sind aber noch die prinzipiellen Bedenken, die sich gegen den Utilitarismus erheben. Wer das Wohlbefinden der Gesamtheit als Ziel des Rechts betrachtet, übersieht vollständig, daß die soziale Gemeinschaft kein bloßes Nebeneinander von Individuen enthält, sondern sich als eine von den einzelnen Menschen spezifisch verschiedene Erscheinung darstellt, welche ihre eigenen Funktionen, wie Recht, soziale Wirtschaft usw., besitzt. Da mithin das Recht Teil eines Organismus ist, so kann seine Aufgabe nur darin bestehen, dem Ganzen zu dienen. Wäre es sein Beruf, das Wohlbehagen der einzelnen Individuen zu fördern, so wären diese und nicht das Ganze Selbstzweck im Sinne einer immanenten Wertkritik. Dann wäre es aber völlig unfaßlich, daß das Recht unter Umständen, wenn die Existenz des Ganzen auf dem Spiel steht, vom einzelnen die größten Opfer, wie Leben und Gesundheit, fordern darf. Ein derartiges Verlangen ist vom utilitaristischen Standpunkte aus unhaltbar, denn es ist nicht einzusehen, inwiefern der einzelne sich zum Nutzen anderer Menschen totschießen oder verstümmeln lassen sollte. Daher muß der Utilitarismus entweder seinen Standpunkt aufgeben oder sich zu der Absurdität bekennen, daß ein Volk zur Verteidigung seiner staatlichen Existenz kein Blutopfer von seinen Söhnen verlangen darf.

Treffend fertigt auch Kohler[1]) den eudämonistischen Standpunkt Jherings mit der Bemerkung ab, daß schließlich „alles in allem genommen der unentwickelte, nur im Äußeren lebende Mensch, der einen sehr geringen Gesichtskreis hat, vom eudämonistischen Standpunkt aus als der Mensch mit größtem Glück bezeichnet werden könne, nicht der Mensch, der ahnungsvoll faustisch strebt und ringt; der Erfinder der sterilisierten Milch ist hiernach ein größerer Mann als Homer und Goethe, und die Einrichtung der Volksküchen ist eine größere Tat als die Schöpfung des Tristan!" (S. 10). Vielmehr ist das Recht zu schätzen „nach der Art und Weise, wie es der Kultur und dem Kulturbedürfnis des Volks nachkommt; aus Kultur und Kulturbedürfnis

---

[1]) Kohler, „Enzyklopädie", Bd. 1 S. 10.

entnehmen wir das Ideal, dem das Recht einer bestimmten Zeit möglichst genügen soll" (S. 6). Dieser Formulierung[1]) stimme ich vollkommen bei, jedoch halte ich die Art, wie der Kulturförderungsmaßstab mit dem metaphysischen Idealismus Hegels verknüpft ist, für wenig glücklich. Denn durch eine derartige Verbindung wird der Maßstab des richtigen Rechts in den Abgrund transzendenter Meinungen hinabgerissen und damit wie alle dogmatische Metaphysik den Angriffen des Skeptizismus preisgegeben. Es liegt mir zwar vollständig fern, der Auffassung Kohlers (S. 7 u. 8) zu widersprechen, „daß der Pantheismus, wie er in der reinsten und geistreichsten Form in der Vedànta-Philosophie der Hindus entwickelt worden ist, insbesondere in der Form, die von dem Kommentator Çankara herrührt, und wie er in spezieller voneinander abweichender, aber doch innerlich wesensgleicher Art von Plato, Hegel, Schopenhauer, E. von Hartmann gestaltet worden ist", die bedeutungsvollste und wahrscheinlichste Weltanschauung sei. Aber wenn man sich auch der Ansicht zuneigt, daß „das All eine Erscheinungsform ist, die zuletzt im menschlichen Wesen anklingt und im menschlichen Denken die höchste Verklärung findet", so ist doch eine derartige Weltanschauung, wie alle Metaphysik, nicht Sache des Erkennens, sondern des Glaubens und Fühlens, denn wie schon im ersten Paragraphen ausgeführt wurde, sind Raum und Zeit nur subjektive Anschauungsformen,[2]) und daher können nur die in Raum und Zeit gegebenen Erscheinungen Gegenstand der Erkenntnis sein. Was aber jenseits von Raum und Zeit liegt, ist rein individuelle Glaubenssache, über die sich nicht streiten läßt. Man mag Hegels Ausspruch: „daß das Vernünftige wirklich und das Wirkliche vernünftig" sei,[3]) beistimmen oder mit Schopenhauer der Ansicht sein, daß die Welt die Erscheinung eines alogischen Willens sei, erweisen läßt sich weder der eine noch der andere Standpunkt, da es an einer Instanz fehlt, an

---

[1]) An Kohler schließt sich an: Berolzheimer, „System der Rechts- und Wirtschaftsphilosophie", Bd. 3 S. 28.

[2]) Diesen Satz bestreitet Kohler freilich (S. 8). Meines Erachtens sind aber die Gründe, die Kant und Schopenhauer für die Idealität von Raum und Zeit anführen, durchschlagend. Siehe hierüber Deußen, „Elemente der Metaphysik", S. 27 ff.

[3]) Hegel, „Grundlinien der Philosophie des Rechts", 3. Auflage, S. 17.

der man die Wahrheit metaphysischer Behauptungen erhärten könnte. Entkleidet man dagegen Hegels Entwicklungsgedanken seiner pantheistischen Beimischung, so ergibt sich dasselbe Resultat, das man auf Grund einer immanenten Wertkritik gewinnt. Der Unterschied zwischen der metaphysischen und der immanenten Auffassung besteht ausschließlich darin, daß letztere sich bemüht, die Grenze zwischen objektiv gültiger Erkenntnis und rein persönlichem Glauben so scharf als möglich zu ziehen, während sich bei ersterer die Umrisse in ein gewisses Helldunkel verlieren.

Während es möglich ist, für das Recht ein absolutes Kriterium der Beurteilung zu finden, kann man für die Ethik überhaupt keinen objektiven Maßstab gewinnen, sondern immer nur eine Geschicklichkeitsbeurteilung geben, indem man nachweist, daß ein bestimmtes Verhalten als Mittel für einen gegebenen Zweck dienlich ist. An diesem Punkt zeigt sich der wichtige Unterschied zwischen Sittlichkeit und Recht: bei letzterem ist eine immanente Wertkritik möglich, weil das Zweckobjekt, die Rechtsgemeinschaft, durch die gestellte Aufgabe geliefert wird. Dagegen ist bei der subjektiven die Gesinnung betreffenden Sittlichkeit ein Gleiches nicht der Fall, weil hier keine Aufgabe gestellt ist und daher auch kein Zweckobjekt gegeben wird. Vielmehr ist die Sittlichkeit ausschließlich Sache der einzelnen Individuen, daher kann man auch keine Sittlichkeit beweisen, sondern sie nur seinem Gegenüber ins Gewissen schieben; ob der einzelne sich für den Eudämonismus oder Evolutionismus entscheidet, ist schließlich Gefühlssache. Eine Diskussion ist in ethischen Dingen nur über die Frage möglich, ob ein Mittel geeignet ist, das zugrunde gelegte Gefühlspostulat zu verwirklichen. Wenn Windelband[1]) als materiales Prinzip der Ethik die Forderung hinstellt, das Seine zu tun, damit in der Gesellschaft, der man angehört, ihr gemeinsamer geistiger Gehalt zum Bewußtsein und zur Herrschaft gelange, so schwebt auch dieses ethische Prinzip als reines Gefühlspostulat in der Luft; denn Windelband, der eine wissenschaftlich begründbare Metaphysik ablehnt, ist nicht imstande, diesen Maßstab als absolut gültig zu erhärten; vielmehr könnte man den letzten

---

[1]) Windelband, „Vom Prinzip der Moral“, „Präludien“ S. 354.

Zweck und damit den Maßstab der Moral erst erfassen, wenn man zuvor das Wesen der Welt begriffen hätte. Das eine ist aber so unmöglich wie das andere, für den menschlichen Verstand gibt es ebensowenig eine erste Ursache wie einen letzten Zweck. Auch „die kritische Grundlegung der Ethik als positiver Wissenschaft", wie sie W. Stern versucht hat, ist nicht imstande, einen objektiven Wertmaßstab der Sittlichkeit zu liefern, weil sich aus der Analyse des sittlichen Bewußtseins und der Induktion der gefundenen Daten nimmermehr das Seinsollende erschließen läßt. Wenn Stern als Grundprinzip der Ethik den „Trieb zur Erhaltung des Psychischen in seinen verschiedenen Erscheinungsformen durch Abwehr aller schädlichen Eingriffe in dasselbe" hinstellt,[1]) so mag dieses Moment für die kausal-genetische Betrachtungsweise von Bedeutung sein; für eine Wertkritik dagegen ist die Behauptung, daß das Psychische das schlechthin zu erstrebende Ziel sei, doch nichts weiter als ein rein subjektives Gefühlspostulat.

Was aber die konventionalen Normen der Moral und Sitte anlangt, so läßt sich auch bei ihnen eine immanente Wertkritik nur anwenden, wenn man die Gemeinschaft, in der sie gelten, als Zweckobjekt auffaßt. Allerdings besteht zwischen Recht und konventionalen Normen der wichtige Unterschied, daß es der Moral wie der Sitte regelmäßig an Richtern wie an Gesetzgebern fehlt, obwohl dieser Fall doch zuweilen z. B. bei Ehrengerichten, die über die Einhaltung des Ehrenkodex zu wachen haben, eintritt, aber andererseits stimmen Recht und konventionale Normen darin überein, daß auch den letzteren der Zug zum Richtigen innewohnt. Denn die Kreise, in denen sie herrschen, stellen sich die Aufgabe, ihr Zusammenwirken, auch soweit es nicht durch das Recht normiert wird, mittels Moral und Sitte im Sinne des sozialen Ideals zu regeln. Daher kann man den Maßstab des größtmöglichen Kulturfortschritts im Prinzip auch auf Moral und Sitte anwenden. Freilich verschwinden die Konventionalgruppen so sehr ineinander, daß sich der praktischen Durchführung dieser Methode große Schwierigkeiten entgegenstellen. Am leichtesten ist eine solche

---

[1]) Stern, „Kritische Grundlegung der Ethik als positiver Wissenschaft", S. 337.

Kritik dort auszuüben, wo die betreffende Gruppe mit bestimmten geschlossenen Ständen, die wie die Offiziere, Beamten, Ärzte usw. einen besonderen Moral- und Sittenkodex besitzen, zusammenfällt.

Mithin können das Recht und im beschränkteren Maße auch die Konventionalregeln der Moral und Sitte einer immanenten Wertkritik unterzogen werden, dagegen kann natürlich nicht wiederum die Berechtigung des Rechts selber Gegenstand einer wertenden Beurteilung sein, die auf objektive Gültigkeit Anspruch erheben könnte. Denn dann würde ja der Zielpunkt, der durch die Aufgabe des Rechts gestellt ist, seinerseits fortfallen, so daß es an einem objektiven Zweck fehlen würde. Daher kann das Recht des Rechts nicht erhärtet, sondern nur gezeigt werden, daß es für subjektiv wertvolle Ziele ein notwendiges Mittel sei, indem man nachweist, daß ein jeder, der den Fortschritt der menschlichen Kultur wünscht, auch das Vorhandensein einer kraftvollen Rechtsordnung wollen muß. Anders liegt die Sache bezüglich des Inhalts des Rechts, denn dieser kann mittels einer immanenten Wertkritik einer objektiven Beurteilung unterzogen werden, und zwar muß diese Beurteilung in einer doppelten Richtung erfolgen. Einmal ist die Grenze der rechtlichen Regelung und andererseits die Art der Normierung zu prüfen. Man hat also nicht nur zu fragen, ob ein tatsächliches Lebensverhältnis vom Recht zutreffend geordnet ist, vielmehr muß sich die Kritik auch auf den Punkt erstrecken, ob es sich überhaupt empfiehlt, jenes Lebensverhältnis dem Recht zu unterwerfen, d. h. in den rechtserfüllten Raum im Sinne Bergbohms einzubeziehen, oder ob es nicht zweckentsprechender erscheint, die Normierung des Lebensverhältnisses ausschließlich den konventionalen Normen der Moral und Sitte zu überlassen. Es wäre ein großer Fehler, wollte man ohne weiteres annehmen, daß das gesamte äußere Verhalten der Menschen durch die Zwangsnormen des Rechts bis ins einzelne hinein zu regeln sei. Wäre dies der Fall, so hätte für die individuelle Freiheit die letzte Stunde geschlagen und damit würde auch die geistige und wirtschaftliche Kultur ihren Todesstoß erhalten. Vielmehr ist es für die Kulturentwicklung das Segensreichste, wenn möglichst viele Lebensverhältnisse durch die auf freiwilligen Gehorsam berechneten Konventionalregeln der Moral und Sitte geordnet werden, und sich das mit Zwangsnatur behaftete Recht auf ein Minimum sozialer Gebote beschränkt; denn was freiwillig zu erreichen ist, soll man nicht zwingen. Während das Kriterium des richtigen Rechts, nämlich die Fähigkeit, die Kulturkräfte des Volks zur Entfaltung zu bringen, ein absolutes ist, muß der stoffliche Inhalt des richtigen Rechts mehr oder weniger verschieden sein; denn der Gegensatz in den Kulturverhältnissen der einzelnen Völker, von unserer westeuropäischen Höhe bis zu den Australnegern und Eskimos herab, ist nicht nur ein unendlich großer, sondern enthält auch eine Menge Abschattierungen. Daher hat auch das richtige Recht keinen stofflich bedingten Inhalt, wie die Naturrechtslehre irrtümlich annahm, sondern variiert je nach der Kulturhöhe, welche die Gemeinschaft erreicht hat, ganz außerordentlich. Andererseits wird bei Nationen, die wie etwa die romanisch-germanischen Völker Westeuropas, nicht nur derselben Rasse sind, sondern auch eine ähnliche Entwicklung hinter sich haben, das richtige Recht mehr oder weniger übereinstimmen. Dieses Zusammentreffen darf aber nicht zu der Ansicht verführen, als ob die Naturrechtslehre bis zu einem gewissen Grade zutreffend sei; denn die Identität des richtigen Rechts verschiedener Völker von ähnlicher Entwicklung ist eine empirische Zufälligkeit und keine rationelle Notwendigkeit, wie die Naturrechtslehre annahm. Ferner darf man auch niemals außer acht lassen, daß sich der Kulturzustand bei den verschiedenen Völkern beständig in einer mehr oder weniger langsamen Entwicklung befindet. Darum muß sich auch das richtige Recht mit den übrigen Funktionen des sozialen Körpers, z. B. mit der Nationalwirtschaft, allmählich abwandeln. Wenn ein Volk von der Natural- zur Geldwirtschaft[1]) und von dieser zur Kreditwirtschaft übergeht, oder wenn die Verkehrsverhältnisse durch Anlegung von Eisenbahnen und Telegraphen in andere Bahnen gelenkt werden, so sind auch die Anforderungen, die man an den Inhalt des Rechts stellt, andere geworden. Neue legislativ-politische Probleme machen sich daher früher oder später geltend. Wie sich im menschlichen Körper ein Organ

[1]) Über die historische Bedeutung des Übergangs von der Natural- zur Geldwirtschaft siehe Karl Lamprecht, „Deutsche Geschichte“, 3. Auflage, Bd. 5 S. 3 ff.

dem anderen anpaßt, so müssen sich auch im sozialen Organismus mit dem Fortschreiten der einen Kulturbetätigung die übrigen Funktionen entfalten. Ist das Recht auf einer bestimmten Entwickelungsstufe in Übereinstimmung mit den übrigen Funktionen des sozialen Körpers, so ist sein Inhalt als richtig oder gerecht zu bezeichnen. Mit diesem ganz objektiv gefaßten Begriff dürfen die Vorstellungen der Rechtsgenossen über das Gerechte nicht verwechselt werden. Ihr Inhalt braucht sich keineswegs zu decken, denn wie sich der Kranke über die Mittel seiner Genesung nicht selten im Irrtum befindet, so weiß auch ein Volk meistens sehr wenig, was ihm frommt. Als Kriterium des richtigen Rechts kommt aber nur der rein objektive Gesichtspunkt in Betracht, daß die Regelung geeignet ist, die Kulturkräfte des Volkes zu entfalten. Ein Zusammenwirken, welches derart normiert ist, daß der spezifische Kulturtypus eines Volkes am besten zur Entwickelung kommt, ist als soziales Ideal hinzustellen, welches zu erstreben ist, wenn es auch niemals in der Erfahrung völlig verwirklicht wird. Wenn man diesen Maßstab zugrunde legt, so wird man in der Lage sein, auch ferne Zeiten unserer eigenen Vergangenheit und ganz anders geartete Kulturen fremder Völker richtig zu würdigen. Dann wird man Rechtsinstitute, die, wie die Sklaverei, unseren gegenwärtigen Anschauungen fern liegen, als eine in der Entwickelung notwendige und darum richtige und gerechte Einrichtung betrachten. Denn wie wäre die ganze antike Kultur ohne Sklaverei möglich gewesen, und wer wollte im Ernst die Werke eines Phidias und Sophokles um diesen Preis missen? Legt man also den Entwickelungsgedanken zugrunde, so gewinnt die Rechtsphilosophie und die vergleichende Rechtswissenschaft einen großartigen universal-historischen Hintergrund.

Dieser teleologischen und entwickelungsgeschichtlichen Auffassung des Rechts wird als Hauptbedenken die Tatsache entgegen gehalten, daß das angeführte Kriterium darum ein recht vages sei, weil die Ansichten der einzelnen Menschen über den Wert eines Kulturgutes und die Bedeutung der einzelnen menschlichen Betätigungen weit auseinander gingen. Man muß diese Tatsache als richtig anerkennen, aber sie beweist gar nichts gegen die obige Methode. Die juristische Kunst teilt eben mit den anderen menschlichen Künsten das Schicksal, daß sie ewig unvollkommen ist. Der Richter ist in dieser Hinsicht nicht anders gestellt, als der Pädagoge: diesem ist die Aufgabe gestellt, den kindlichen Geist zu erziehen, indem er alles, was die Entwickelung hindert, zu beseitigen, dagegen alles Fördernde zu unterstützen hat. Damit ist ihm ein allgemeines Kriterium an die Hand gegeben. Im einzelnen aber werden über die Ausgestaltung des Ideals die Ansichten stets auseinander gehen: der eine wünscht mehr die körperliche, der andere mehr die geistige Entwickelung zu fördern; bald wird mehr auf die Ausbildung des Charakters, bald mehr auf die Entfaltung des Intellekts Wert gelegt; dem einen erscheint ein umfangreiches Wissen, dem anderen selbständiges kritisches Denken das Schönste. So haftet auch dem sozialen Ideal stets ein subjektiver Bestandteil an, weil der eine mehr die wirtschaftliche, der andere mehr die geistige Entwickelung zu fördern sucht. Aber daraus darf man nicht etwa den Schluß ziehen, daß nunmehr jeder objektive Maßstab zu verwerfen und das subjektive Belieben auf den kritischen Richterstuhl zu erheben sei. Die Gefühlsjurisprudenz begeht den Fehler, daß sie aus der leidigen Tatsache, daß auch eine immanente Kritik von subjektiven Bestandteilen niemals ganz frei ist, den Schluß zieht, überhaupt keinen objektiven Maßstab mehr anzuerkennen. Diese Auffassung ist verfehlt, denn ein Ideal ist nicht darum falsch, weil seine empirische Verwirklichung stets unvollkommen bleibt. Ferner übersehen die Gegner, daß der Subjektivismus, der allen Urteilen über Kulturentwickelung anhaftet, zum großen Teil dadurch beseitigt werden kann, daß man sich oft über gewisse Zwischenzwecke einigen kann, während die Ansichten über den letzten sozialen Endzweck noch differieren. Dann konzentriert sich die Diskussion auf die Erörterung der Frage, welche Mittel zur Erreichung jenes Zwischenzweckes geeignet sind. So dürfte wohl darüber Einverständis herrschen, daß unter sonst gleichbleibenden Umständen eine erhöhte Produktion wirtschaftlicher Güter erstrebenswert ist. Unter dieser Voraussetzung handelt es sich nur mehr um die Frage, welche Mittel für diesen Zweck dienlich sind. Nicht selten dürften auch speziellere Zwecke, wie die Bekämpfung der Ausbeutung von Heimarbeitern, auf allgemeine Anerkennung rechnen. In diesem Fall wäre also nur zu erwägen, inwiefern diesem sozialen Übelstand ohne Gefährdung weiterer Interessen abzuhelfen sei. Freilich oft wird auch über die Tauglichkeit eines Mittels zu einem bestimmten Zweck Meinungsverschiedenheit bestehen bleiben. Auch dieses Schicksal teilt die Rechtskunst mit anderen Künsten: wie die Ärzte oft über die Grundsätze der Therapeutik und Prophylaxe verschiedener Ansicht sind, so erscheinen auch die Juristen nicht selten über die Frage uneinig, welche Behandlung dem Leben des sozialen Körpers am zuträglichsten erscheint. Wenn aber Ärzte und Juristen mit ihrer Tätigkeit warten wollten, bis alle Zweifelsfragen gelöst wären, so glichen sie jenem Bauersmann, der, an einem breiten Flusse angelangt, das Passieren bis zu der Zeit aufschieben wollte, wo das Wasser abgelaufen sein würde.

§ 9.

Die Bedeutung des richtigen Rechts für die Gesetzgebungspolitik.

Das Kriterium des richtigen Rechts ist sowohl für die juristische Wissenschaft, als für die Kunstlehre des Rechts von großer Bedeutung, da auf beiden Gebieten eine immanente Wertkritik geübt werden muß. Während die Wissenschaft zu prüfen hat, inwieweit ein bestimmtes positives Recht, das der Gegenwart oder der Vergangenheit angehören kann, geeignet ist, den Kulturtypus der betreffenden Rechtsgemeinschaft zu entwickeln, wird das Kriterium des richtigen Rechts von der Rechtsanwendung bei Ergänzung der Lücken des positiven Rechts und von der Gesetzgebungspolitik[1]) bei Setzung des für eine bestimmte Gemeinschaft zu einer bestimmten Zeit richtigen Rechtsinhalts zugrunde gelegt. Zwischen diesen beiden Arten der juristischen Kunst besteht der wichtige Unterschied, daß das richtige Recht für die Gesetzgebungspolitik ausnahmslos maßgebend ist, während es für die Rechtsanwendung nur insoweit in Betracht kommt, als nicht positive Bestimmungen dazwischen treten. Obwohl das Thema dieser Arbeit nur die Bedeutung des richtigen Rechts für die Rechtsanwendung zu erörtern hat, so mag der Vollständigkeit halber

[1]) Unter Gesetzgebungspolitik verstehe ich nur die Lehre von dem Recht, wie es sein soll, schlechthin ohne Rücksicht auf die Werturteile des positiven Rechts, die ja gerade Gegenstand der Kritik sind. Von der Gesetzgebungspolitik muß man die Kompromißkunst strenge scheiden, die darüber Erfahrungslehren erteilt, wie man unter den gegebenen Machtverhältnissen, insbesondere im Parlament, seine eigene Ansicht durchzudrücken vermag. Die Gesetzgebungskunst gibt über die Richtigkeit eines Rechtssatzes Aufschluß, während die Kompromißkunst über die Realisierung der eigenen Ansicht, die richtig oder verkehrt sein mag, Winke erteilt.

auch die Gesetzgebungspolitik einer kurzen Besprechung unterzogen werden. Bei jedem legislativen Problem hat sich der Gesetzgeber die Frage vorzulegen, welche Regelung eines Lebensverhältnisses unter den gegebenen Umständen am meisten die Kultur der Rechtsgemeinschaft fördert. Zu diesem Zweck hat er zu prüfen, welche sozialen Massenerscheinungen eine gesetzgeberische Aktion durch die ihr innewohnende Motivationskraft, wie Furcht vor öffentlicher Strafe, Scheu vor einer Zivilklage, Gerechtigkeitsgefühl usw., nach sich ziehen wird. Die notwendige Voraussetzung dieser Methode ist die Annahme des empirischen Determinismus.[1]) Denn wären die Menschen mit einem liberum arbitrium indifferentiae behaftet, d. h. könnten sie, ohne durch Motive bestimmt zu werden, in jedem Augenblick tun, was sie wollten, so wäre es allerdings vollkommen sinnlos, überhaupt Gesetze zu geben oder Recht zu sprechen, denn es würde ein durchaus vergebliches Bemühen sein, auf Wesen, welche dem Kausalgesetz entrückt wären, irgend einen Einfluß auszuüben. Wie der konsequente Indeterminismus, so ist auch die Lehre von der relativen Willensfreiheit, wie sie Kohler[2]) vertritt, ungeeignet, die Grundlage der Gesetzgebungspolitik zu bilden, denn wenn man annimmt, daß dem Menschen eine „gewisse Freiheit" zusteht, so fehlt es an jedem Maßstab, an dem man beurteilen könnte, wo die Freiheit anfängt und wo sie aufhört. In ihrer praktischen Bedeutung kommt diese Theorie zu demselben Resultat, wie der Determinismus, denn in der Gesetzgebungspolitik wie bei der Rechtsanwendung geht sie stillschweigend von der Voraussetzung aus, daß die Menschen durch die Vorstellung vom Recht in ihrem Tun und Unterlassen motiviert werden. Die Annahme einer gewissen Willensfreiheit entspringt einem mehr oder

[1]) Nur der empirische Determinismus kommt für die Wissenschaften und für die praktischen Disziplinen in Frage. Wie es dagegen mit der metaphysischen Willensfreiheit bestellt sei, ist ein sie nicht berührendes transzendentes Problem, das ewig unlösbar bleiben wird. Denn mag man sie mit Spinoza verneinen, oder mit Kant bejahen, so ist doch jede Antwort unbeweisbar und daher ausschließlich Sache des rein persönlichen Glaubens. Soviel ist aber gewiß, daß für unser menschliches Denken nur insoweit, als das Kausalgesetz gilt, von Erfahrung und Wissenschaft die Rede sein kann.

[2]) Kohler, „Enzyklopädie", Bd. 1 S. 57.

weniger unbewußten Gemütsbedürfnis, das man aber, ohne in erkenntnistheoretischer Beziehung inkonsequent zu werden, durch die Erwägung befriedigen kann, daß der empirische Determinismus der metaphysischen Willensfreiheit nicht entgegensteht.

Der am meisten ventilierte Teil der Gesetzgebungskunst ist die Kriminalpolitik,[1]) und daher dürfte es sich empfehlen, an diesem Beispiel zu zeigen, wie sich das Kriterium des richtigen Rechts bewährt. Gegenwärtig stehen sich vor allem zwei Schulen, die klassische und die jungdeutsche Kriminalistenschule, gegenüber. Worin im Grunde der Unterschied dieser Richtungen besteht, darüber sind die Ansichten wenig geklärt. Die populäre Meinung[2]) geht dahin, daß die „gutgesinnte" Schule, welche an Gott, Freiheit und Unsterblichkeit glaube, die historisch gegebenen Werte in Kirche und Staat pflege und am Verbrecher gerechte Vergeltung übe, von einer „übelgesinnten Richtung", welche die Willensfreiheit leugne, Gerechtigkeit für einen leeren Wahn halte und das Strafrecht in bloße Utilitätserwägungen auflöse, immer mehr verdrängt werde, so daß es Zeit sei, alle kriminalpolitischen Schafe vor diesen reißenden Wölfen zu warnen. Diese Auffassung ist schon aus literar-historischen Gründen unhaltbar, denn es gibt eine Menge Schriftsteller, die, wie A. Merkel und Liepmann, Deterministen sind und doch die Vergeltungsstrafe vertreten. Vor allem aber übersieht jene populäre Meinung, daß die empirische Willensfreiheit, wie schon ausgeführt, die notwendige Voraussetzung der Kriminalpolitik darstellt, weil es nur dann Sinn hat, zu strafen, wenn die Menschen durch Vorstellungen motiviert werden können.

Nicht minder unhaltbar, als diese Vermengung legislativpolitischer Fragen mit transzendenten Problemen, ist jede Ansicht, welche die Zweckstrafe in einen Gegensatz zur Vergeltungs-

---

[1]) Literatur über Kriminalpolitik siehe bei W. Lehmann, Abhandl. des kriminal. Seminars Berlin, N. F., Bd. 4 Heft 3. Ferner die auf Anregung des Reichsjustizamts herausgegebene „vergleichende Darstellung des deutschen und ausländischen Strafrechts".

[2]) Zu dieser Auffassung neigt auch Birkmeyer in seiner Abhandlung „Was läßt v. Liszt vom Strafrecht übrig?" Gegen ihn v. Liszt, Zeitschrift, Bd. 27, S 213—227.

strafe bringt. Denn da alles menschliche Handeln und mithin auch die Strafe einen Zweck haben muß, so ist insofern jede Strafe, wenn sie überhaupt Sinn haben soll, eine Zweckstrafe. Aber mit dieser selbstverständlichen Feststellung ist die Vergeltungsstrafe noch keineswegs verworfen, weil möglicherweise die Vergeltung selber Strafzweck sein kann. Diese Frage ist nur dann richtig zu entscheiden, wenn man das letzte Ziel, dem alles Recht zuzustreben hat, feststellt. Die Aufgabe der Rechtsordnung besteht in dem Bestreben, die Entwicklung des sozialen Körpers dadurch zu fördern, daß die Gefahren, die der Entfaltung der menschlichen Kultur entgegenstehen, beseitigt und alle ihr günstigen Momente gepflegt werden. Diejenige kriminalpolitische Lösung, welche am sichersten zu diesem Ziele hinführt, ist daher prinzipiell zu akzeptieren. Hier sind vor allem zwei Möglichkeiten gegeben: entweder wird auf die Behandlung der einzelnen Verbrecher durch Besserung oder Unschädlichmachung das größere Gewicht gelegt, oder man sieht vor allem auf die seelische Einwirkung, welche die Gesamtheit der Rechtsgenossen durch die Sühnung der einzelnen verbrecherischen Tat erfährt. Es ist das unbestreitbare Verdienst der modernen Kriminalistenschule, die soziologische Seite des Strafrechts mehr betont und zugleich auf das erstere Moment, die Spezialprävention, größeren Nachdruck gelegt zu haben. Darüber hat sie aber nicht selten die Generalprävention vernachlässigt, indem sie nicht genügend beachtete, daß es vor allem nötig sei, durch die Strafe die zu Verbrechen Geneigten abzuschrecken, die Wankenden in ihrem Gehorsam gegenüber dem Recht zu befestigen und die Geschädigten durch Gewährung staatlicher Genugtuung von einer rachsüchtigen Lynchjustiz abzuhalten. Ob man die Einwirkung auf die Gesamtheit als Vergeltung bezeichnen will, ist eine rein terminologische Frage und daher ohne praktische Bedeutung. Nur darf man diese Zweckvergeltungsstrafe nicht mit der metaphysischen Vergeltungsstrafe verwechseln. In dem Gegensatz der Meinungen über das Verhältnis von General- oder Spezialprävention oder über die Berechtigung der Vergeltung neben oder an Stelle der übrigen Strafzwecke beruht der Unterschied zwischen der klassischen und der modernen Kriminalistenschule, während der Schulstreit mit dem Problem der Willensfreiheit gar nichts zu tun hat. Was die Kritik der beiden Schulen angeht, so ist der klassischen Schule darin beizustimmen, daß das Interesse der Kulturentwicklung gebieterisch verlangt, der Gesamtheit eine Genugtuung für das einzelne Verbrechen zu gewähren, weil sonst die Vorstellungen des Volkes von der Heiligkeit und Unantastbarkeit des Rechts ins Wanken geraten und die Rechtsnormen dadurch ihre Motivationskraft einbüßen würden. Daher wird die Vergeltungsstrafe auch künftighin der Leitstern des Strafrechts bleiben müssen. Aber andererseits ist auch die Arbeit der modernen Schule und insbesondere ihres tatkräftigen Führers v. Liszt keineswegs vergeblich gewesen; denn einmal hat infolge ihrer Angriffe die klassische Schule den Vergeltungsgedanken vertieft, indem sie zwar nicht die Gesinnung des Täters im allgemeinen bei der Bestrafung zugrunde legt, wohl aber die in der verbrecherischen Tat zutage tretende Gesinnung auf Kosten des äußeren Tatbestandes mehr berücksichtigt. Ferner wird die Notwendigkeit präventiver Maßregeln, wie Zwangserziehung, Sicherungshaft usw., auch von den Anhängern der klassischen Schule immer allgemeiner anerkannt.

Nicht auf einem kümmerlichen Kompromiß wird das Strafrecht der Zukunft ruhen, sondern es wird auf der wesentlich vertieften Vergeltungstheorie aufgebaut sein, welche präventive Maßregeln neben der Strafe nicht ausschließt, sondern fordert.

§ 10.

Die Bedeutung des richtigen Rechts für die Rechtsanwendung.

Im Gegensatz zur Gesetzgebungspolitik, für welche das richtige Recht ausschließlich maßgebend ist, hat bei der Rechtsanwendung der Richter die durch Auslegung gewonnenen immanenten Werturteile seiner Entscheidung ungeprüft zugrunde zu legen und eine selbständige Rechtsschöpfung mit Hilfe des im § 8 gefundenen Kriteriums des richtigen Rechts nur insoweit vorzunehmen, als das positive Recht entweder versagt, oder selbst auf das richtige Recht verweist. Die vom Richter auf diese Weise geschaffenen Werturteile könnte man im Gegensatz zu den immanenten, mittels Auslegung gewonnenen Werten transzendente nennen; aber da dieser Ausdruck leicht zu der Vorstellung verführt, als ob es sich hierbei um metaphysische Begriffe handelte, so dürfte sich der Ausdruck „transpositiv“[1]) mehr empfehlen. Dagegen steht dem Richter nach deutschem Gerichtsverfassungsgesetz nicht die Befugnis zu, die immanenten Werturteile des positiven Rechts zu ignorieren, falls diese ihm objektiv unrichtig erscheinen, vielmehr ist er streng an die gegebenen Bestimmungen gebunden. Neuerdings ist verschiedentlich die Ansicht ausgesprochen worden, daß der Richter unter Umständen von der Beobachtung des positiven Rechts entbunden sei. So will z. B. Stampe[2]) in solchen Fällen, welche für die Inanspruchnahme der Legislative zu geringfügig seien oder für deren Erledigung die Gesetzgebung

---

[1]) Radbruch („Rechtswissenschaft als Rechtsschöpfung“, im Archiv f. soz. Wissenschaft und soz. Politik, Bd. 22 S. 369) spricht von „überpositiven Normen“.

[2]) Stampe, „Deutsche Juristenzeitung“, Bd. 10 Spalte 1020.

minder geeignet sei als die Spruchpraxis, dem Richter gestatten, ein Gesetz, das ihm unrichtig erscheint, für den einzelnen Fall abzuändern. Für diese weitgehende Behauptung, gegen welche sich auch Heck[1]) mit Recht wendet, hat Stampe auch nicht den geringsten Beweis beigebracht. Gegenüber der unzweideutigen Bestimmung des § 1 des deutschen Gerichtsverfassungsgesetzes, daß der Richter dem Gesetze unterworfen ist, erscheint Stampes These als eine ziemlich willkürliche Behauptung, welche zu den bedenklichsten Folgen führen muß. Denn gibt man dem Richter erst einmal eine von rein opportunistischen Erwägungen abhängige Abänderungsbefugnis, so steht die Entscheidung im einzelnen Fall vollkommen im Belieben des Richters; er braucht bloß die Gesetzgebung für weniger geeignet zu halten, als die Judikatur — und welcher Richter täte das nicht mit Vergnügen —, dann ist ihm die Befugnis zur Rechtsänderung gegeben. Ebenso unhaltbar sind die Ausführungen von Gnaeus Flavius, des anonymen Verfassers der schon erwähnten Broschüre „Der Kampf um die Rechtswissenschaft". Dieser will dem Richter eine Rechtsabänderungsbefugnis in zwei Fällen erteilen (S. 41): erstens soll der Richter, wenn es seiner freien und gewissenhaften Überzeugung nach nicht wahrscheinlich ist, daß die zur Zeit der Entscheidung bestehende Staatsgewalt die Entscheidung so getroffen haben würde, wie es das Gesetz verlangt, diejenige Entscheidung treffen, die seiner Überzeugung nach die gegenwärtige Staatsgewalt, falls der einzelne Fall ihr vorgeschwebt hätte, getroffen haben würde; zweitens soll es den Parteien im Zivilprozeß stets freistehen, durch gemeinsamen Antrag den Richter von der Pflicht der Beobachtung irgendwelcher staatlicher Rechtsnormen zu entbinden. Für diese gewagten Aufstellungen, welche auch Unger und Bülow[2]) entschieden bekämpfen, hat der Autor nicht einmal den Schatten eines Beweises geliefert, so daß sich eine eingehendere Erörterung erübrigt. Wie der Richter es überhaupt anfangen soll, um die Entscheidung welche die Staatsgewalt getroffen haben würde, festzustellen,

[1]) Heck, „Deutsche Juristenzeitung", Bd. 10 Spalte 1141.

[2]) Unger, „Deutsche Juristenzeitung", Bd. 11 Spalte 784—787. — Bülow, „Das Recht", Bd. 10, Spalte 769—780.

verrät uns der Anonymus mit keiner Silbe.[1]) Soll er etwa Reichstagsabgeordnete oder Bundesratsbevollmächtigte interviewen? Daß es aber vollends den Parteien freistehen soll, das objektive Recht im Zivilprozeß für den einzelnen Fall außer Kraft zu setzen, also z. B. die Klagbarkeit von Spielschulden oder die Zulässigkeit von Bigamie zu beschließen, ist eine ganz willkürliche und grundlose Behauptung; denn ließe man einen derartigen Prozeßvertrag zu, so würden sämtliche zwingenden Normen des gesetzten Rechts ihre Bedeutung als Vorbeugungsmittel gegen die Auswüchse der Vertragsfreiheit einbüßen.

Immerhin ist die Festnagelung dieser und ähnlicher Äußerungen nicht ohne Interesse, weil sie ein Symptom sind für die gegenwärtig herrschende Neigung, die Autorität des positiven Rechts zu untergraben. Diesen Bestrebungen gegenüber muß nachdrücklichst darauf hingewiesen werden, daß das richtige Recht nur dort angewandt werden darf, wo das positive Recht versagt oder selber auf das richtige Recht verweist. Ersteres ist nur der Fall, wenn einmal der Sinn einer Gesetzesstelle nicht unzweideutig zu ermitteln ist, so daß mehrere Auslegungen übrig bleiben, unter denen gewählt werden muß, und zweitens, wenn sich echte Systemlücken im Recht finden. Was die Auslegung angeht, so wurde schon im § 4 ausgeführt, daß es vor allem auf die Feststellung immanenter Werturteile ankommt, mit deren Hilfe man den Sinn der fraglichen Stellen ermitteln kann. Zu diesem Zweck hat man sich unter Hintenansetzung jeder eigenen wertenden Betrachtung zu fragen, nicht was die konkreten, an der Gesetzgebung beteiligten Menschen beabsichtigt haben, sondern was ein normaler Gesetzgeber, der nur Anordnungen, welche innere Logik besitzen, anbefiehlt, unter den gegebenen Kulturverhältnissen mit dem Gesetzestext gewollt haben kann. Erst wenn diese Feststellung nicht gelungen

---

[1]) Erst während der Drucklegung dieser Abhandlung erhielt ich Kenntnis von dem Aufsatz von H. U. Kantorowicz über die „Probleme der Strafrechtsvergleichung“ (Aschaffenburg's Monatsschrift für Kriminalpsychologie und Strafrechtsreform Jahrgang 4 S. 65—112), auf dessen bemerkenswerte Ausführungen ich daher leider an dieser Stelle nicht mehr eingehen kann. Erwähnt sei nur, daß sich der Autor dieses Aufsatzes auf Seite 68 als Verfasser der anonymen Schrift des Gnaeus Flavius „Der Kampf um die Rechtswissenschaft“ bekennt.

ist, darf auf das richtige Recht zurückgegriffen werden. Jetzt hat der Richter zu fragen, welche Regelung, am Kriterium des größtmöglichen Kulturfortschritts gemessen, als die richtigste erscheint. Daß beide Tätigkeiten, nämlich die Feststellung immanenter Werturteile und die Schaffung transpositiver Werte, in der Praxis leicht ineinander überfließen werden, ist ohne weiteres zuzugeben. Daraus darf man aber nicht schließen, daß nunmehr überhaupt kein Unterschied zwischen beiden Tätigkeiten zu machen ist.

Fälle, in denen die Auslegung sich genötigt sieht, eine eigene Wertung vorzunehmen, um unter den verschiedenen Bedeutungen eines Gesetzestextes die sachgemäßeste auszusuchen, sind gar nicht so selten. Als besonders charakteristisches Beispiel mag hier der Begriff der höheren Gewalt[1]) angeführt werden. Bei zwei Gruppen von Tatbeständen kommt im deutschen Reichsrecht der Begriff der höheren Gewalt vor. Einmal wird bei einigen Fällen von Erfolgshaftung, nämlich bei der Ersatzpflicht der Gastwirte bezüglich der eingebrachten Sachen (§ 701 B.G.B.), sowie der Eisenbahnen für Verlust und Beschädigung von Frachtgütern (§ 456 H.G.B.) und für Verletzung oder Tötung eines Menschen (§ 1 R.H.G.) bestimmt, daß der Anspruch im Falle der höheren Gewalt nicht gegeben ist. Ferner wird zuweilen, z. B. in der Verjährungslehre (§ 203 B.G.B.) und bei Bestimmungen über Inventarerrichtung (§ 1996 B.G.B.), angeordnet, daß der Nachteil, der sich regelmäßig an den Ablauf einer Frist knüpft, ausnahmsweise nicht Platz greife, wenn höhere Gewalt vorliegt. Bekanntlich ist eine Definition dieses Begriffes nirgends im Gesetz geliefert worden, auch aus dem Zusammenhang der Rechtsbestimmungen läßt sich ein unzweideutiger Sinn nicht gewinnen. Über das Wesen der höheren Gewalt stehen sich vor allem zwei Haupttheorien und einige Mittelmeinungen gegenüber: die subjektive Theorie lehrt, daß höhere Gewalt solche Ereignisse umfasse, die auch mit der peinlichsten Sorgfalt nicht abgewendet werden könnten. Nach dieser Ansicht würde ein Einstehen bis zur höheren Gewalt nichts anderes bedeuten, als eine Steigerung

---

[1]) Literatur siehe bei Windscheid, „Pandekten", Bd. 2 S. 620, und bei Örtmann, „Recht der Schuldverhältnisse", S. 753.

der gewöhnlichen Sorgfaltspflicht bis zum Umfang der culpa levissima.[1]) Dagegen fallen nach Exner,[2]) dem Hauptvertreter der objektiven Theorie, nur solche Ereignisse darunter, welche außerhalb des Betriebskreises der betreffenden Verkehrsunternehmung entsprungen sind und vermöge der Art und Wucht ihres Auftretens die im ordentlichen Lauf des Lebens zu gewärtenden Zufälle augenscheinlich übersteigen. Unger[3]) vertritt insofern eine Mittelmeinung, als er zwar die Exnersche Einteilung der Betriebsunfälle in äußere und innere akzeptiert, aber sich im übrigen der Culpa-levissima-Theorie nähert, indem er die höhere Gewalt als „äußere in concreto unabwendbare Betriebsunfälle" definiert. Neuerdings hat Dernburg[4]) die Culpa-levissima-Theorie mehr ins Objektive umgebogen, denn er sieht ausdrücklich davon ab, ob den Unternehmer im gegebenen Fall ein Vorwurf trifft, vielmehr ist nach Dernburgs jetziger Lehre allein das in abstracto Unverschuldete höhere Gewalt. In ähnlicher Weise legt auch Rümelin[5]) auf das generell Unabwendbare allen Nachdruck.

Keine der aufgestellten Theorien widerspricht dem Wortlaut des Gesetzes und für jede lassen sich Zweckmäßigkeitserwägungen ins Feld führen; es fragt sich nur, welche Auslegung als die sachgemäßeste zu akzeptieren sei. Abzulehnen ist die subjektive Theorie, da sie zur Annahme einer culpa levissima führt, und eine derartige Steigerung der normalen Sorgfaltspflicht wenig empfehlenswert ist. Denn alle Vorsicht, welche man verständigerweise vom menschlichen Verkehr verlangen kann, fällt bereits unter den Begriff der culpa levis; darüber aber hinauszugehen und vom Unternehmer eine ängstliche Sorgfalt, wie sie pedantische Sonderlinge anzuwenden pflegen, zu verlangen, wäre inhaltlich unrichtig und zugleich praktisch undurchführbar, weil es für die culpa levissima an jedem Kriterium

---

[1]) Hauptvertreter der subjektiven Theorie sind: Goldschmidt, Zeitschrift für Handelsrecht, Bd. 3 S. 93 ff., und Dernburg in Grünhuts Zeitschrift, Bd. 11 S. 335 ff.

[2]) Exner in Grünhuts Zeitschrift, Bd. 10 S. 582.

[3]) Unger, „Handeln auf eigene Gefahr", S. 92, ähnlich Eger, Reichshaftpflichtgesetz, in Guttentags Sammlung, S. 54.

[4]) Dernburg, „Lehrbuch des B.G.B ", Bd. 2, Teil 1, S. 149.

[5]) Rümelin, „Der Zufall im Recht", S. 34.

fehlt, da eben jeder Sonderling auf seine Art wunderlich ist.[1]) Dasselbe Bedenken erhebt sich gegen die ins Objektive umgebogene Culpa-levissima-Theorie, welche unter höherer Gewalt das in abstracto Unabwendbare versteht. Denn sie unterscheidet sich von der vorhergehenden Lehre nur dadurch, daß sie von den konkreten Verhältnissen abstrahiert. Im übrigen macht sie sich derselben de lege ferenda verfehlten Steigerung der normalen Sorgfaltspflicht schuldig. Unter den objektiven Theorien sind ebenfalls diejenigen Lehren auszuschalten, welche die höhere Gewalt von den übrigen Fällen des Zufalls dadurch zu scheiden suchen, daß sie die schädigenden Ereignisse nach der Richtung ihrer Herkunft einteilen. Eine solche äußere Bestimmung ist nicht haltbar, weil sie nicht erkennen läßt, inwiefern es teleologisch gerechtfertigt sei, gerade bei den von außen kommenden Ereignissen die Haftung auszuschließen. Der von Exner (S. 542) angeführte Gesichtspunkt des Beweisnotstandes trifft nicht zu, weil die Rücksicht auf die prozessuale Stellung des Geschädigten höchstens zu einer Umkehrung der Beweislast, aber nicht zu einer Haftung für höhere Gewalt würde führen können. Das Zutreffendste dürfte es sein, unter höherer Gewalt nur schädigende Ereignisse ganz exzeptioneller Art zu verstehen, mit deren Eintreffen ein verständiger Mensch im gewöhnlichen Leben nicht rechnet.[2]) Diese Definition führt bei beiden Gruppen von Tatbeständen, wo die Annahme einer höheren Gewalt mildernd wirkt, zu durchaus sachgemäßen Resultaten. In den Fällen der Erfolgshaftung hat nach dieser Theorie der Eisenbahnunternehmer und der Gastwirt für allen generell voraussehbaren, wenn auch vielleicht unabwendbaren Schaden einzustehen; denn gewöhnliche Unglücksfälle, wie Bruch einer Achse oder sonstige häufiger vorkommende Schädigungen, wie Diebstähle von Angestellten, muß der Unternehmer in Rechnung stellen, weil sie ein Passivum seiner Wirtschaft bilden. Dagegen wäre es völlig ungerechtfertigt, ihn auch für ganz unwahrscheinliche Fälle, wie es z. B. Erdbeben, ungewöhn-

---

[1]) Exner, bei Grünhut, Bd. 10 S. 518; auch Goldschmidt, Z.H.R. Bd. 3 S. 368 ff., hält die subjektive Theorie der höheren Gewalt de lege ferenda für verfehlt.

[2]) Ähnlich Zitelmann, „Das Recht des B.G.B., Allgemeiner Teil“, S. 172, und Hölder, „Kommentar zum allgemeinen Teil des B.G.B.“, S. 430.

liche Überschwemmungen, Überfälle von Räuberbanden in unseren Gegenden sind, haften zu lassen, denn mit dem Eintritt ganz exzeptioneller Ereignisse brauchte er bei der ökonomischen Bilanzierung seines Unternehmens nicht zu rechnen. Nach dieser Lehre kann also auch ein sogenanntes inneres Ereignis, wie z. B. das Explodieren einer im Schiff verladenen Thomasschen Höllenmaschine, höhere Gewalt sein, sofern man nur nach der konkreten Lage mit derartigen Ereignissen nicht zu rechnen brauchte. Im übrigen muß die Frage nach dem Vorliegen der höheren Gewalt von den Voraussetzungen der Erfolgshaftung streng geschieden werden,[1]) denn beides ist voneinander völlig unabhängig. Erst muß einmal festgestellt werden, ob die Voraussetzungen der Erfolgshaftung, wie die Realisierung der Betriebsgefahr, oder der spezifischen Betriebsgefahr, oder das Aktuellwerden einer besonderen Kraftquelle, vorliegen. Erst dann ist zu untersuchen, ob und in welchem Umfang ausnahmsweise die Ersatzpflicht wegen höherer Gewalt entfällt. Steht es also fest, daß sich ein Unfall, wie z. B. die Verletzung eines im Wartesaal einer Eisenbahn sich aufhaltenden Menschen durch Herabfallen eines Kronleuchters, nicht als Realisierung der spezifischen Betriebsgefahr der Eisenbahn charakterisiert, so ist schon aus diesem Grunde keine Haftung gegeben. Es braucht also nicht weiter untersucht zu werden, ob höhere Gewalt vorliegt. Wenn dagegen ein Eisenbahnzug infolge eines Bergsturzes entgleist, so beruht dieser Unfall zweifellos auf der besonderen Gefährlichkeit des Eisenbahnbetriebes. Daher muß jetzt weiter geprüft werden, ob höhere Gewalt vorliegt, weil unter dieser Voraussetzung die Haftpflicht der Eisenbahn ausnahmsweise entfällt. Diese Frage dürfte zu bejahen sein, denn Bergstürze sind, wenn auch in abstracto möglich, doch so seltene Ereignisse, daß man mit ihrem Eintritt im Verkehr nicht zu rechnen braucht. So führt die gegebene Definition der höheren Gewalt in den Fällen, wo die reine Erfolgshaftung gemildert werden soll, zu ganz annehmbaren Resultaten; aber auch dort, wo die höhere Gewalt den Effekt hat, daß ausnahmsweise der Ablauf einer Frist dem Säumigen nicht schädlich ist, bewährt sich die obige Theorie, denn sie führt zu dem Ergebnis,

---

[1]) Träger, „Der Kausalbegriff im Strafrecht und Zivilrecht“, S. 307 ff.

daß der Säumige nur solche Hinderungsfälle, die außerhalb aller Wahrscheinlichkeit liegen, nicht zu vertreten braucht, daß er sich aber mit anderen Umständen, auch wenn sie bei der größten Vorsicht nicht abzuwenden gewesen wären, nicht entschuldigen darf. Dieses Ergebnis ist ganz sachgemäß, denn ein jeder, gegen den eine Frist läuft, muß mit der Eventualität rechnen, daß er durch unabwendbare Ereignisse an der Vornahme einer bestimmten Handlung gehindert wird. Dagegen braucht er ganz exzeptionelle, außerhalb aller Wahrscheinlichkeit liegende Umstände nicht zu berücksichtigen.

Aber nicht nur bei solchen Begriffen, deren Inhalt mittels Auslegung nicht festgestellt werden kann, hat die richterliche Rechtsschöpfung in Funktion zu treten, sondern auch bei Begriffen, deren Merkmale feststehen, ja vielleicht sogar durch Legaldefinition gegeben sind, muß eine selbständige richterliche Wertung insoweit eintreten, als ein quantitatives Moment nicht genau fixiert ist. So wird z. B. die Fahrlässigkeit im § 276 B.G.B. als Außerachtlassung der im Verkehr erforderlichen Sorgfalt definiert. Da das Maß der zu beobachtenden Vorsicht nicht angegeben ist, so wird über diesen Punkt lebhaft gestritten.[1]) Ganz abwegig ist jene Ansicht, die das im Verkehr durchschnittlich geübte Maß von Vorsicht zugrunde gelegt wissen will, denn abgesehen davon, daß das Gesetzbuch nicht von der im Verkehr üblichen, sondern von der im Verkehr erforderlichen Sorgfalt redet, spricht gegen diese Ansicht die Erwägung, daß das Recht sich nicht dazu hergeben darf, die Lässigkeit und Oberflächlichkeit und andere Unsitten, die sich in bestimmten Kreisen eingenistet haben, zu unterstützen, daß es vielmehr seine Aufgabe sein muß, durch Aufstellung eines Idealmaßstabes zur rechten Vorsicht anzuspornen. Andererseits darf aber auch der Maßstab nicht zu hoch gespannt werden, denn dann würde übergroße Ängstlichkeit und Pedanterie das Getriebe des Lebens hemmen.[2]) Das Kriterium

---

[1]) Örtmann, „Recht der Schuldverhältnisse", S. 88 und die dort zitierten Schriftsteller. — Wurzel („Das juristische Denken", S. 86) nennt derartig unbestimmte Ausdrücke, wie culpa, nicht unpassend „Ventilbegriffe".

[2]) Gegen eine übertriebene Ausdehnung des Begriffs der Fahrlässigkeit spricht sich auch Brodmann aus (Archiv für die zivilistische Praxis, Bd. 99 S. 327 ff.).

für die Quantität der erforderlichen Sorgfalt kann nur der Kulturförderungsmaßstab des richtigen Rechts an die Hand geben: derjenige Grad von Vorsicht ist zugrunde zu legen, bei dessen Befolgung einerseits eine Verletzung von Kulturgütern nach Möglichkeit verhindert wird und andererseits keine Lähmung menschlicher Tätigkeit durch übertriebene Ängstlichkeit zu befürchten ist. Von der vorliegenden Frage nach dem Umfang der erforderlichen Vorsicht muß die berühmte Kontroverse, ob der zugrunde zu legende Maßstab ein subjektiver oder ein objektiver sei, wohl unterschieden werden. M. E. ist allein die subjektive Theorie wissenschaftlich haltbar, denn die Fahrlässigkeit ist Verschulden und als solches nur Willensfehler. Daher kann von keiner Fahrlässigkeit die Rede sein, wenn der Täter nach seiner Individualität infolge geringer Einsicht nicht sorgsamer hat handeln können. Ganz unabhängig von dieser Feststellung des Begriffs Fahrlässigkeit ist die weitere Frage, ob nicht gewohnheitsrechtlich eine Erfolgshaftpflicht insoweit eingeführt ist, als der Schaden auf einer für seine Lebensstellung abnormen Unerfahrenheit des Täters beruht. Ist diese Frage, wie ich glaube, zu bejahen, so wäre dieses Gewohnheitsrecht ein weiteres Beispiel für Wundts Gesetz von der Heterogonie der Zwecke. Eingeführt infolge einer irrigen Auffassung des Verschuldungsbegriffes wird die Erfolgshaftung jetzt durch die Erwägung gehalten, daß es durchaus billig sei, wenn der Täter den durch seinen intellektuellen Defekt erzeugten Schaden nicht auf die Gesamtheit abwälzen darf.

Auf diese Weise trägt die selbständige richterliche Wertung dazu bei, die teleologische Auslegung zu ergänzen. Viel bedeutender ist aber die Funktion, welche das richtige Recht bei der die Systemlücken ausfüllenden Konstruktion auszuüben hat. Es wurde schon im § 5 gezeigt, daß eine rein dialektische Methode nicht imstande ist, die Systemlücken zu beseitigen, weil sie wohl gegebene Erkenntnis in eine andere Form gießen, aber keinen neuen Stoff schaffen kann. Denn die durch ein hypothetisches Reduktionsverfahren gefundenen allgemeinen Sätze sind nicht schon ohne weiteres gültig, wenn sie nur keinen Einzelbestimmungen widersprechen. Vielmehr muß noch weiter gezeigt werden, daß alle erdenklichen Folgerungen, die man aus ihnen ziehen kann, teleologisch gerechtfertigt sind. Als objektiver Maßstab für die Wertung der Konklusionen dient das Kriterium des richtigen Rechts. Denn da das objektive Recht ein Zwangsversuch zu richtigem Zusammenwirken darstellt, so muß das richtige Recht die Lücken des positiven Rechts ergänzen. Bevor das hypothetisch gewonnene Rechtsprinzip als Grundlage weiterer Deduktionen dienen kann, muß zunächst geprüft werden, ob die aus ihm gezogenen Schlußfolgerungen sachgemäß sind, d. h. sich am besten eignen, der Kulturentwicklung der Rechtsgemeinschaft zu dienen. Fällt die Prüfung zugunsten der Rechtsprinzips aus, so darf es als erwiesen angesehen und künftig bei der Rechtsanwendung, wie ein unmittelbar aus dem Gesetz oder der Gewohnheit entnommener Satz, den Entscheidungen zugrunde gelegt werden. Gegen dieses Verfahren könnte man einwenden, daß es ein unnötiger Umweg sei, zuerst ein allgemeines Prinzip zu induzieren und dann aus diesem die einzelnen Sätze zu deduzieren, daß es vielmehr einfacher sei, direkt von einem einzelnen Satz auf einen anderen zu schließen, ohne sich des schwerfälligen Syllogismus zu bedienen. Dieser Einwand übersieht aber, daß der Syllogismus ein vorzügliches Kontrollmittel ist,[1]) um zu prüfen, ob es teleologisch gerechtfertigt sei, das dem Subjekt S 1 zukommende Prädikat P auf ein ähnliches Subjekt S 12 zu übertragen. Eine derartige analoge Ausdehnung ist nur gerechtfertigt, wenn gerade dasjenige Merkmal M, das ihnen beiden gemeinsam ist, das fragliche Prädikat P verdient. Um dieses zu prüfen, muß festgestellt werden, ob allen möglichen Subjekten (S 2, S 3 usw.), welche das Merkmal M an sich tragen, das Prädikat P erteilt werden darf. Nichts anderes gilt auch für die juristische Methodenlehre: eine Ähnlichkeit zwischen verschiedenen Tatbeständen ist in mehr oder weniger hohem Maße überall vorhanden; ob es aber angezeigt ist, die dem einen Tatbestand zukommende Rechtsfolge auch den ähnlichen Tatbeständen zuzusprechen, darüber entscheidet die Erwägung, ob gerade das ihnen allen gemeinsame Moment den teleologischen Grund des Rechtseffekts darstellt. Zur

[1]) Siehe die treffenden Bemerkungen bei John Stuart Mill, „System der deduktiven und induktiven Logik“, deutsch von Gomperz, 2. Auflage, Bd. 1 S. 209—242.

Erläuterung des Gesagten mögen einige der in § 5 erwähnten Beispiele dienen: wenn es zu entscheiden gilt, ob die Erfolgshaftung des § 701 B.G.B. auch auf Schlafwagenunternehmer Anwendung finde, oder ob die in § 447 B.G.B. angeordnete Abwälzung der Gefahr auch für Sendungen innerhalb derselben politischen Gemeinde gelte, so muß geprüft werden, ob gerade derjenige Teil des Tatbestandes, den die auszudehnende Vorschrift mit dem zur Entscheidung stehenden Fall gemein hat, die Rechtsfolge teleologisch rechtfertige und die Differenzen zwischen den beiden Tatbeständen in dieser Hinsicht unwesentlich sind. In den erwähnten Beispielen dürfte die analoge Ausdehnung angezeigt sein; denn im ersteren Fall ist es ganz nebensächlich, daß es sich um ein rollendes Hotel handelt, vielmehr ist der Umstand, daß die Schlafwagen der Beherbergung von Personen dienen, für die Auferlegung der Erfolgshaftung maßgebend. Daher ist es durchaus gerechtfertigt, die Vorschriften des § 701 B.G.B. auf alle Personenbeherbergungen, mögen sie auf dem Lande, der See, oder in der Eisenbahn erfolgen, unterschiedslos auszudehnen. In dem zweiten Fall wird die analoge Anwendung des § 447 noch weniger Widerspruch erregen, denn es ist in der Tat völlig irrelevant, ob die Zusendung innerhalb derselben politischen Gemeinde zu erledigen ist, oder ob sie nach außerhalb erfolgt. Man braucht nur an Doppelstädte, wie Berlin-Charlottenburg oder Hamburg-Altona, zu denken, um einzusehen, daß es völlig sinnlos wäre, die Gefahr verschieden zu verteilen, je nachdem ob die Versendung in derselben Stadt erfolgt oder nicht. Der wahre Grund, warum im Falle der Versendung die Gefahr vor dem Eigentumsübergang den Käufer trifft, beruht auf der Erwägung, daß der Verkäufer durch seine Gefälligkeit keine besondere Gefahr laufen soll. Da dieses Moment auch bei Stadtversendungen zutrifft, so rechtfertigt sich die analoge Ausdehnung. Ebenso dürfte es sich empfehlen, den Strafausschließungsgrund der tätigen Reue auch dem Anstifter zugute kommen zu lassen; denn der Grund, daß man dem reuigen Verbrecher goldene Brücken bauen soll, trifft beim Anstifter in demselben Maße, wie beim Täter und Gehilfen zu.[1]) Nicht minder kann man

---

[1]) Zitelmann, „Lücken im Recht", S. 9 ff.

die einzelnen Fälle, in denen nach § 645 B.G.B. der Besteller vor der Abnahme des Werkes die Gefahr trägt, dahin verallgemeinern,[1]) daß er nicht nur, wenn die Mangelhaftigkeit des von ihm gelieferten Stoffes oder eine von ihm erteilte Anweisung Ursache des Untergangs oder der Verschlechterung war, sondern stets, wenn der Unfall sich nicht in der Betriebssphäre des Unternehmers ereignet hat, zur Zahlung eines entsprechenden Teils der Vergütung verpflichtet ist. Eine derartige Ausdehnung des § 645 B.G.B. ist ein unbedingtes Gebot sozialpolitischer Gerechtigkeit; denn während es durchaus angebracht ist, daß der Unternehmer das Risiko seines Betriebes als Passivum seiner Wirtschaft trägt, wäre es eine ganz ungerechtfertigte Härte, wenn ihm auch solche Zufälle zur Last fielen, die sich in der Sphäre des Bestellers ereignen oder durch höhere Gewalt verursacht worden sind, wenn also z. B. der Patient, der sich ein künstliches Gebiß machen läßt, plötzlich stirbt, oder die Villa, in welcher ein Teil der bestellten Fresken bereits gemalt ist, infolge eines Blitzschlages abbrennt. Da hier das Hilfsmittel der Analogie dem Juristen eine Handhabe gewährt, den arbeitenden Ständen zur Hilfe zu kommen, so sollte er sich nicht aus übergroßer Ängstlichkeit diesen Weg, das Recht im Geiste echter Sozialpolitik weiter zu entwickeln, versperren.

Eine prinzipielle Grenze der analogen Ausdehnung ist nur dort gegeben, wo die Analogie durch das positive Recht selber ausdrücklich verboten ist, wie dieses z. B. in § 2 Str.G.B. bezüglich der Strafdrohungen geschehen ist. In diesem Fall macht sich der Unterschied zwischen Analogie und extensiver Interpretation, der im übrigen ein rein akademisches Dasein führt, auch praktisch recht fühlbar; denn die extensive Interpretation wird durch jenes Verbot natürlich gar nicht betroffen. Eine ausdehnende Auslegung, aber keine Analogie liegt vor, wenn der mittels der teleologischen Interpretation gewonnene Sinn einer Gesetzesstelle weiter geht, als es zunächst auf Grund einer bloß grammatischen Interpretation den Anschein hatte, während die Analogie ein bewußtes Erweitern

---

[1]) Übereinstimmend G. Rümelin, „Dienstvertrag und Werkvertrag", S. 99, 127; zögernd Örtmann, „Recht der Schuldverhältnisse", S. 655.

des mittels Auslegung gefundenen Gedankeninhalts darstellt. Der auf Grund einer extensiven Interpretation gewonnene Sinn wird immerhin noch von dem Gesetzestext gedeckt, während dies bei der mittels Analogie gefundenen Bestimmung nicht zutrifft. Im einzelnen Fall mag es zweifelhaft sein, ob sich die Anwendung eines Gesetzes als Analogie oder als extensive Interpretation darstellt. Viel verhandelt wurde vor Erlaß des Elektrizitätsgesetzes vom 9. April 1900 die Frage, ob Elektrizität eine Sache sei und ihre Entwendung daher durch § 242 Str.G.B. geschützt sei. M. E. ist die Subsumtion der Elektrizität unter den Begriff „Sache" nicht sprachwidrig, und daher würde sich die teleologisch zweifellos gerechtfertigte Anwendung des § 242 Str.G.B. als extensive Interpretation darstellen und mithin erlaubt gewesen sein; da aber das Reichsgericht anderer Ansicht war, so wurde die Reichsgesetzgebung in Bewegung gesetzt, und damit waren die deutschen Juristen um eine Schulfrage ärmer.

Der Analogie nahe verwandt ist die Fiktion und die unwiderlegbare Rechtsvermutung (praesumptio juris et de jure), welche beide dadurch, daß sie einen Ausschnitt aus dem rechtswirksamen Tatbestand als vorhanden fingieren, dieses Moment für irrelevant erklären und damit den Rest des Tatbestandes stillschweigend generalisieren. Diese Hilfsmittel, welche bei konservativen Völkern, wie den Römern, sehr beliebt waren, sind stets ein Zeichen, daß man noch nicht die genügende geistige Freiheit erlangt hat, um aus den einzelnen Rechtserfahrungen ein allgemeines Prinzip zu induzieren. Daher ist die Fiktion vom streng methodischen Standpunkt aus ein verfehltes Mittel, und deshalb braucht auf diesen technischen Kunstgriff, der für die Rechtsgeschichte von großer Wichtigkeit ist, in dieser Abhandlung nicht näher eingegangen zu werden.

Nicht selten läßt sich aber auch mit Hilfe der Analogie eine Rechtsfrage nicht beantworten, denn oft ist das Recht so lückenhaft, daß sich aus den gegebenen Bestimmungen nicht einmal eine Hypothese reduzieren läßt. Das klassische Beispiel für solche klaffende Lücken ist die Lehre von der Statutenkollision, dem sogenannten internationalen Privatrecht: wie wäre es z. B. möglich, die berühmte Streitfrage nach dem Sitz der Obligation aus den Paragraphen des Einführungsgesetzes zum B.G.B. mittels Analogie zu gewinnen? In solchen Fällen bleibt nichts anderes übrig, als unmittelbar auf das richtige Recht zu rekurrieren. Der Richter hat diejenige Regelung, welche er als Gesetzgeber treffen würde, der Entscheidung des Rechtsstreits zugrunde zu legen. Hierbei darf er sich ebensowenig wie dieser durch sein bloßes Rechtsgefühl leiten lassen, vielmehr hat er zu prüfen, welche Rechtsnormen der Kulturförderung am günstigsten sind.[1]) Ein derartiges unmittelbares Zurückgreifen auf richtiges Recht kann als Entscheidung nach der Natur der Sache bezeichnet werden. Noch Windscheid[2]) nannte diesen Begriff „einen mit Recht verschrienen Ausdruck". Aus dem Gesagten ergibt sich aber, daß er zu den klarsten und unzweideutigsten Begriffen der modernen Jurisprudenz gehört, denn er bedeutet, daß der Richter unmittelbar, wie ein Gesetzgeber, nach richtigem Recht zu entscheiden habe. Eine Entscheidung nach der Natur der Sache liegt auch dann vor, wenn der Richter an einen Tatbestand eine Rechtsfolge knüpft, welche das positive Recht bereits mit einem anderen Tatbestand verbunden hat, ohne daß aber die beiden Rechtssätze auf derselben teleologischen Erwägung ruhten. Gewöhnlich werden diese Fälle irrtümlicherweise unter den Begriff der Analogie subsumiert. Man kann aber bei ihnen höchstens von uneigentlicher Analogie reden; denn das charakteristische Merkmal echter Analogie, die Reduzierung auf ein generelles Prinzip, ist nicht durchführbar, weil die beiden Sätze auf ganz verschiedenen Zweckmomenten ruhen. So wird z. B. im § 326 Absatz 2 B.G.B. bestimmt, daß der Gläubiger im Falle des Leistungsverzuges ausnahmsweise auch ohne Fristsetzung und Androhung Schadensersatz wegen Nichterfüllung verlangen oder vom Vertrage zurück-

---

[1]) An dieser Stelle könnte gezeigt werden, wie nach der erwähnten Methode die Frage nach dem Sitz der Obligation zu lösen wäre. Eine derartige Auseinandersetzung würde aber zu sehr in die Details legislativpolitischer Probleme des sogenannten internationalen Privatrechts hineinführen und damit den Zusammenhang der methodologischen Ausführungen sprengen, so daß ich mir jenes Thema für eine andere Gelegenheit aufspare.

[2]) Windscheid, „Pandekten", Bd. 1, § 23, S. 107 Anm. 1a.

treten dürfe, wenn die Erfüllung des Vertrages infolge des Verzuges für den Gläubiger kein Interesse hat. Das gleiche nimmt die herrschende Ansicht[1]) mit Recht für den Fall an, daß der Schuldner die Leistung vor oder nach der Fälligkeit beharrlich verweigert. Gewöhnlich wird diese Entscheidung als analoge Ausdehnung des § 326 Absatz 2 bezeichnet. In Wahrheit liegt hier aber gar kein Fall echter Analogie vor, denn die beiden Rechtssätze beruhen auf verschiedenen teleologischen Erwägungen. Die Vorschrift des § 326 Absatz 2 rechtfertigt sich aus der Interessenabwägung, daß man dem Gläubiger nicht zumuten darf, eine Leistung, die für ihn infolge schuldhafter Zögerung des Schuldners kein Interesse hat, entgegen zu nehmen. Dagegen wird der Satz, daß dem Schuldner, der selbst die Leistung verweigert hat, keine Frist mehr gesetzt zu werden braucht, durch den Hinweis gerechtfertigt, daß es nicht mehr als billig ist, wenn man den Schuldner beim Wort nimmt.

Eine derartige Beurteilung eines konkreten Tatbestandes nach der Natur der Sache ist aber nur angängig, wenn man mittels analoger Ausdehnung eine Lückenausfüllung nicht bewerkstelligen kann. Freilich könnte man auf den Gedanken kommen, daß es ein unnötiger Umweg sei, seine Zuflucht zur Analogie zu nehmen, daß es vielmehr genüge, wenn der Richter überall, wo es Lücken auszufüllen gilt, die Natur der Sache zugrunde lege. Diese Auffassung ist aber ganz verfehlt; denn sie übersieht, daß die richterliche Rechtsschöpfung im Interesse der Rechtssicherheit auch ihrer Qualität nach nicht mehr als notwendig ausgedehnt werden darf. Daher hat sich der Richter, soweit als irgend möglich, an die positiven Werturteile anzulehnen und sich auf ihre Erweiterung zu beschränken, dagegen eine völlig selbständige Rechtsschöpfung erst vorzunehmen, wenn sich kein zur analogen Ausdehnung geeigneter Satz finden läßt. Denn die mit Hilfe einer generalisierenden Induktion vorgenommene Analogie verdient den Vorzug vor der Entscheidung nach der Natur der Sache, weil erstere ein Mittel ist, um die immanenten mit den transpositiven Werturteilen in Einklang zu bringen, während

---

[1]) Literatur siehe bei Örtmann, „Recht der Schuldverhälnisse", S. 171.

letztere eine derartige innere Verbindung zwischen Rechtsfindung und Rechtsschöpfung nicht herzustellen vermag.

Aus dem Gesagten ergibt sich, daß die Konstruktion aus den verschiedensten Gründen nicht zu entbehren ist. Zunächst fällt ihr die Aufgabe zu, den Rechtsstoff zu gliedern und zu ordnen: wie schon erwähnt wurde, erreicht man dieses Ziel dadurch, daß man mittels Konstruktionen die Maße der einzelnen Rechtssätze auf wenige allgemeine Prinzipien reduziert und dann mittels Definitionen in die Begriffsform bringt, um schließlich die auf diese Weise gefundenen Grundbegriffe mittels Subsumtionen zu klassifizieren. In der Gestaltung der Rechtsbegriffe hat der Jurist volle Freiheit, denn das positive Recht ist sein Stoff und nicht sein Herr. Daher kann es ihm auch nicht befehlen, bestimmte Begriffe anzunehmen oder das dem Gesetz zugrunde liegende System seinerseits unbesehen zu akzeptieren. Demgegenüber kann man nicht etwa auf die Legaldefinition, an die der Jurist doch gebunden sei, verweisen, da derartige deklaratorische Rechtssätze für ihn nur maßgebend sind, soweit in ihnen inhaltliche Dispositionen getroffen sind; denn die Normen muß er zwar als Stoff seiner Tätigkeit zugrunde legen, in welcher Form sie ihm auch geboten werden, dagegen vermag ihm das Recht über die Art, wie er das positive Recht darstellen soll, keine Anweisungen zu erteilen.[1]) Damit wird noch keineswegs ein subjektiv völlig ungebundenes Konstruieren als Ideal aufgestellt. Ein derartiger extremer Individualismus wäre in der Tat völlig verfehlt, denn die grundlegenden Begriffe, wie z. B. Verzug, Unmöglichkeit, Rechtsgrund und ähnliche sind kein Produkt der geistigen Tätigkeit eines einzelnen Forschers. Vielmehr liegt in ihnen das Ergebnis einer mehr als zweitausendjährigen Rechtserfahrung der Menschheit in der denkbar konzentriertesten Form. Wollte ein Jurist das Konstruieren mit diesen ererbten Rechtsbegriffen verschmähen und allein nach eigener teleologischer Erwägung urteilen, so würde er den ererbten Schatz jahrhundertelanger Rechtserfahrung unberücksichtigt lassen und sich damit des wirksamsten Mittels berauben, um seine eigenen teleologischen Gedankengänge vor Irrwegen zu behüten.

---

[1] Ebenso Zitelmann, „Die Gefahren des B.G.B. für die Rechtswissenschaft", S. 25.

Aber nicht bloß zur Registrierung der gefundenen Resultate dient die Konstruktion, sondern sie ist auch für die Weiterentwicklung des Rechts notwendig. Denn sie liefert, wie schon erwähnt, das Mittel, um eine komplexe Erscheinung in ihre Bestandteile zu zerlegen und durch diese Analyse eine Prüfung zu ermöglichen, welches der einzelnen Momente eine bestimmte Rechtsfolge teleologisch rechtfertigt. Der Gefühlsjurist gibt sich der Totalität des Tatbestandes hin und hofft, gleichsam im Blinden, durch die Inspiration seines Gefühls das Richtige zu treffen. Dagegen zerlegt der konstruktive Jurist den Sachverhalt in seine einzelnen Bestandteile, um jedes Moment teleologisch zu prüfen, indem er einen generellen Satz hypothetisch zugrunde legt und dann prüft, ob alle möglichen aus ihm gezogenen Konsequenzen vor dem Kriterium des richtigen Rechts bestehen können. Kommt z. B. ein armer Mensch im Hause eines reichen Mannes ohne dessen Verschulden dadurch zu Schaden, daß er über einen Gegenstand stolpert und sich ein Bein bricht, so mag ein Gefühlsjurist, der die Totalität des Tatbestandes auf sich wirken läßt, zur Annahme eines Ersatzanspruches geneigt sein. Ganz anders ist aber das Resultat, wenn man analytisch-konstruktiv vorgeht und sich fragt, ob ein allgemeines Prinzip, nach welchem reiche Leute auch ohne Verschulden für den von ihnen verursachten Schaden armen Personen haften sollen, gerechtfertigt sei. Muß diese Frage verneint werden, so ist ferner zu untersuchen, ob es vielleicht teleologisch gerechtfertigt sei, daß ein jeder Haushaltungsvorstand für den in seiner Wohnung ohne sein Verschulden verursachten Schaden aufzukommen habe. Da auch dieses abzulehnen ist, so ergibt sich mithin, daß ein Ersatzanspruch nicht begründet ist. So stellt die Konstruktion das Mittel dar, durch welches ein jedes Moment des konkreten Tatbestandes für sich teleologisch gewürdigt werden kann, so daß kein Umstand bei der Betrachtung unberücksichtigt bleibt. Wenn man noch weiter erwägt, daß die Konstruktion als Bindemittel zwischen den immanenten und transpositiven Werturteilen dient, so wird man ohne weiteres ermessen, wie sehr jene methodologische Richtung irrt, welche die Konstruktion für etwas Überflüssiges oder gar Schädliches hält. Diese Ansicht begeht den umgekehrten Fehler wie die Begriffsjurisprudenz: während diese das teleologische Moment vernachlässigt und von der reinen Logik alles Heil erwartet, unterschätzt jene Ansicht die logische Konstruktion in ihrer Bedeutung für die Rechtsanwendung. In Wahrheit ist das teleologische, wie das logische Moment gleich notwendig: ersteres ist das treibende Moment, die inhaltliche Seite der Rechtsanwendung, letzteres ist dagegen die Form, in der sich die teleologische Erwägung entfalten muß. Ohne wertende Betrachtung wäre die Konstruktion inhaltsleer, ohne logische Konstruktion dagegen würden alle teleologischen Erwägungen verworren ins Bodenlose geraten. In der konstruktiv-teleologischen Methode ist jener Gegensatz von ratio juris und utilitas, den Jhering feststellt, ohne ihn prinzipiell lösen zu können, als aufgehobenes Moment enthalten und damit vollkommen beseitigt. Der Dualismus der beiden entgegengesetzten Richtungen der konstruktiven und der teleologischen Methode[1]) ist durch eine monistische Theorie ersetzt, in der das logische Element die Form, der teleologische Gesichtspunkt dagegen das inhaltliche Kriterium darstellt.

Aber damit ist die Bedeutung des richtigen Rechts für die Rechtsanwendung noch nicht erschöpft, denn sehr zahlreich sind die Fälle, in denen unser Recht unmittelbar auf richtiges Recht Bezug nimmt. Dieser Hinweis erfolgt zwar niemals ausdrücklich, vielmehr werden nur Bezeichnungen, wie Treu und Glauben, gute Sitten, billiges Ermessen usw. gebraucht, aber aus derartigen vagen Ausdrücken geht ohne weiteres hervor, daß das Gesetz von eigener Regelung Abstand nehmen und dem Richter die Befugnis, selber das objektiv Richtige zu finden, zuerteilen wollte. Dieses Verfahren bringt große Vorteile mit sich, birgt aber auf der anderen Seite auch große Gefahren in sich. Denn die freie richterliche Rechtsschöpfung vermag auf dem überwiesenen Gebiet die Entscheidung bis ins einzelne hinein in Übereinstimmung mit dem richtigen Recht zu treffen, andererseits ist aber durch eine so weit gehende Verweisung dem Subjektivismus ein großes Feld überlassen und damit die Rechtssicherheit mehr oder weniger gefährdet. Dieser Gegensatz zwischen den Postulaten der Rechtssicherheit

[1]) Noch M. Rümelin („Zur Lehre von den Schuldversprechen und Schuldanerkenntnissen", S. 314) stellt die Rechtsfindung mittels „Interessenwertung" in Gegensatz zu den „Konstruktionskonsequenzen".

und der inhaltlichen Richtigkeit findet sich überall in der Geschichte wieder. Auf primitiver Kulturstufe überwiegt das strikte Recht, welches den Tatbestand genau umschreibt und dem richterlichen Ermessen möglichst wenig überläßt. Je mehr sich aber der Verkehr steigert und die sozialen Beziehungen komplizierter werden, um so mehr erlangt der Richter die Befugnis, den konkreten Tatbestand bis in die Details hinein nach freiem Ermessen zu beurteilen, indem er jedes Moment, das Berücksichtigung verdient, bei der Entscheidung in Rechnung zu stellen und keinem Umstand, der für das richtige Recht irrelevant ist, einen Einfluß auf das Urteil zu gewähren hat. Das B.G.B. hat dadurch, daß es im Anschluß an den Code civil der Judikatur eine weite Kompetenz gewährt hat, dem deutschen Richter ein entschiedenes Vertrauensvotum erteilt.

Die einzelnen Fälle von Verweisung auf das richtige Recht aufzuzählen, liegt nicht im Rahmen dieser Abhandlung, nur die wichtigsten Bezugnahmen seien hier kurz erwähnt:

1. In der Bestimmung des § 138 B.G.B., daß ein gegen die guten Sitten verstoßendes Rechtsgeschäft nichtig sei, liegt die generelle Ermächtigung an den Richter, abgesehen von den Fällen, in denen das gesetzte Recht ein Rechtsgeschäft für nichtig erklärt, im einzelnen zu prüfen, ob das konkrete Geschäft gegen richtiges Recht verstößt und deshalb unwirksam ist.

2. § 826 B.G.B. stellt durch seine Bestimmung, daß, wer in einer gegen die guten Sitten verstoßenden Weise einem andern vorsätzlich Schaden zufügt, dem andern zum Ersatz des Schadens verpflichtet ist, neben die besonderen deliktischen Tatbestände des gesetzten Rechts den allgemeinen Satz auf, daß eine vorsätzliche, nach richtigem Recht verwerfliche Handlungsweise eine Haftpflicht begründe; in analoger Weise bestimmt § 817 B.G.B., daß der Empfänger einer Leistung, deren Zweck in der Art bestimmt war, daß der Empfänger durch die Annahme gegen die guten Sitten verstoßen hat, zur Herausgabe verpflichtet ist.

3. Nach § 162 B.G.B. gilt der Eintritt einer Bedingung als nicht erfolgt, wenn der Eintritt von der Partei, zu deren Vorteil er gereicht, wider Treu und Glauben, d. h. in einer das richtige Recht verletzenden Weise, herbeigeführt wird,

und umgekehrt gilt die Bedingung als eingetreten, wenn sie von der interessierten Partei wider Treu und Glauben verhindert ist. Das gleiche bestimmt § 815 B.G.B. bezüglich des mit einer Leistung bezweckten Erfolges, der Voraussetzung im Sinne Windscheids.

4. Nach § 157 B.G.B. sind Verträge so auszulegen, wie Treu und Glauben mit Rücksicht auf die Verkehrssitte es erfordern. Im Zweifel soll mithin diejenige Regelung, welche nach Lage der Sache als die angemessenste erscheint, etwaige Lücken des Vertrages ausfüllen. Hierbei kommt der Verkehrssitte neben Treu und Glauben eine selbständige Bedeutung nicht zu, vielmehr ist das richtige Recht allein entscheidend. Aber andererseits erfordert gerade die Rücksicht auf das richtige Recht, daß den Konventionalregeln der Sitte, sofern sie nur nicht verwerflich sind, Beachtung geschenkt werde,[1]) da es dem vermeintlichen Willen der Parteien am meisten entspricht, sich den in ihrem Kreise üblichen Gebräuchen anzuschließen. In ähnlicher Weise soll nach § 242 B.G.B., der bestimmt, daß der Schuldner verpflichtet ist, die Leistung so zu bewirken, wie Treu und Glauben mit Rücksicht auf die Verkehrssitte es erfordern, bei Erfüllung aller Obligationen im Zweifel ebenfalls die unter den gegebenen Verhältnissen sachgemäßeste Regelung gelten. In Erinnerung an das römische Recht pflegt oft gesagt zu werden, daß der § 242 die alte exceptio doli generalis auch für das System des B.G.B. statuiere. Diese Ausdrucksweise empfiehlt sich aber nicht, da man unter exceptio im technischen Sinn nur diejenigen Teile des zur Verteidigung vorgebrachten Sachverhalts versteht, den der Richter nicht ohne weiteres zugrunde legt, sondern auf den sich der Beklagte erst noch besonders berufen muß, wenn er vom Richter berücksichtigt werden soll. Dagegen erfolgt die Anwendung von Treu und Glauben, d. h. die Berücksichtigung der Grundsätze des richtigen Rechts, stets von Amts wegen, wenn auch natürlich die Tatsachen, aus denen sich die Verletzung des richtigen Rechts ergeben soll, gemäß der Verhandlungsmaxime in der mündlichen Verhandlung behauptet und eventuell

---

[1]) Siehe Stammler, „Recht der Schuldverhältnisse“, S. 47.

bewiesen werden müssen.[1]) Freilich kann das richtige Recht fordern, daß ein gewisser Umstand, dessen Berücksichtigung angezeigt ist, nur mit Hilfe einer exceptio geltend gemacht werde, weil es angemessen erscheint, daß der rechtlich erhebliche Umstand den Klageanspruch nicht ausschließt, sondern nur ein Gegenrecht erzeugt: A beauftragt z. B. den B, eine Sache bei C abzuholen und ihm zu bringen; nachdem B die Sache in Empfang genommen, bemerkt er, daß sie sein ihm abhanden gekommenes Eigentum sei. Einem etwaigen Herausgabeanspruch aus dem Auftrage könnte B, auf sein Eigentum gestützt, eine Einrede entgegenhalten. In diesem Umfang könnte man allenfalls von einer exceptio doli generalis reden, aber da dieser Ausdruck leicht zu falschen Ansichten verleitet, so empfiehlt es sich, ihn lieber ganz zu vermeiden.

5. Auch dort, wo man eine Entscheidung nach billigem Ermessen zu treffen hat, ist stets die dem richtigen Recht entsprechendste Regelung zugrunde zu legen. Derartige Fälle sind im B.G.B. sehr häufig:

a) § 1024. (Kollision einer Grunddienstbarkeit mit einer anderen Grunddienstbarkeit oder sonstigem Nutzungsrecht von gleichem Rang.)

§ 1060. (Gleiche Regelung bezüglich des Nießbrauchs.)

b) §§ 315, 317. (Bestimmung des Inhalts einer Leistung durch einen der Vertragschließenden oder einen Dritten.)

c) § 660. (Mitwirkung mehrerer Personen zu dem Erfolge, für den eine Belohnung mittels Auslobung ausgesetzt ist.)

d) § 745. (Regelung der Verwaltung und Benutzung einer Gemeinschaft, soweit keine Vereinbarung oder kein Mehrheitsbeschluß vorliegt.)

e) § 1246. (Abweichen von der gesetzlich vorgeschriebenen Art des Pfandverkaufs.) usw.

6. Verschiedentlich gestattet das Gesetz, daß ein Rechtsverhältnis gekündigt werden kann, wenn hierfür ein wichtiger Grund vorliegt. Unter dieser Voraussetzung kann z. B. ein Dienstvertrag (§ 626 B.G.B.), eine Gesellschaft (§ 723 B.G.B.) gekündigt, eine offene Handelsgesellschaft (§ 133 H.G.B.)

---

[1]) Wendt, „Die exceptio doli generalis im heutigen Recht, oder Treu und Glauben im Recht der Schuldverhältnisse“, Archiv für die zivilistische Praxis, Bd. 100 S. 24.

gerichtlich aufgelöst, einem Gesellschafter die Befugnis zur Geschäftsführung oder die Vertretungsmacht entzogen werden (§§ 712, 715 B.G.B., 117, 127 H.G.B.) oder ein Testamentsvollstrecker vom Nachlaßgericht entlassen werden (§ 2227 B.G.B.). Auch der generelle Ehescheidungsgrund des § 1568 B.G.B. fällt unter diese Kategorie, denn die Ehescheidung ist eine außerordentliche Kündigung der Ehe mittels Klage. Dieser Hinweis auf den wichtigen Grund will besagen, daß, wenn das Fortdauern des betreffenden Rechtsverhältnisses gegen den Willen des anderen Teils den Grundsätzen des richtigen Rechts widerspricht, ein außerordentliches Kündigungs- oder Enthebungsrecht Platz greift.

7. Auch im Familienrecht fehlt ein Hinweis auf richtiges Recht keineswegs. So sei vor allem an den Begriff des Mißbrauchs von Gewaltverhältnissen erinnert: stellt sich z. B. die Ausübung einer ehelichen Befugnis als Mißbrauch des Gewaltsverhältnisses dar, so kann der andere Eheteil seine ehelichen Verpflichtungen verweigern (§§ 1353, 1354, 1357 B.G.B.), und ferner kann unter der gleichen Voraussetzung dem schuldigen Elternteil die Sorge für die Person des Kindes entzogen werden (§ 1666 B.G.B.). Durch den erwähnten Hinweis auf den Begriff „Mißbrauch" soll ganz im allgemeinen eine gegen richtiges Recht verstoßende Ausübung familienrechtlicher Gewaltverhältnisse verhindert werden.

Das Verhältnis zwischen dem gesetzten Recht und dem richtigen Recht, auf welches ersteres verweist, ruft keine weiteren Schwierigkeiten hervor, denn es ist klar, daß dem richtigen Recht in den erwähnten Fällen die Aufgabe gestellt ist, die Normen des gesetzten Rechts zu ergänzen. In dieser Hinsicht kann nur die Vorschrift des § 242 B.G.B. zu Bedenken Anlaß geben, denn es erhebt sich der Zweifel, ob sich die Bedeutung dieser Vorschrift darin erschöpft, etwaige Lücken des Gesetzes auszufüllen, oder ob sie nicht vielmehr für alle dispositiven Einzelvorschriften eine Voraussetzung schafft. Nach der ersteren von Schneider, Örtmann und anderen vertretenen Meinung[1]) darf Treu und Glauben nur auf dem vom Gesetzgeber freigelassenen

---

[1]) Schneider, „Treu und Glauben", S. 105 ff.; Örtmann, „Recht der Schuldverhältnisse," S. 12.

Gebiet als maßgebende Entscheidungsnorm herangezogen werden. Dagegen stehen nach der von Stammler, Crome, Wendt vertretenen Ansicht[1]) sämtliche dispositiven Rechtssätze unter der stillschweigenden Bedingung, daß sie im konkreten Fall den Grundsätzen von Treu und Glauben nicht widersprechen. Beide Auslegungen sind mit dem Wortlaut verträglich, aber nur die letztere Ansicht wird der historischen Entwicklung und den Erfordernissen der Billigkeit gerecht. Es würde einen erheblichen Rückschritt bedeuten, wenn die bona fides nicht mehr wie im gemeinen Recht die entscheidende Instanz für den gesamten Umfang der obligatorischen Verpflichtungen abgeben würde. Die Konsequenzen, welche sich aus einer solchen engherzigen Auffassung des § 242 B.G.B. ergeben würden, wären wenig ansprechend. Einige Beispiele mögen diese Behauptung veranschaulichen:

1. Ist in einem Vertrage verabredet, daß der Schuldner seiner Rechte verlustig sein sollte, wenn er seine Verbindlichkeit nicht erfüllt (§ 360 B.G.B.), so wäre der Gläubiger zum Rücktritt berechtigt, auch wenn der Schuldner nur mit einem minimalen Betrage rückständig wäre; denn die Bestimmung des § 320 Absatz 2 B.G.B., nach welcher die Gegenleistung insoweit nicht verweigert werden darf, als der Gegner mit seiner Leistung nur zu einem verhältnismäßig geringfügigen Teile rückständig bleibt, ist im § 360 B.G.B. nicht wiederholt.

2. Wer auf dem Markte einer Hökerin eine Kleinigkeit abkauft, kann von ihr keine Quittung über den gezahlten Kaufpreis verlangen, obwohl § 368 B.G.B. dem erfüllenden Schuldner einen Anspruch auf Quittungserteilung gewährt, denn es entspricht nicht der Verkehrssitte, sich im Marktverkehr, wo keine Schreibmaterialien bequem zur Hand sind, über gezahlte Geldsummen Empfangsbescheinigungen ausstellen zu lassen.

3. Wer in einem Geschäftszweig, wo üblicherweise der Preis für gelieferte Ware durch Dreimonatsakzepte beglichen wird, Kaufabschlüsse macht, hat auch ohne besondere Abrede, sofern nur gegen seine Kreditwürdigkeit Bedenken nicht vor-

---

[1]) Stammler, „Schuldverhältnisse", S. 36 ff.; Crome, „Lehrbuch des B.G.B.", Bd. 2 S. 22; Wendt, „Archiv für die zivilistische Praxis", Bd. 100 S. 105.

liegen, Anspruch auf Gewährung eines dreimonatlichen Kredits, obwohl nach der dispositiven Vorschrift des § 320 B.G.B. gegenseitige Verträge Zug um Zug zu erfüllen sind.

4. Der Mieter braucht nach Ablauf der Mietszeit die Wohnung nicht zu räumen, wenn er oder einer seiner Angehörigen schwerkrank daniederliegt und nur mit erheblicher Lebensgefahr aus der Mietswohnung transportiert werden kann.

Um zu ähnlichen von der Billigkeit geforderten Ergebnissen zu gelangen, berufen sich die Anhänger einer engeren Auslegung des § 242 B.G.B.[1]) mit Vorliebe auf den § 157 B.G.B.: wie die ausdrückliche Parteiabrede, so gehe auch der auf Grund von Treu und Glauben ermittelte Vertragsinhalt den dispositiven Bestimmungen des Schuldrechts vor. Dieser Grundsatz ist durchaus zutreffend, aber konsequent durchgeführt bedingt er für die allermeisten Fälle dasselbe Resultat, das auch die weitherzige Auslegung des § 242 mit sich bringt. Für die aus Verträgen entspringenden Obligationen würden also auf Grund des § 157 die dispositiven Bestimmungen des Schuldrechts im einzelnen Fall nur gelten, wenn sie mit der auf Grund von Treu und Glauben mit Rücksicht auf die Verkehrssitte ermittelten Parteiabsicht übereinstimmen. So gelangen die Gegner für die Vertragsobligationen zu derselben Auslegung, wie sie hier vertreten ist. Nur für die übrigen nicht auf Vertrag beruhenden Obligationon besteht ein Unterschied zwischen den beiden Theorien. Es läßt sich aber schlechterdings kein Grund finden, der es rechtfertigte, die gesetzlichen Schuldverhältnisse anders zu behandeln als die Vertragsobligationen. Vielmehr ist § 242 gerade zu dem Zweck eingeführt, auch die übrigen Schuldverhältnisse den Grundsätzen von Treu und Glauben zu unterwerfen, während für die Vertragsobligationen schon § 157 zu demselben Resultat führt.

Aus dieser Aufzählung der einzelnen Fälle von Verweisung auf richtiges Recht ergibt sich, daß dieses entweder zur Ergänzung der zwingenden Vorschriften des gesetzten Rechts dient, oder daß es nur die Aufgabe hat, die dispositiven Normen des Gesetzes weiter zu entwickeln. Im ersteren Falle ist das richtige

---

[1]) So Schneider, „Treu und Glauben“, S. 111, gegen ihn Wendt, Bd. 100, S. 116.

Recht Schranke der Parteiwillkür, im letzteren Falle dagegen dient das richtige Recht nur dazu, lückenhafte Parteiabreden zu ergänzen (§ 157) oder die näheren Bestimmungen über die Ausführung von Schuldverhältnissen zu liefern (§ 242). Hieraus ergibt sich, daß nicht nur das gesetzte Recht, sondern auch das richtige Recht sowohl zwingende als dispositive Normen enthält. Diese Tatsache wird in der Literatur nicht immer mit der nötigen Klarheit hervorgehoben, eine Unterlassung, die zu manchen Mißverständnissen geführt hat. Im Gebiete des richtigen Rechts gibt es Normen, die von solcher Wichtigkeit sind, daß sie durch Parteiabreden nicht beseitigt werden dürfen. Es sind dies die im § 138 und an anderen Orten erwähnten „guten Sitten", deren Verletzung das Rechtsgeschäft ungültig macht. Dagegen gibt es im richtigen Recht ebensowohl Regeln, die rein dispositiver Natur sind, sie finden daher Anwendung, wenn keine entgegengesetzte Abrede vorhanden. Diese dispositiven Rechtssätze, welche vom B.G.B. durch den Ausdruck „Treu und Glauben" bezeichnet sind, geben diejenige Regelung, welche unter Abwägung der beiderseitigen Interessen als die objektiv richtigste erscheint, ohne daß aber eine abweichende Regelung zu Resultaten führt, die vom Standpunkt des sozialen Ideals aus als unerträglich bezeichnet werden müssten. Zwischen diesen beiden Polen, den im konkreten Fall objektiv richtigsten und den schlechterdings unerträglichen Bestimmungen, liegt eine große Anzahl möglicher Regelungen, von denen sich die Parteien eine beliebige aussuchen können, ohne daß sie eine bureaukratische Bevormundung zu befürchten hätten. Nur müssen sie ihren Willen unzweideutig zum Ausdruck bringen, denn im Zweifel tritt nach § 157 B.G.B. immer die objektiv angemessenste Regelung ein. Dagegen können die Parteien die Bestimmungen der §§ 157, 242 B.G.B. nicht durch Vertragsabreden generell aufheben, da die Verweisung auf richtiges Recht zwingender Natur ist. Wohl aber können sie durch eine unzweideutige Vereinbarung im einzelnen eine Regelung treffen, die von denjenigen Bestimmungen abweicht, welche auf Grund von Treu und Glauben mit Rücksicht auf die Verkehrssitte als die angemessensten erscheinen, sofern nur der Inhalt der Abrede nicht gegen die guten Sitten verstößt. In den obigen Beispielen könnte sich also die in einer Markthalle kaufende Hausfrau von der Hökerin Ausstellung einer Quittung ausbedingen, ebenso wie der Käufer auf den in dem betreffenden Geschäftszweig üblichen Dreimonatskredit verzichten kann. Dagegen würde es gegen die guten Sitten verstoßen, wenn der Vermieter sich vom Mieter versprechen ließe, daß letzterer die Wohnung auch dann zu räumen habe, wenn dieses mit erheblicher Lebensgefahr für ihn selbst oder einen seiner Angehörigen verbunden ist. Zweifelhaft kann die Entscheidung sein, wenn sich der Verpächter vom Pächter die Befugnis zur sofortigen Exmission für den Fall versprechen läßt, daß der Pächter auch nur mit einem minimalen Betrage rückständig ist. Aus sozialpolitischen Gründen sind derartige an Wucher grenzende Vereinbarungen nicht zu begünstigen. Daher ist eine solche Abrede nur dann zuzulassen, wenn sie durch ein besonderes Interesse des Verpächters gerechtfertigt ist. In gleicher Weise können die Parteien zwar nicht generell die Kündigungsbefugnis wegen eines wichtigen Grundes aufheben, denn die Verweisungen des Gesetzes auf das richtige Recht stehen nicht zur Disposition der Vertragsschließenden. Dagegen können sie im einzelnen festsetzen, welche Momente als wichtige Gründe anzusehen sind und welche Umstände nicht zur Kündigung berechtigen. Derartige Abreden sind gültig, sofern sie nur nicht gegen die guten Sitten verstoßen, denn die Parteien dürfen wohl mehr oder weniger unsachgemäße Bestimmungen treffen, aber es ist ihnen verwehrt, Abreden, welche schlechthin verwerflich sind, in den Vertrag aufzunehmen.

Die Einteilung des unrichtigen Rechts in schlechthin verwerfliches und in relativ unsachgemäßes ist für die Rechtspraxis von großer Wichtigkeit. So ist ein Rechtsgeschäft nach § 138 B.G.B. nicht schon dann nichtig, wenn es unsachgemäße Bestimmungen enthält, sondern es wird erst dann, wenn sein Inhalt etwas schlechthin Verwerfliches festsetzt, durch § 138 betroffen; nicht minder verpflichtet § 826 B.G.B. nur dann zum Schadensersatz, wenn der Handelnde ein mit der Gesundheit des sozialen Körpers ganz unverträgliches Verhalten vorsätzlich beobachtet hat. Ferner ist die Anwendung eines ausländischen Gesetzes gemäß Art. 30 E.G. z. B.G.B. nicht schon dann ausgeschlossen, wenn sein Inhalt weniger sachgemäß erscheint als die Bestimmungen des deutschen Rechts, sondern die Ausnahme greift nur Platz, wenn seine Anwendung, an unseren Kulturverhältnissen gemessen, unerträglich wäre, wie dies z. B. bei der Sklaverei oder Vielehe der Fall ist.[1]) Wo die Grenze im einzelnen Fall zu suchen, kann sehr zweifelhaft sein, aber die Unsicherheit der Entscheidung von Grenzfällen, die niemals ganz zu vermeiden ist, beweist nichts gegen die Notwendigkeit dieser Einteilung. In den weitaus meisten Fällen aber dürfte die Entscheidung keinem Zweifel unterliegen: wer z. B. die Erfolgshaftung des Tierhalters oder das vom Börsengesetz ausgesprochene Verbot des Terminhandels bezüglich bestimmter Waren und Effekten für legislativ-politisch verfehlt hält, wird doch nicht so weit gehen, daß er derartige Bestimmungen als gegen die guten Sitten verstoßend betrachtet. Ein ausländischer Richter, dessen Recht eine dem Art. 30 E.G. entsprechende Ventilvorschrift enthält, wird daher kein Bedenken tragen, das deutsche Recht, wenn es nach den Grundsätzen über Statutenkollision Anwendung findet, auch dann seiner Entscheidung zugrunde zu legen, wenn er die fraglichen Bestimmungen für verfehlt hält.

Überall dort, wo das Gesetz den Richter mittels des Ausdrucks „gute Sitten" auf die eigene Rechtsschöpfung verweist, tritt ausschließlich das richtige Recht und niemals die Sittlichkeit oder die Moral als Schranke der Vertragsfreiheit (§ 138 B.G.B.) oder als generelles Verbot und Gebot für menschliches Verhalten (§ 826 B.G.B.) auf. Bezüglich der rein subjektiven Sittlichkeit ergibt sich die Richtigkeit des Gesagten schon ohne weiteres aus der Tatsache, daß die Gesinnung des Handelnden unmöglich das Kriterium für Gültigkeit eines Rechtsgeschäftes oder für das Vorliegen einer unerlaubten Handlung abgeben kann.[2]) Denn wie eine Handlung, die vom rein äußerlichen Standpunkt aus betrachtet als sozial wertvoll erscheint, durch ein niedriges und gemeines Motiv wohl unsittlich, aber niemals rechtlich verwerflich oder moralwidrig wird, so kann ein dem richtigen Recht widersprechendes Verhalten für die juristische Auffassung auch durch das edelste Motiv nicht rehabilitiert werden. Aber auch mit der objektiven Moral haben die guten

---

[1]) Siehe Zitelmann, „Internationales Privatrecht", Bd. 1 S. 334—368.
[2]) So mit Recht Stammler, „Richtiges Recht", S. 63.

Sitten nichts zu schaffen. Gerade die Vermengung beider Begriffe, welche durch eine oberflächliche Sprachassoziation nahegelegt wird, hat viel dazu beigetragen, den Begriff der guten Sitten sehr zum Schaden der Rechtssprechung ins Ungemessene zu erweitern. Demgegenüber muß strenge daran festgehalten werden, daß richtiges Recht und Moral Gebiete sind, die sich wohl berühren, aber keineswegs gegenseitig durchdringen. Beide enthalten Sozialnormen, die das äußere Verhalten der Menschen regeln, aber die kategorischen Gebote des Rechts sichern nur ein Minimum von sozial wertvollem Verhalten. Jenseits dieser Grenze beginnt erst die eigentlich bedeutungsvolle Wirksamkeit der Moral, deren Normen nur einen hypothetischen Charakter aufweisen, da sie mehr einladen als befehlen. Würde man unter Verkennung des Begriffs der guten Sitten die Moral an Stelle des richtigen Rechts setzen, so würde die Grenze zwischen rechtlicher Bindung und freiwilliger Erfüllung sehr zum Schaden der individuellen Freiheit verschoben werden. Ganz besonders verhängnisvoll wär eine derartige Vermengung von Moral und Recht bei der Abgrenzung des § 826 B.G.B., der, wie alle unerlaubten Handlungen, prinzipiell auch auf Unterlassungen Anwendung findet.[1]) Nach der gegnerischen Ansicht käme man schließlich zu dem Resultat, daß alle sittlichen Pflichten rechtlich erzwingbar wären. In Wahrheit genügt es aber zur Annahme eines Verstoßes gegen die guten Sitten noch keineswegs, daß eine bestimmte Handlung oder Unterlassung im Interesse des sozialen Organismus geboten ist, vielmehr ist noch die weitere Voraussetzung notwendig, daß der Kulturförderungsmaßstab unbedingt verlangt, daß das Gebot einer förderlichen und das Verbot einer schädlichen Handlung nicht dem indirekten Zwang der Moral und Sitte zu überlassen, sondern den kategorischen Normen des Rechts zu unterwerfen sei. Viele Handlungen, welche im Interesse des Gedeihens des Volkes sehr wünschenswert sind, muß das Recht doch der freien Liebestätigkeit überlassen, weil sonst die persönliche Freiheit völlig unterbunden, und damit auch die gesamte Kultur der größten Gefahr ausgesetzt würde.

---

[1]) Hierauf weist v. Liszt („Die Delıktsobligationen im System des B.G.B.", S. 72) mit Recht hin.

Aber wenn auch beide Normenmassen streng voneinander zu trennen sind, so berühren sie sich doch im praktischen Leben in so mannigfaltiger Weise, daß das Recht die Konventionalregeln nicht völlig ignorieren kann. So erwähnt auch das B.G.B. an verschiedenen Stellen die sittliche Pflicht und die auf den Anstand zu nehmende Rücksicht; hauptsächlich kommen folgende Bestimmungen in Betracht:

1. Das Rückforderungsrecht des verarmten Schenkers (§ 528) sowie der Widerruf der Schenkung wegen groben Undanks (§ 530) sind ausnahmsweise nicht gegeben, wenn die Schenkung sich als Erfüllung einer sittlichen oder Anstandspflicht darstellt (§ 534).

2. Die condictio indebiti ist ausgeschlossen, wenn die Leistung einer sittlichen Pflicht oder einer auf den Anstand zu nehmenden Rücksicht entsprach (§ 814).

3. Gewisse Personen, die, wie der gütergemeinschaftliche Ehemann ohne Einwilligung der Frau (§ 1446), der Vater (§ 1641) oder der Vormund (§ 1804) aus dem Mündelvermögen, der Vorerbe (§ 2113) oder der Testamentsvollstrecker (§ 2205) aus dem Nachlaß keine Schenkungen vornehmen dürfen, sind hierzu ausnahmsweise berechtigt, wenn sich die Schenkung als Erfüllung einer Sittlichkeits- oder Anstandspflicht darstellt.

4. Unter der gleichen Voraussetzung darf auch der Erblasser Pflichtteilsrechte durch Schenkungen schmälern (§§ 2325 bis 2330).

Über die Bedeutung des fraglichen Ausdrucks wird viel gestritten. M. E. soll durch ihn auf die Konventionalnormen der Moral und Sitte verwiesen werden, und zwar bedeutet der Ausdruck „sittliche Pflicht" die Gebote der Moral, während unter Anstand nur solche Vorschriften der Sitte zu verstehen sind, die in moralischer Hinsicht nicht völlig irrelevant erscheinen. Während die Sitte mehr die reinen Äußerlichkeiten des geselligen und geschäftlichen Lebens regelt und ihre Verletzung mehr Verwunderung als Entrüstung hervorruft, verlangt die Moral von dem einzelnen mehr im allgemeinen eine Betätigung zur Förderung des Kulturfortschritts und zur Bekämpfung aller ihn bedrohenden Gefahren. Ihre Verletzung läßt daher den Täter nicht bloß lächerlich, sondern vor allem minderwertig erscheinen. Eine nähere Abgrenzung der beiden Kategorien von Konventionalnormen ist überflüssig, da alle Gebote der Sitte, die mit der Moral irgendwie in Berührung stehen, als Anstandspflichten mit der Moral gleichgestellt sind. Als maßgebend sind die Regeln in denjenigen Kreisen zu betrachten, zu denen der Leistende seiner Lebensstellung nach gehört. Nur darf der Kreis natürlich nicht allzu gering sein, vielmehr muß er eine Anzahl Personen umfassen, die nach ihrer Zahl nicht ohne weiteres zu übersehen ist, denn sonst kann man nur von individuellen Gewohnheiten, aber nicht von Konventionalregeln sprechen. Weiter ist es sehr fraglich, ob die in gewissen Kreisen herrschenden Regeln der Moral und des Anstandes ohne weitere Prüfung zugrunde zu legen sind oder ob sie einer kritischen Wertung unterworfen werden müssen. Sicherlich dürfen sie unter keinen Umständen dem objektiven Recht widersprechen, wie dies z. B. bezüglich der Duellsitte der Fall ist. Denn das Recht würde sich selbst verneinen, wenn es derartige rechtswidrige Sitten zuließe. Aber man muß noch einen Schritt weiter gehen und auch solche Sitten und Moralvorschriften, die, am Kulturförderungsmaßstab geprüft, zu verwerfen sind, unberücksichtigt lassen; denn das Recht als Zwangsversuch zum Richtigen darf keine seinen Zwecken widerstreitende Regeln in Betracht ziehen. Es muß also im einzelnen Fall untersucht werden, ob jene Regeln der Entwicklung des sozialen Körpers dienen oder ob sie ihm schädlich sind; ist das letztere der Fall, so sind sie als unsittlich schlechterdings unbeachtlich. Durch eine derartige Prüfung werden die Konventionalnormen nicht etwa selber zu Rechtsregeln erhoben. Von diesen unterscheiden sie sich vielmehr dadurch, daß bei ihnen gerade die Zwangsnatur im Interesse der Kultur gar nicht angebracht ist, daß ihre Erfüllung im Gegenteil der freiwilligen Liebestätigkeit oder dem Anstandsgefühl anheimgegeben werden muß. Daher ist die Ansicht Stammlers[1]) abzulehnen, welcher in dem fraglichen Ausdruck „sittliche Pflicht" nichts als einen weiteren Anwendungsfall des richtigen Rechts sieht. Gegen ihn spricht nicht bloß der Wortlaut, sondern vor allem die Erwägung, daß durch seine Auslegung die Bedeutung der Vorschrift gar zu sehr eingeengt würde. Denn wenn man das richtige Recht nicht

---

[1]) Stammler, „Richtiges Recht", S. 449 ff.

ungebührlich auf Kosten der Moral ausdehnt, so würden nur wenige Pflichten unter jene Kategorie fallen, und damit hätte die Verweisung auf die sittliche Pflicht einen großen Teil ihrer praktischen Bedeutung verloren: so wird man es als Erfüllung einer sittlichen Pflicht anzusehen haben, wenn reiche Leute bei außerordentlichen Unglücksfällen oder bei Erbauung von Kirchen, Museen und anderen gemeinnützigen Anstalten größere Geldbeträge zeichnen, oder wenn ein wohlhabender Mann seine armen Seitenverwandten unterstützt. Aber man kann nicht behaupten, daß derartige Liberalitäten durch die Gebote des richtigen Rechts gefordert werden; denn wenn auch solche Handlungen sozial sehr erwünscht sind, so würde es sich im Interesse der Kultur nicht empfehlen, einen rechtlichen Zwang zur Erfüllung solcher Pflichten einzuführen, vielmehr muß hier der freien Liebestätigkeit Raum gelassen werden. Ganz verfehlt und ziemlich willkürlich ist die Ansicht von Jacobi,[1]) welcher den Begriff der sittlichen Pflicht ganz streichen und nur „Anstand und Sitte“ als maßgebend betrachten will. Seine Auffassung, daß sich der Gesetzgeber im Ausdruck versehen haben müsse, wird im wesentlichen dadurch veranlaßt, daß er die auf Reinheit der Gesinnung ruhende Sittlichkeit mit den konventionalen Normen der Moral verwechselt. Die Ansicht Jacobis, welche im völligen Widerspruch mit dem Wortlaut steht und für die auch keine inneren Gründe sprechen, würde einen erheblichen Rückschritt bedeuten. Alle Humanitätsschenkungen, wie die oben erwähnten Zeichnungen für wohltätige Zwecke, verlören ihre begünstigte Stellung. Vielmehr würden nur Gelegenheitsgeschenke, wie Trinkgelder, Weihnachtsgaben an Dienstboten usw., als Anstandspflichten durch jene Vorschriften gedeckt werden. Dagegen kommt man unter Zugrundelegung unserer Theorie zu dem durchaus ansprechenden Resultate, daß nicht bloß die Anstandspflichten, sondern auch die gesamten Gebote der Moral zwar nicht erzwungen werden, aber daß in ihrem Interesse außerordentliche Billigkeitsinstitute, wie condictio indebiti, Rücktrittsrecht des verarmten Schenkers und Widerrufsbefugnis wegen Undanks, außer Kraft gesetzt werden und dadurch wenigstens vermieden wird,

---

[1]) Jacobi, „Die sittliche Pflicht im B.G.B.“, S. 22.

daß die Aufhebung eines moralischen und anständigen Verhaltens angeordnet wird. Ferner wird gewissen Personen, wie Ehegatte, Vater, Vormund, Vorerbe, Erblasser, durch jene Berücksichtigung gesellschaftlicher Pflichten die Befugnis zu Liberalitäten wenigstens insoweit eingeräumt, daß sie nicht gezwungen sind, sich durch Unterlassung der Erfüllung einer Moral- oder Anstandspflicht einen sozialen Makel zuzuziehen; daher kann z. B. der Vormund eines Millionärs einen Beitrag für eine Sammlung zur Linderung eines öffentlichen Notstandes zeichnen.

Sehr fraglich ist das Verhältnis dieser Sittlichkeits- und Anstandspflichten zu den unvollkommenen Verbindlichkeiten, auch Naturalobligationen genannt, deren Begriff selber nichts weniger als unbestritten ist. M. E. gehören zwei Merkmale zu ihrem Wesen:

1. die Reaktionsfähigkeit, d. h. die Erzwingbarkeit durch Klage oder Selbsthilfe, muß aus materiellrechtlichen Gründen ausgeschlossen sein;

2. die Erfüllung der unvollkommenen Verbindlichkeit darf keine Schenkung im weiteren Sinne enthalten.

Fehlt die erste Voraussetzung, so liegt eine vollwirksame Obligation vor, auch wenn der Schuldner aus prozessualen Gründen zurzeit nicht belangt werden kann: so ist vor Annahme der Erbschaft ein Anspruch, der sich gegen den Nachlaß richtet, nicht gegen den Erben gerichtlich geltend zu machen (§ 1958 B.G.B.); bevor der Rechtserwerb des Erben nicht definitiv geworden ist, wird ihm bezüglich der Passivansprüche das Prozeßführungsrecht genommen und gemäß § 1961 B.G.B. einem Nachlaßpfleger übertragen. Es wäre aber verfehlt, anzunehmen, daß in der Zwischenzeit vom Todesfall bis zur Annahme der Erbschaft sämtliche Nachlaßschulden zu unvollkommenen Verbindlichkeiten herabsänken, denn die Natur der Ansprüche wird durch derartige Prozeßlegitimationsfragen nicht berührt. Fehlt dagegen die zweite Voraussetzung, liegt in der Erfüllung gewisser Verpflichtungen eine Liberalität, so ist überhaupt keine rechtliche, nicht einmal eine unvollkommene Schuld vorhanden: dies gilt z. B. bezüglich der maßvollen Kindesausstattung; denn wenn auch § 1624 B.G.B. bestimmt, daß die Ausstattung nur insoweit als Schenkung gilt, als sie das den Umständen entsprechende Maß überschreitet, so hört die maßvolle Ausstattung nicht auf, eine liberale Zuwendung zu sein und mithin der Schenkungspauliana zu unterliegen.[1]) Die Vorschrift des § 1624 bewirkt vielmehr nur, daß die maßvolle Ausstattung von gewissen positiven Beschränkungen der Schenkung, wie Formerfordernis, Widerruf wegen Undanks usw., befreit bleibt, im übrigen aber den einengenden Bestimmungen über liberale Zuwendungen unterworfen ist. Mithin sind solche Verpflichtungen, die an sich nicht erzwingbar sind, aber deren Erfüllung der Schenkungspauliana nicht unterliegt, als unvollkommene Obligationen zu bezeichnen, während die Erfüllung der Sittlichkeits- und Anstandsverbindlichkeiten nur durch die Konventionalnormen der Sitte und Moral gefordert wird. Es kommen vor allem drei Kategorien unvollkommener Verbindlichkeiten in Betracht:

1. Gewisse Geschäfte, wie Spiel und Wette (§ 762 B.G.B.), Ehemäklervertrag (§ 656 B.G.B.), Verabredungen und Vereinigungen von Gewerbetreibenden, gewerblichen Gehilfen, Gesellen oder Fabrikarbeitern zum Behuf der Erlangung günstiger Lohn- und Arbeitsbedingungen (§ 152 Gew.O.), verstoßen zwar nicht gegen die guten Sitten und werden daher von dem Verbot des § 138 B.G.B. nicht betroffen, haben aber doch so bedenkliche Seiten an sich, daß den aus ihren entspringenden Ansprüchen die Reaktionsfähigkeit genommen ist und sie damit zu unvollkommenen Verbindlichkeiten herabgesetzt sind.

2. Nicht selten wird Ansprüchen im Interesse des Rechtsfriedens die Reaktionsfähigkeit entzogen. Dies gilt insbesondere von den verjährten Forderungen und den Ansprüchen aus solchen Geschäften, die gegen eine Formvorschrift verstoßen, sofern diese bloß im Beweisinteresse gegeben ist. Soll dagegen der Vertragsschließende vor übereiltem Handeln bewahrt werden, so macht eine Verletzung der Formvorschrift das ganze Geschäft ungültig, so daß aus ihm nicht einmal eine natürliche Verbindlichkeit entspringen kann. Ersteres gilt von der Fünfzig-Taler-Vorschrift des Pr. A.L.R. und dem Mietstaler der meisten

---

[1]) Übereinstimmend Planck, „Kommentar zum B.G.B.", Bd. 4, zu § 1642. Dagegen nimmt Dernburg „Lehrbuch des B.G.B.", Bd. 4 S. 239, eine Naturalobligation an, trotzdem er die Anwendbarkeit der Schenkungspauliana bejaht.

Gesindeordnungen, letzteres von den Formerfordernissen des B.G.B. Natürlich hat die rückwirkende Heilung durch freiwillige Leistung mit dieser Frage nichts zu tun, § 313 Satz 2 B.G.B. kann daher nicht zugunsten der Annahme einer unvollkommenen Verbindlichkeit sprechen.

3. Auch durch Parteiabrede kann eine vollwirksame Obligation in eine natürliche verwandelt werden. Dies geschieht z. B. bei den außergerichtlichen Vergleichen zwecks Abwendung der Zahlungseinstellung und beim gerichtlichen Zwangsakkord im Konkursverfahren (§§ 173 ff. K.O.).

Es ist völlig irrelevant, ob die Reaktionsunfähigkeit von Amts wegen zu berücksichtigen ist, oder ob sie nur mittels exceptio geltend gemacht werden kann. Letzteres ist bei der verjährten Forderung und auch wohl bei der durch Zwangsakkord klaglos gewordenen Forderung der Fall, während natürlich bei den rechtlich mißbilligten Ansprüchen aus Spiel, Wette, Ehemakel usw. eine Berücksichtigung von Amts wegen einzutreten hat. Aus dem Gesagten ergibt sich, daß der Inhalt der beiden Kategorien von Normen, nämlich der Sittlichkeits- und Anstandspflichten einerseits und der Naturalobligationen andererseits, sich teilweise deckt, denn einerseits ist die Erfüllung der meisten natürlichen Verbindlichkeiten, wie z. B. die Bezahlung von Spielschulden, zugleich ein Gebot des Anstands, und andererseits sind viele Sittlichkeits- und Anstandspflichten nicht einmal als natürliche Verbindlichkeiten anerkannt, da ihre Erfüllung, wie aus § 535 B.G.B. hervorgeht, unter den Begriff der Schenkung fällt. Deshalb ist es unbedingt notwendig, die beiden Arten von Verpflichtungen strenge zu unterscheiden, und daher ist auch jener ungenaue Sprachgebrauch, welcher die Sittlichkeits- und Anstandspflichten als Naturalobligationen bezeichnet, strenge zu vermeiden.[1])

Aus der in diesem Paragraphen gegebenen Methodenlehre ergibt sich, daß dem Richter im weitesten Umfang die Befugnis erteilt ist, eine selbständige rechtliche Wertung vorzunehmen. Manchem erscheint diese Tatsache bedenklich,[2]) weil sie mit

---

[1]) Die gerügte Verwechselung begeht Klingmüller, „Die Lehre von den natürlichen Verbindlichkeiten", S. 231ff.

[2]) Über diese Frage siehe Radbruch, „Rechtswissenschaft als Rechtsschöpfung", Archiv für soz. Wissensch. und soz. Pol., Bd. 22 S. 357.

der Lehre Montesquieus von der Teilung der Gewalten in Widerspruch stehe. Aber diese Auffassung übersieht, daß jener Grundsatz, so zutreffend er in der Regel ist, doch nicht rein mechanisch bis in seine letzten Konsequenzen durchgeführt werden kann. Selbst in den Vereinigten Staaten von Amerika, auf deren Verfassung Montesquieus berühmtes Buch „Esprit des lois“ am meisten eingewirkt hat, sind den einzelnen Organen verschiedene Grundfunktionen zuerteilt.[1]) Noch weniger ist im Deutschen Reich und in Preußen die Dreiteilung der staatlichen Funktionen schablonenmäßig durchgeführt. Wie in Deutschland dem Bundesrat und in Preußen dem König ein absolutes Veto gegenüber der Gesetzgebung, so gebührt andererseits dem Reichstag sowie dem Landtag infolge ihres Budgetrechts ein wesentlicher Anteil an der Staatsverwaltung. Da darf es nicht wundernehmen, wenn auch der Richter keine bloße Subsumtionsmaschine ist, sondern wie ein Gesetzgeber eine selbständige Wertung vornehmen darf. Insoweit ist das Wort Zitelmanns,[2]) das ich als Motto dieser Arbeit vorangesetzt habe, durchaus zutreffend. Jeder, der juristische Fragen behandeln will, also vor allem der Richter selber, muß immer zugleich ein Stück Gesetzgeber sein. In diesem Satz liegt ein Protest gegenüber den beiden Extremen: einerseits wird im Gegensatz zu jener in der Aufklärungsperiode vorherrschenden, aber auch jetzt noch nicht völlig ausgestorbenen rationalistischen Auffassung, daß der Richter eine logische Rechenmaschine sein soll, auf die selbständige teleologische Rechtsschöpfung der Judikatur hingewiesen, andererseits wird durch die Hervorhebung der Tatsache, daß der Richter nur ein Stück Gesetzgeber sei, der Übertreibung vorgebeugt, als ob der Richter ebenso frei wie der Gesetzgeber dastehe, und nicht vielmehr an die immanenten Werturteile des positiven Rechts gebunden sei. Außerdem unterscheidet sich seine Tätigkeit auch darin wesentlich von der Aufgabe des Gesetzgebers, daß dieser abstrakte Sätze aufzustellen hat, welche für eine unbegrenzte Anzahl von Rechtsfällen maßgebend sein soll, während der Richter nur einzelne Fälle beurteilt und seine Entscheidungen wenigstens

---

[1]) Jellinek, „Allgemeine Staatslehre“, S. 593.

[2]) Zitelmann, „Die Gefahren des B.G.B.“, S. 19.

nach dem kontinentalen Gerichtsverfassungsrecht für andere Prozesse keine formell bindende Gewalt haben.[1]) Daher hat der Richter bei uns nur eine quasi-gesetzgeberische, aber keine wahrhaft legislative Funktion auszuüben, wie dies in den Gebieten des angelsächsischen Rechts der Fall ist.

Natürlich kann sich auf Grund einer ständigen Judikatur ein Gewohnheitsrecht bilden, aber die Autorität beruht auf ständiger Übung und Überzeugung der Rechtsgenossen, nicht aber auf der legislativen Kompetenz der richterlichen Entscheidung. Im übrigen müssen bezüglich der Bildung von Gewohnheitsrecht die Fälle, in denen der Richter wegen Zweifelhaftigkeit der Auslegung oder wegen Vorhandenseins einer Systemlücke zur selbständigen Rechtsschöpfung greifen muß, von den ausdrücklichen Verweisungen auf richtiges Recht unterschieden werden. In den ersteren Fällen kann sich ein Gewohnheitsrecht nach den gewöhnlichen Regeln bilden. Wo dagegen auf richtiges Recht verwiesen ist, gibt das positive Recht damit zu erkennen, daß ausschließlich die jeweilig angemessene Regelung Platz zu greifen habe. Damit ist auf diesem Gebiet die Bildung von Gewohnheitsrecht verboten, natürlich kann trotzdem ein Gewohnheitsrecht mittels originärer Rechtsbildung entstehen, aber dann muß zugleich die Verweisung selber mittels Gewohnheit beseitigt werden. Die Lage ist ähnlich, wie bezüglich des § 2 Str.G.B., der die gewohnheitsrechtliche Einführung von Strafdrohungen verbietet; trotz dieser Vorschrift könnte sich ein reprobiertes Gewohnheitsrecht bilden, aber erst, wenn § 2 selber abgeschafft wäre. Die erwähnte Unterscheidung ist praktisch von größter Wichtigkeit, denn hierdurch wird verhindert, daß Begriffe, wie „gute Sitten", „Treu und Glauben" usw. inhaltlich völlig versteinern, vielmehr wird auf diese Weise erreicht, daß sie

---

[1]) Siehe hierüber: Jung, „Von der logischen Geschlossenheit des Rechts", S. 16. — Becker, „Ernst und Scherz", S. 150. — Der Vorentwurf zu einem schweizerischen Zivilgesetzbuch bestimmt im Artikel I: „Fehlt es in dem Gesetze an einer Bestimmung, so entscheidet der Richter nach dem Gewohnheitsrechte, und wo auch ein solches mangelt, nach bewährter Lehre und Überlieferung. Kann er aus keiner dieser Quellen das Recht schöpfen, so hat er sein Urteil nach der Regel zu sprechen, die er als Gesetzgeber aufstellen würde."

sich den gegebenen Verhältnissen und ihren Erfordernissen stets anschmiegen können. Ein Teil des objektiven Rechts muß genau fixiert sein: er bildet gleichsam das Knochengerüst, das dem Ganzen Halt gewährt; aber ein anderer Teil muß so unbestimmt bleiben, daß er sich stets allen einzelnen Momenten anbequemen kann: er repräsentiert gleichsam die Weichteile des Rechts, welche ihm die nötige Elastizität geben. Aber so verschieden auch die Technik sich auf beiden Gebieten gestaltet, inhaltlich bildet das richtige Recht überall das Ideal, das dem Ganzen den Charakter aufdrückt.[1])

---

[1]) Die Abhandlung von M. Rumpf, „Gesetz und Richter, Versuch einer Methodik der Rechtsanwendung", welche mir erst bekannt wurde, als ich diese Arbeit bereits zum größten Teil fertig gestellt hatte, berührt sich in vielen Punkten mit meinen Ausführungen. Leider begeht auch Rumpf den populären Denkfehler, das historisch Gegebene mit dem Normativen zu verwechseln. Während er sich, wie schon aus dem Titel hervorgeht, vorgenommen hat, den Versuch einer Methodik der Rechtsanwendung zu wagen, bezeichnet er an einer andern Stelle (S. 31) die Darlegung der psychischen Faktoren, welche in der Seele des Richters bei der Rechtsanwendung in Tätigkeit treten, für die Hauptaufgabe der Methodik. In Wahrheit gehört die Schilderung des Seelenlebens eines judizierenden Richters zur deskriptiven Psychologie, die über das Seinsollende gar nichts auszusagen vermag, während die Methodik gerade diejenigen Faktoren anzugeben hat, welche bei der Rechtsanwendung in Tätigkeit treten sollen, wenn sie es auch vielleicht niemals tun. Ferner fehlt in der Abhandlung Rumpfs die Angabe eines objektiven Kriteriums der richterlichen Rechtsschöpfung, vielmehr wird der Inhalt von Begriffen, wie „gute Sitte", „Treu und Glauben" usw., als bekannt vorausgesetzt, so daß sich die Arbeit trotz mancher treffenden Bemerkung im einzelnen nicht wesentlich über das Niveau des landläufigen Dogmatismus erhebt.

§ 11.

Das unrichtige Recht und seine Berichtigung.

Aber dieser Leitstern bleibt auch ewig ein Ideal, das nur annähernd erreicht werden kann. Ein billiges Recht, welches alle Umstände, die, am Maßstab des richtigen Rechts geprüft, Berücksichtigung verdienen, entsprechend bewertet, kann niemals restlos zur Geltung gebracht werden. Stets werden sich in jeder positiven Rechtsordnung Elemente finden, welche mit dem richtigen Recht nicht übereinstimmen. Zunächst ist an den Fall zu denken, daß die Bestimmungen des positiven Rechts dem richtigen Recht deshalb widersprechen, weil der Gesetzgeber vorbeigegriffen hat oder weil die Gewohnheit teleologisch verfehlt ist. Ferner ist die Möglichkeit gegeben, daß sich die Kulturbedingungen und damit der Inhalt des richtigen Rechts seit Entstehung jener nunmehr unrichtig gewordenen Bestimmungen geändert hat, ohne daß der Gesetzgeber mittels eines korrektiven Gesetzes die Rechtsnormen in Übereinstimmung mit den Bedürfnissen der Gegenwart gehalten hat. Wie schon im vorigen Paragraphen ausgeführt wurde, kann der Grad der Unrichtigkeit ein verschiedener sein: entweder ist die Vorschrift schlechthin verwerflich, weil sie den Grundbedingungen des Kulturlebens widerspricht, oder sie ist nur weniger sachgemäß, als es ein anderer Rechtssatz sein würde, ohne daß sie geradezu fundamental verkehrt wäre. Im ersteren Falle ist die vom positiven Recht anerkannte Vorschrift, weil sie gegen die guten Sitten verstößt, als anomales Recht (jus singulare) zu bezeichnen. Mit diesem Begriff darf der Sonderrechtssatz, der sich zu einem allgemeinen Prinzip als Ausnahme verhält, nicht verwechselt werden.[1]) Während der Sonder-

[1]) Auf diesen Unterschied macht Dernburg, „Pandekten“, Bd. 1, § 33, aufmerksam.

rechtssatz, wie jede andere Regel, so weit ausgedehnt werden darf, als die Erweiterung des immanenten Werturteils teleologisch gerechtfertigt ist,[1]) muß die Behandlung des anomalen Rechts auf möglichste Einengung gerichtet sein. Freilich darf man nicht so weit gehen, die positive Bestimmung wegen ihrer totalen Verwerflichkeit vollständig zu ignorieren; denn dem Richter steht nicht die Befugnis zu, das positive Recht zu berichtigen, aber andererseits soll der verwerfliche Rechtsinhalt, da er mit dem Grundgedanken des Rechts als Zwangsversuch zum richtigen in Widerspruch steht, sich möglichst wenig entfalten. Deshalb darf der anomale Rechtssatz nicht nur nicht analog ausgedehnt werden, er muß vielmehr auch, soweit es irgend angeht, restriktiv interpretiert werden. Glücklicherweise sind in der Gegenwart, wo eine schnell funktionierende Gesetzgebung das Recht ständig in Übereinstimmung mit den Bedürfnissen des Kulturlebens zu halten weiß, Fälle von anomalem Recht äußerst selten. Immerhin ragen noch hier und dort Rechtssätze einer entschwundenen Kulturepoche als „Rudimente der Vergangenheit" in die völlig verwandelte Gegenwart hinein. So sei z. B. an das in vielen Teilen der preußischen Provinz Schleswig-Holstein geltende Institut der väterlichen Aussage erinnert, welches auch jetzt noch insoweit in praktischer Geltung ist, als es auf die vor dem 1. Januar 1900 geschlossenen Ehen Anwendung findet.[2]) Der Inhalt des Instituts besteht im wesentlichen darin, daß „der Vater, anstatt das mütterliche Erbe mit den Kindern im Wege der ordentlichen Erbteilung zu teilen, den mütterlichen Erbteil der Kinder durch seine einseitige Erklärung festsetzen darf. Die Erklärung ist von den mütterlichen Verwandten der Kinder zu bestätigen und bei deren Widerspruch vom Vater zu beeidigen. Durch die Aussage bekennt sich der Vater in Höhe des ausgesetzten Erbteils als Schuldner der Kinder, die hierdurch vom mütterlichen Nachlaß abgefunden sind" (S. 28). Daß ein derartiges diskretionäres Ermessen des Vaters die Interessen des Kindes erheblich

---

[1]) Siehe Regelsberger, „Das jus singulare und die analoge Anwendung", in seinen Streifzügen im Gebiet des Zivilrechts, S. 13. — Stammler, „Privilegien und Vorrechte", S. 33.

[2]) Matthiessen, „Die väterliche Aussage nach schleswig-holsteinischem Recht", in der Festgabe zum 28. Deutschen Juristentage, S. 77.

gefährdet und deshalb entschieden zu verwerfen ist (S. 94), bedarf keiner näheren Ausführung. Deshalb ist dieses Rechtsinstitut nicht nur nicht analog auszudehnen, es muß vielmehr auch nach Möglichkeit einengend ausgelegt werden.

Ganz anders ist die Lage bezüglich solcher Bestimmungen, welche, ohne geradezu verwerflich zu sein, eine weniger sachgemäße Regelung der Lebensverhältnisse aufweisen. Derartige Vorschriften dürfen nicht ohne weiteres einengend ausgelegt werden. Vielmehr muß der Richter unter Hintenansetzung seiner eigenen legislativpolitischen Wertung das immanente Werturteil feststellen, um mit dessen Hilfe den Sinn der Vorschrift zu umgrenzen. Ergibt sich, daß die Bedeutung des Rechtssatzes eine weitere ist, als es zunächst den Anschein hatte, so muß der Richter eine solche extensive Interpretation respektieren. Ja sogar eine analoge Ausdehnung einer unsachgemäßen Vorschrift ist unter der Voraussetzung geboten, daß sonst der Zweck der Vorschrift vereitelt und das Gesetz umgangen werden könnte; denn der Richter ist an die immanenten Werturteile gebunden und hat daher alle Vorkehrungen zu treffen, um ihre Vereitelung zu verhindern. Daher war es durchaus zutreffend, wenn das Reichsgericht in der viel angefochtenen Entscheidung vom 21. Oktober 1899[1]) die Vorschrift des § 66 des Börsengesetzes, nach der die Börsentermingeschäfte unter den nicht ins Börsenregister eingetragenen Personen ungültig sind, auch auf solche Geschäfte ausdehnte, deren äußere Rechtsform sich zwar mit § 48 des Börsengesetzes nicht deckt, die aber nach ihrem ganzen Inhalt denselben wirtschaftlichen Zweck verfolgen. Denn wenn auch § 48 B.G. als Merkmal des Börsentermingeschäftes das Erfordernis aufstellt, daß sie nach den offiziellen Geschäftsbedingungen geschlossen werden, die von dem Börsenvorstand für den Terminhandel festgesetzt sind, so müssen doch alle Geschäfte, bei denen zwar die offiziellen Bedingungen zwecks Umgehung des Gesetzes ausgeschlossen sind, welche aber infolge ihrer Schablonenhaftigkeit und ihrer abstrakten Deckungsmöglichkeit den gleichen wirtschaftlichen Charakter an sich tragen, die gleiche Behandlung erfahren, wenn nicht der Zweck des § 66 B.G., das große Publikum von

[1]) Reichsgerichts-Entscheidung in Zivils., Bd. 44 S. 103 ff., und Deutsche Juristenzeitung, Bd. 5, Spalte 46.

der Teilnahme am Börsenspiel abzuschrecken, vereitelt werden soll. Auch der Richter, welcher die Bestimmung des § 66 für verfehlt hält, darf doch nicht seine Hand dazu bieten, daß das Gesetz umgangen und damit die Legislative gleichsam aufs Trockene gesetzt wird.[2])

Eine nähere Betrachtung verdienen ferner jene Fälle von inhaltlicher Unrichtigkeit, welche nicht in einem Versehen des Gesetzgebers oder in einem Veralten der Rechtssätze ihre Ursache haben, sondern sich aus der technischen Formulierung des gesetzten Rechts ergeben. So ist der Gesetzgeber, auch wenn er Grundsätze aufstellt, die prinzipiell richtig sind und daher im großen und ganzen gerechte Entscheidungen liefern, zur Vereinfachung der Tatbestände oft genötigt, die Rechtsfolge an ein mehr äußerliches und leicht erkennbares Moment zu knüpfen. Wenn er z. B. die Geschäftsfähigkeit oder die Befugnis zur Ausübung staatsbürgerlicher Rechte von der natürlichen Reife der einzelnen jugendlichen Personen abhängig machen wollte, anstatt ein für allemal ein gewisses Alter als Grenze festzusetzen, so würde damit zwar prinzipiell das Richtige getroffen sein, aber eine solche Regelung würde sich wenig empfehlen, weil dadurch die Entscheidung des einzelnen Falls außerordentlich schwankend geworden wäre. Im Interesse der Praktikabilität des Rechts sieht sich der Gesetzgeber daher genötigt, bei der Formulierung der Sätze ein gewisses Durchschnittsmaß, das in der Regel das Richtige trifft, zugrunde zu legen und die individuellen Momente, die an sich auf Berücksichtigung Anspruch haben, mehr oder weniger auszuschließen. Solche Fälle typischer Normierung bilden das gerade Gegenteil zu der im vorigen Paragraphen behandelten Verweisung auf das billige Ermessen aller einzelnen Momente. Dort wird auf die bis in die Details reichende inhaltliche Richtigkeit alles Gewicht gelegt, während hier im Interesse eines glatten Funktionierens der Rechtsmaschinerie ein Opfer an sachlicher Angemessenheit nicht gescheut wird.

Alle bisher erwähnten Divergenzen zwischen positivem und richtigem Recht sind Unvollkommenheiten, die durchaus

---

[2]) Anderer Ansicht sind Staub, „Komm. z. H.G.B.“, Bd. 2, Exkurs zu § 376, S. 1325 ff., und Laband, Deutsche Juristenzeitung, Bd. 5, Spalte 334 ff.

nicht beabsichtigt sind, sondern sich aus der natürlichen Schwäche aller menschlichen Einrichtungen erklären. Einer eingehenderen Betrachtung bedürfen dagegen die vom Recht beabsichtigten grundsätzlichen Abweichungen von der sachlichen Richtigkeit. Wie rechtfertigt es sich, daß der Gesetzgeber mit Bewußtsein das richtige Recht verleugnet, während dieses doch stets sein Kompaß sein sollte? Wie es dem Kapitän in Seenot gestattet ist, einen Teil der Ladung über Bord zu werfen, um den Rest in den schützenden Hafen zu retten, so muß auch der Gesetzgeber unter Umständen die sachliche Richtigkeit verleugnen, um das Rechtsideal im übrigen um so sicherer verwirklichen zu können.

Zunächst sind hier die rechtspolizeilichen Gesichtspunkte zu berücksichtigen: um dem Rechtsfrieden zu dienen, werden oft Bestimmungen getroffen, welche auf eine rasche Erledigung streitiger Fragen hinwirken, oder durch Sicherung des Beweises künftigen Rechtsstreitigkeiten vorbeugen sollen. So sind z. B. die Ausschlußfristen, die Ersitzung und vor allem die Verjährung Einrichtungen, welche ohne Rücksicht auf die Billigkeit im einzelnen Fall ein Zurückgreifen auf ältere Zeiten unmöglich machen. Auf der gleichen Erwägung, im Interesse des Rechtsfriedens Prozesse nach Möglichkeit zu verhindern, beruht auch die Vorschrift des § 964 B.G.B., nach welchem das Eigentum an einem Bienenschwarm, der in eine fremde besetzte Bienenwohnung eingezogen ist, auf den Eigentümer des dort wohnenden Bienenschwarms übergeht. Ferner ist an die schon erwähnten Fälle zu denken, wo im Interesse der Sicherung des Beweises die Gültigkeit eines Rechtsgeschäfts an die Beobachtung einer bestimmten Form geknüpft ist. Die Förderung, die hierdurch dem Rechtsfrieden zuteil wird, ist durch diese unvermeidliche Verletzung sachlicher Richtigkeit nicht zu teuer erkauft. Eine besondere Bedeutung haben die rechtspolizeilichen Vorschriften auf dem Gebiete des Zivilprozesses. So ist z. B. die Verhandlungsmaxime eine erhebliche Konzession der materiellen Wahrheit an das Interesse einer glatten Erledigung des Rechtsstreites.

Ferner führt das von Jhering[1]) gefundene Gesetz der analytischen Vereinfachung des Tatbestandes zu einer bewußten

[1]) Jhering, „Geist des römischen Rechts", Bd. 3 S. 206—241.

Abweichung des positiven Rechts von der sachlichen Richtigkeit. Denn oft wird nur zu dem Zweck, damit ein Anspruch rascher und leichter verwirklicht werden kann, der diesen Anspruch erzeugende Tatbestand dadurch erheblich vereinfacht, daß gewisse Umstände, welche an sich Berücksichtigung verdienen, ausgeschieden und in der Form einer Widerklage, Nachklage oder als exceptio im technischen Sinne insoweit juristisch zur Geltung kommen, als der Klageerleichterungszweck hierdurch nicht vereitelt wird. ,,Die Gestalt, die das Rechtsverhältnis schließlich erhält, ist folgeweise nicht das Werk einer einzigen, sondern zweier Kräfte, von denen die eine sich in dieser, die andere in jener Richtung bewegt; die eine setzt und schafft, die andere beschränkt, negiert, ergänzt — ein Zusammenwirken von Kräften nach Art des Parallelogramms der Kräfte, bei dem jede Kraft in einer besonderen Richtung tätig ist, die Gesamtwirkung aber in der Diagonale stattfindet" (S. 208). Derartige technische Hilfsmittel sind durchaus berechtigt, denn das Opfer, das die Billigkeit bringen muß, ist durch die Vorteile, welche eine energische Verwirklichung des subjektiven Rechts bietet, nicht zu teuer erkauft.

Der größte Nutzen aber, welchen die analytische Vereinfachung des Tatbestandes gewährt, besteht in der Sicherung der absoluten Rechtslage. Da die meisten Rechtsverhältnisse dazu bestimmt sind, ihren Inhaber oft zu wechseln, und insbesondere das Eigentum an Sachen von Hand zu Hand geht, so erfordert die Sicherheit des Verkehrs, daß der Wechsel in der dinglichen Rechtslage sich an möglichst einfache Tatbestände anschließt, auch wenn die Änderung im Verhältnis des Verlierers zum Gewinner der Billigkeit nicht entspricht. So erstreckt sich z. B. nach § 946 B.G.B. das Eigentum an einem Grundstück auf eine fremde bewegliche Sache, die mit dem Grundstück dergestalt verbunden ist, daß sie wesentlicher Bestandteil des Grundstücks wird, damit etwaige Dritte, welche das Grundstück kaufen oder beleihen wollen, mit Sicherheit darauf rechnen können, auch die eingefügte bewegliche Sache zu erlangen. Ferner geht nach der vom B.G.B. angenommenen abstrakten Natur der Tradition das Eigentum an einer zur Erfüllung einer angeblichen Schuld geleisteten Sache auch beim Nichtbestehen des vermeintlichen Anspruchs auf den Erwerber über, obgleich dieses Ergebnis gewiß nicht der Billigkeit entspricht. Aber das Verkehrsbedürfnis erfordert mit Rücksicht auf die absolute Rechtslage dieses Opfer an sachlicher Richtigkeit; da jedoch die Billigkeit nicht mehr leiden soll, als das Verkehrsbedürfnis dieses unbedingt gebietet, so tritt eine Selbstkorrektur des positiven Rechts ein: die im Interesse Dritter zum Schutze der absoluten Rechtslage erfolgende Negierung der Billigkeit wird im Verhältnis des Verlierers, also in der relativen Rechtslage, selber negiert, indem unter den Parteien ein als ungerechtfertigte Bereicherung bezeichneter obligatorischer Ausgleich eintritt. In diesem Fall pflegt man zu sagen, daß die Vermögensverschiebung, obwohl vom Gesetz selber verordnet, doch ohne Rechtsgrund erfolge, weil sie zwar formell rechtsbeständig, doch materiell ungerechtfertigt sei.

Sehr fraglich ist es, wann im einzelnen eine bestimmte Rechtsfolge zwar formell gültig ist, aber inhaltlich der Billigkeit widerspricht und daher mittels condictio berichtigt werden muß. Die tiefsten und selbständigsten Untersuchungen über den Begriff des Rechtsgrundes haben Jung und Stammler[1]) angestellt. Nach den Ausführungen des ersteren ist diejenige Wertbewegung ohne obligatorischen Grund, welche „sich vollzogen hat, ohne daß sie für die Beziehungen der beiden bestimmten Beteiligten eine rechtliche Veränderung bedeutet; welche sich rechtlich darstellt, lediglich als eine Wirkung von Vorschriften über das absolute Recht“ (S. 35). Im einzelnen führt Jung folgende Fälle von Leistungen ohne Rechtsgrund auf:

I. Bezüglich des Erlangens „in sonstiger Weise“, das er zuerst behandelt, erwähnt er:

a) wo nach positivem Recht ein originärer Rechtserwerb auf Kosten eines anderen eintritt, wie dieses nach B.G.B. z. B. bezüglich der Verbindung, Vermischung, Verarbeitung (§§ 946 bis 951 B.G.B.) und des Funderwerbs (§§ 965 ff. B.G.B.) stattfindet, muß eine Kondiktion gegeben sein, weil eine Wertbewegung nur auf Grund obligatorischer Beziehungen erfolgen darf;

---

[1]) Jung, „Die Bereicherungsansprüche und der Mangel des rechtlichen Grundes.“ — Stammler, „Zur Lehre von der ungerechtfertigten Bereicherung nach dem B.G.B.“

b) die natürliche Bereicherung durch physische Konsumtion, z. B. Verzehren fremder Eßwaren, kommt für die Lehre von der analytischen Vereinfachung des Tatbestandes nicht in Betracht;

c) die juristische Konsumtion durch Aneignung des Tauschwertes fremder Sachen liegt dann vor, wenn ein Dritter infolge seines guten Glaubens durch Verfügung des nicht berechtigten Bereicherten den fraglichen Gegenstand erlangt (§ 816 Absatz 1, Satz 1), oder ein Schuldner durch Leistung an einen nicht Berechtigten von seiner Verbindlichkeit befreit wird; ferner kommt der Fall in Betracht, daß das Recht des Bereicherten zwar nicht zerstört wird, aber „die Verfolgung dieses Rechts so wesentlich erschwert ist, daß man sagen kann, die Verfügung des nicht Berechtigten habe dem Berechtigten, wenn auch nicht rechtlich, so doch tatsächlich jeden Wert entzogen“ (Jung, S. 50). Nur die erste Alternative interessiert an dieser Stelle, da nur bei ihr der Verlust auf einer Vorschrift der Rechtsordnung beruht;

d) das Betroffenwerden von fremden Passivis liegt vor, wenn jemand eine fremde Schuld aus eigenem Vermögen tilgt, indem er sich selbst für den Schuldner hält (Jung, S. 350). Dieser Fall gehört meines Erachtens zur zweiten Gruppe von ungerechtfertigter Bereicherung, denn es ist dem Zahlenden eine condictio indebiti gegen den Gläubiger gegeben, da die angebliche Schuld, die er berichtigen wollte, gar nicht bestand.

II. Die zweite Hauptgruppe bilden die Fälle, in denen das Erlangen des Vorteils durch Leistung, also mit Willen und regelmäßig durch ein Rechtsgeschäft des Verlustträgers, erfolgt. Hier erhebt sich das Problem, wie es möglich ist, daß eine Wertverschiebung, die auf dem Willen des Verlustträgers beruht, doch des inneren Grundes entbehrt und daher durch condictio ausgeglichen werden muß. Die Lehre von dem abstrakten Rechtsgeschäft, die wir mit dieser Frage berühren, gehört zu den schwierigsten Gebieten des Privatrechts; an dieser Stelle kann nur eine kurze Skizzierung gegeben werden. Jung weist darauf hin, daß die Parteien mit ihrer Leistung nicht bloß eine Veränderung der absoluten Rechtslage bezwecken, sondern daß sie zugleich auf ihre relativen Beziehungen einwirken wollen: „causa oder rechtlicher Grund einer von dem bisherigen

Inhaber des fraglichen Vermögenswerts vorgenommenen rechtlichen Veränderung ist die von ihm damit bezweckte Einwirkung auf die rechtlichen Beziehungen des Empfängers zu bestimmten Personen, regelmäßig zu ihm selbst“, und zwar kann die relative Einwirkung in der Anknüpfung, in der Lösung oder der Veränderung einer obligatorischen Sonderverbindung[1]) bestehen. Zu der ersten Gruppe gehören die Fälle der causa credendi und donandi, zur zweiten die Fälle der causa solvendi, während die dritte Gruppe Mischfälle enthält. Nun ist die Möglichkeit gegeben, daß die beabsichtigte Einwirkung mißglückt, während für die Veränderung der absoluten Rechtslage im übrigen alle Voraussetzungen vorliegen. Dieser Eventualität gegenüber kann sich die Rechtsordnung in doppelter Weise verhalten: entweder wird die Zuwendung wegen Vereitelung des Leistungszweckes für ungültig erklärt (kausales Rechtsgeschäft), oder es tritt eine analytische Vereinfachung des Tatbestandes ein, indem die Veränderung der absoluten Rechtslage wirksam bleibt, und die Vereitelung des Leistungszwecks nur einen Anspruch oder eine Einrede wegen ungerechtfertigter Bereicherung hervorruft (abstraktes oder richtiger abstrahierendes Rechtsgeschäft).

Bei aller Anerkennung der hervorragenden Verdienste Jungs glaubt Stammler (S. 13), daß dessen Versuch, den Begriff der justa causa zu entwickeln, gescheitert sei, da er das Problem ausschließlich durch Verweisung auf technisch geformtes Recht zu lösen unternommen habe. Demgegenüber führt Stammler den Anspruch aus ungerechtfertigter Bereicherung auf den Gegensatz von wirklichem und förmlichem Recht zurück. Das Recht setze dabei zunächst in allgemein vorausnehmender Art bestimmte Rechtsfolgen; aber es knüpfe zuweilen den Bestand oder das Ausführen eines gewissen Rechtsverhältnisses an gewisse Voraussetzungen wieder in einem allgemeinen Satz an, so daß ein zuerst zuerkannter Anspruch nun doch nicht zur Geltung gebracht werde. Stammler erinnert an das Institut der Verjährung, die Festlegung durch Rechtshängigkeit und Rechtskraft und vor allem an die Möglichkeit

[1]) „Schuldverhältnisse sind rechtliche Sonderverbindungen unter Privaten zu bestimmtem sozialem Zusammenwirken.“ Stammler, „Recht der Schuldverhältnisse“, S. 8.

eines abstrakt zugelassenen Rechtserwerbs. Da aber die förmliche Sicherheit alsdann nur zu leicht mit einer sachlichen Unrichtigkeit erkauft werde, so sähe sich die Gesetzgebung genötigt, zum zweitenmal reagierend vorzugehen. Dies geschähe z. B. durch Wiederaufnahme des Verfahrens, Wiedereinsetzung in den vorigen Stand und vor allem durch Rückforderung wegen ungerechtfertigter Bereicherung (S. 24 u. 25). Dieser letzte Rechtsbehelf ist nach Stammler gegeben, wenn sich die nach technisch geformtem Rechte eingetretene Rechtsveränderung in ihrem sachlichen Bestande als richtiges Recht nicht behaupten läßt (S. 31).

Wenn man Jungs Theorie kritisch erwägt, so wird man Stammler darin beipflichten müssen, daß die Bezugnahme auf das obligatorische Verhältnis, das die Veränderung der absoluten Rechtslage erst rechtfertige, nicht in allen Fällen ausreicht. Jung gibt selbst zu, daß weder der Erwerber eines zugeflogenen Bienenschwarms, noch der gutgläubige Besitzer einer Sache, der vor der Rechtshängigkeit Früchte gezogen hat, der Rückforderung unterliegen, und doch besteht auch in diesen Fällen zwischen dem Verlustträger und dem Gewinner kein obligatorisches Band, das jene Veränderung in den Eigentumsverhältnissen rechtfertigen könnte. Dagegen führt der Gesichtspunkt, den Stammler hervorhebt, nämlich der Gegensatz von förmlichem und inhaltlich richtigem Recht, gerade infolge seiner größeren Elastizität in allen Fällen zu einem zutreffenden Ergebnis. Überall dort, wo eine Rechtswirkung ausschließlich aus technischen Gründen zur Erhöhung der Praktikabilität der Rechtsordnung eintritt, ohne inhaltlich gerechtfertigt zu sein, hat mittels condictio eine Reaktion zugunsten der Billigkeit insoweit Platz zu greifen, als hierdurch der technische Zweck nicht vereitelt wird. Eine Vermögensverschiebung, die, wie das Verzehren, nicht bloß einem natürlichen Vorgang entspringt, sondern vom Gesetz selber angeordnet wird, erfolgt nur dann ohne Rechtsgrund, wenn sie der prozessualen Stärkung der Klägerposition oder der Sicherung der absoluten Rechtslage dient, nicht aber, wenn sie aus rechtspolizeilichen Erwägungen hervorgeht. Darum tritt bei der Verjährung, der Ersitzung usw. ein Anspruch wegen ungerechtfertigter Bereicherung nicht ein, denn wollte man ihn auch hier zulassen, so würde der Zweck der rechtspolizeilichen Bestimmung, nämlich die Förderung des Rechtsfriedens, wieder illusorisch gemacht werden.[1]) Dagegen ist im Falle der Verarbeitung, der Verbindung und der Vermischung ein Anspruch auf ungerechtfertigte Bereicherung angemessen, weil bei den genannten Arten von Eigentumserwerb ausschließlich die Rücksicht auf die absolute Rechtslage maßgebend ist, während die Wertverschiebung zwischen den Parteien mit der Billigkeit nicht übereinstimmt. Umgekehrt braucht der gutgläubige Besitzer die vor der Rechtshängigkeit gezogenen Früchte nicht auf Grund einer condictio herauszugeben, weil es nur der Gerechtigkeit entspricht, wenn der, welcher säet, auch mähet. Unter die durch relative Rechtsbehelfe auszugleichende Veränderung der absoluten Rechtslage fällt auch der Erwerb durch guten Glauben insoweit, als der Wechsel nicht der Billigkeit entspricht, sondern nur der Rücksicht auf den Verkehr sein Entstehen verdankt. So erscheint es durchaus gerecht, wenn der entgeltliche gutgläubige Erwerber einer nicht abhanden gekommenen beweglichen Sache das Eigentum erlangt, denn er verdient mehr Schutz als der Eigentümer, welcher die Sache aus der Hand gegeben hat. Dieser mag sich an den Veräußerer halten und ihn mit einer condictio wegen juristischer Konsumtion des Tauschwerts belangen, sofern ihm nicht aus einem anderen Tatbestande weitergehende Ansprüche zustehen. Ist dagegen der Erwerb unentgeltlich erfolgt, so widerspricht der Eigentumswechsel der Billigkeit. Wenn das B.G.B. diese Rechtsfolge trotzdem eintreten läßt, so geschieht dies mit Rücksicht auf die absolute Rechtslage; denn es ist dritten Personen, welche die Sache vom Erwerber erstehen möchten, nicht zuzumuten, die oft schwierige Frage nach der Entgeltlichkeit des Erwerbs ihres Vertragsgenossen auf eigenes Risiko zu prüfen. Aber da der Wechsel des Eigentums der Billigkeit nicht entspricht, so tritt hier nach § 816 Absatz 1, Satz 2 B.G.B. ein Ausgleich wegen ungerechtfertigter Bereicherung ein.

Den wichtigsten Anwendungsfall der analytischen Vereinfachung des Tatbestandes bilden die abstrakten Rechtsgeschäfte. In dieser Hinsicht ist die Lehre Jungs vollkommen

---

[1]) Unzutreffend Stammler, „Ungerechtf. Ber.“, S. 34.

zutreffend. In der Tat erschöpft sich eine Leistung nicht darin, dem Empfänger einen Vorteil zuzuwenden, vielmehr soll noch weiter in den Beziehungen des Empfängers zu bestimmten anderen Personen eine eigentümliche Wirkung hervorgebracht werden. Im Interesse der praktischen Verwendbarkeit wird bei den abstrakten Rechtsgeschäften das Tatbestandsmoment der erfolgreichen Einwirkung auf die relativen Beziehungen ausgeschieden, so daß sein Fehlen die Rechtsbeständigkeit des Leistungsgeschäftes nicht alteriert, sondern nur einen Anspruch und eine Einrede aus ungerechtfertigter Bereicherung begründet. Bekanntlich sind nach den Bestimmungen des B.G.B. die Verfügungsgeschäfte abstrakter Natur, so daß ihre Gültigkeit von der zugrunde liegenden obligatorischen Beziehung unabhängig ist. Diese Regelung ist aus formellen Gründen durchaus zutreffend. Ohne diesen technischen Kunstgriff würden sich bedenkliche Schwierigkeiten ergeben: einmal würde durch eine derartige Gestaltung des juristischen Tatbestandes die prozessuale Gerechtigkeit aufs gröblichste verletzt; denn der Kläger wäre genötigt, alle fraglichen Umstände bis ins einzelne hinein zu beweisen. Würde ihm dieses auch nur in einem Punkte mißlingen, so müßte er mit seiner Klage abgewiesen werden. Diesem Übelstand hilft die analytische Vereinfachung des Tatbestandes ab, denn dadurch, daß eine große Anzahl von Tatsachen ausgeschieden wird, ist dem Beklagten die Möglichkeit genommen, durch bloßes Leugnen den Kläger zu Beweisen zu zwingen, die unter den gegebenen Umständen schwer, vielleicht sogar unmöglich sind. Dieser Effekt ließe sich vielleicht auch auf prozessuale Weise erreichen, durch Zulassung von Substantierungs-, Geständnis- oder Beweisverträgen oder durch Aufstellung von Rechtsvermutungen. Viele Rechtsordnungen haben es aber vorgezogen, den materiellrechtlichen Weg zur Erreichung des Ziels der prozessualen Gerechtigkeit zu betreten, indem sie den Tatbestand analytisch vereinfachten und dann mittels condictio und exceptio die nötige Korrektur eintreten ließen. Das Gesagte gilt insbesondere von der Regelung der abstrakten Obligation durch das B.G.B.. Nach dessen Grundanschauung wird zwar auch das Versprechen eines Tuns oder eines Unterlassens als Leistung aufgefaßt, aber im Gegensatz zu den Verfügungsgeschäften wird das Schuldversprechen regelmäßig als kausal behandelt, d. h. es ist nur dann rechtsbeständig, wenn die beabsichtigte Einwirkung auf die relativen Beziehungen, nämlich die Anspinnung, Auflösung oder Veränderung eines obligatorischen Bandes, geglückt ist. Haben jedoch die Beteiligten den Abstrahierungswillen, und wird die regelmäßig erforderliche Schriftform gewahrt, so wird das Schuldversprechen abstrakt oder, wie das B.G.B. sagt, „rein“. Ein etwaiges Scheitern der relativen Einwirkung kann sich daher nur mehr mittels exceptio oder condictio geltend machen. Ein Beispiel mag das Gesagte veranschaulichen: A verspricht dem B 1000 Mark als Kaufpreis für die Stute Bellona; ist der Kaufvertrag unwirksam, weil die Stute schon zur Zeit des Abschlusses krepiert war, so wird dadurch auch das Versprechen der 1000 Mark hinfällig, außer wenn es abstrakt lautet. In diesem Falle wird das Schuldversprechen durch die Ungültigkeit des zugrunde liegenden Kaufgeschäftes nicht betroffen, sondern es ist dem Schuldner nur eine condictio und exceptio zur Abwehr eines formell beständigen, aber inhaltlich nicht gerechtfertigten Schuldversprechens gegeben.

Viel bedenklicher noch als die Erschwerung der Klägerposition ist eine andere Wirkung, die durch einen allzu komplizierten Tatbestand hervorgerufen wird, nämlich die Gefährdung der absoluten Rechtslage: wenn jemand einen Gegenstand erstehen will, so hat er die Verfügungsbefugnis seines Vormanns zu prüfen. Würde der Rechtsübergang von einer allzu großen Zahl von Momenten abhängen, so wäre der Kauflustige gezwungen, die gesamten Beziehungen zwischen seinem Vormann und dessen Autor einer eingehenden Kritik zu unterziehen; würde er sich auch nur in einem Punkte irren, so wäre sein eigener Rechtserwerb nichtig, abgesehen von den Fällen, wo ausnahmsweise ein Erwerb durch guten Glauben zugelassen ist. Daß eine derartige Regelung für eine entwickelte Volkswirtschaft mit lebhaftem Verkehr schlechterdings unerträglich ist, bedarf keiner weiteren Ausführung. Vielmehr fordert das Verkehrsinteresse gebieterisch, daß der Tatbestand analytisch vereinfacht wird, indem gewisse Momente, deren Berücksichtigung die Billigkeit erfordert, für den Eintritt des Rechtserfolgs irrelevant sind, sondern nur in der relativen Rechtslage einen persönlichen Ausgleich herbeiführen. Dieser Schutz der absoluten

Rechtslage ist vom B.G.B. bei allen Verfügungsgeschäften durchgeführt. Dagegen tritt bei der gewöhnlichen abstrakten Forderung nur eine Sicherung der Klägerposition, aber kein Schutz dritter Erwerber ein, da die Einrede aus ungerechtfertigter Bereicherung auch jedem gutgläubigen Zessionar entgegengesetzt werden kann und durch diese ihre absolute Wirkung alle weiteren Erwerber in den Strudel der persönlichen Beziehungen zwischen dem ursprünglichen Gläubiger und dem Schuldner hineinzieht. Dagegen nähert sich die juristische Natur der Orderpapiere dadurch dem Sachenrecht in erheblichem Maße, daß den Indossataren Einreden aus dem Verhältnis zwischen den ursprünglichen Parteien nur in beschränktem Maße entgegengestellt werden können. Diese vom B.G.B. angeordnete Trennung von formellem und materiellem Rechtsgrund ist unbedingt notwendig, damit der in das Rechtsverhältnis eintretende Dritte nicht in den Strudel der zwischen den ursprünglichen Parteien bestehenden Beziehungen hineingerissen wird. Ganz unerträglich wäre diese Konsequenz bei Gegenständen, die sehr rasch von einer Hand in die andere wandern, denn dann könnte dem späteren Inhaber ein Einwand aus rein persönlichen Beziehungen entfernter Vormänner entgegengesetzt werden. Bis zu einem gewissen Grade würden freilich die Grundsätze über den Erwerb durch guten Glauben helfen, aber abgesehen davon, daß sie auch in unserem heutigen Reichsrecht nur in beschränktem Maße, anerkannt sind, würde der Erwerber im günstigsten Falle genötigt sein, durch Reinigungseid seine Unkenntnis von den zwischen seinen Vorgängern bestehenden Beziehungen, durch die der Übergang zwischen diesen gehindert würde, zu erhärten. So gehört z. B. nach römischem Recht und nach B.G.B. bei der erfüllungshalber erfolgenden Eigentumsübertragung die Existenz der zwischen den Parteien bestehenden Verpflichtung nicht zum formellen, sondern nur zum materiellen Rechtsgrund. Daher geht das Eigentum trotz Fehlens einer Obligation über, der vermeintliche Schuldner hat gegen den angeblichen Gläubiger nur einen persönlichen Anspruch auf Rückübertragung des Eigentums (condictio indebiti). Dagegen steht ihm gegen den dritten Erwerber auch dann kein Anspruch zu, wenn dieser von der Nichtexistenz der Forderung bei der Erlangung des

Eigentums gewußt hat. Wäre dagegen das Vorhandensein der zu tilgenden Forderung Bedingung des Eigentumsübergangs zwischen den ursprünglichen Parteien, so hätte der angebliche Schuldner nach römischem Recht die Sache noch in der Hand des hundertsten gutgläubigen Erwerbers vindizieren können. So unerhört würde das Ergebnis nach B.G.B. nicht sein, weil dieses bei beweglichen Sachen den Grundsatz „Hand wahre Hand" anerkennt und weil bei Immobilien der öffentliche Glaube des Grundbuchs dazwischentreten würde. Immerhin müßte sich der Dritterwerber auf Erörterungen über seine Kenntnis von der Nichtexistenz der Forderung einlassen, bei Fahrnis würde ihm auch grobe Fahrlässigkeit in diesem Punkt schaden (§ 932 Absatz 2 B.G.B.). Wo aber, wie bei der Abtretung von Forderungen, Publizitätswirkungen regelmäßig nicht eintreten, würde das Ergebnis nach B.G.B. ebenso sein wie nach römischem Recht: der Dritterwerber würde die Forderung nicht erlangt haben, auch wenn er keine Ahnung davon gehabt hätte, daß zwischen seinen Vormännern die zu tilgende Schuld nicht bestanden habe. Hieraus ergibt sich, wie sehr durch die analytische Vereinfachung des Tatbestandes die absolute Rechtslage und damit die Verkehrssicherheit erhöht wird.

Die Tatsache, daß das Gesetz nicht rücksichtslos auf die sachliche Richtigkeit allein Wert legt, sondern dem Rechtsfrieden und technischen Bedürfnissen Konzessionen macht, darf bei der Auslegung des Gesetzes wie bei der Rechtsergänzung nicht außer acht gelassen werden. Sowohl bei der Analogie als bei der Entscheidung nach der Natur der Sache ist immer zunächst zu erwägen, ob nicht derartige Rücksichten eine Abweichung von der Billigkeit verlangen. Als Beispiel mag hier eine der berühmtesten Kontroversen des gemeinen Rechts, nämlich die Frage nach dem Beginn der Verjährung eines nach Ablauf einer bestimmten Kündigungsfrist rückzahlbaren Darlehns, erwähnt werden. Die Ansicht Savignys,[1]) daß ein solches Darlehn, solange als die Kündigung nicht erfolge, unverjährbar sei, wird dem rechtspolizeilichen Zweck des Verjährungsinstituts nicht gerecht. Erwägt man vielmehr, daß der Rechtsfrieden im höchsten Grade gefährdet wird, wenn noch nach hundert

[1]) Savigny, „System", Bd. 5 S. 295.

Jahren auf ein längst vergessenes Darlehn zurückgegriffen werden könnte, so wird man sich der Ansicht Windscheids[1]) anschließen, daß hier ausnahmsweise die Anspruchsmöglichkeit der Entstehung des Anspruchs gleichkommt und daß daher die Verjährung mit dem Zeitpunkt, wo die Kündigung zulässig ist, unter Hinzurechnung der Kündigungsfrist beginnt. (Ebenso § 199 B.G.B.)

---

[1]) Windscheid, „Pandekten", Bd. 1 S. 556.

§ 12.

Abstieg zu den Einzelfragen.

Manchem, dem die vorgetragene Lehre von dem Kulturförderungsmaßstab des richtigen Rechts prinzipiell einwandsfrei erscheint, erheben sich vielleicht Bedenken, ob die Methode auch praktisch durchführbar sei, da man es nicht jedem Praktiker, der an einem Bagatellprozeß mitzuwirken habe, zumuten könne, sich über den letzten Zielpunkt, dem das Recht zustrebe, Gedanken zu machen und danach den konkreten Tatbestand zu würdigen. Dieser Einwand wäre durchaus zutreffend, wenn die Methodenlehre sich anheischig machen würde, bequeme Anweisungen zur Entscheidung von allerlei juristischen Detailfragen des täglichen Lebens an die Hand zu geben. Letzteres liegt ihr aber völlig fern. Ein derartiges Vorhaben wäre auch nicht durchführbar; denn wie die Köchin bei Bereitung eines Eierkuchens nicht auf die Gesetze der Chemie zurückgehen kann, so ist es auch völlig unmöglich, bei Entscheidung irgend einer juristischen Detailfrage des täglichen Lebens unmittelbar auf die grundlegenden Prinzipien des richtigen Rechts zu rekurrieren. Denn die hier zu lösenden Fragen sind viel zu schwierig und zu kompliziert, als daß man ohne eingehendere Studien ihre Beantwortung wagen könnte, weil zum Zwecke ihrer Entscheidung die sozialen Massenerscheinungen zu beobachten und zu werten sind. Für diese Aufgabe bedarf es aber nicht nur im allgemeinen eingehender sozialökonomischer Kenntnisse, sondern außerdem einer gründlichen Beherrschung der in Frage stehenden Lebensverhältnisse und Kulturfaktoren. Die kritische Methodenlehre ist eben kein Vademecum für den täglichen Gebrauch, sondern eine Anleitung für gründliche Studien solcher Schriftsteller und Praktiker, welche auf dem fraglichen Gebiet spezielle Kenntnisse besitzen oder sich wenigstens erwerben wollen.

Das Gesagte gilt insbesondere von den in § 10 aufgezählten Hinweisen auf richtiges Recht, die in Ausdrücken, wie „gute Sitten“, „Treu und Glauben“ usw., enthalten sind. Manche Juristen scheinen freilich zu glauben, daß die genannten Ausdrücke Zauberformeln seien, mit deren Hilfe man ohne weiteres die richtige Lösung erraten könne. Die Verkehrtheit dieser Auffassung ergibt sich schon aus den in § 7 erwähnten Ausführungen über das objektive Kriterium des richtigen Rechts. Vielmehr muß gerade bei diesen Verweisungen ganz besonders gewissenhaft am Kulturförderungsmaßstab geprüft werden, welche Lösung als objektiv richtig anzusehen ist. Daß auch auf diesen Gebieten das Reichsgericht die Rechtseinheit zu wahren hat, ergibt sich schon aus der Tatsache, daß es sich hier um Verweisungen auf richtiges Recht und nicht etwa auf Moral oder Sitte handelt. Denn wie das Reichsgericht als Revisionsinstanz alle Rechtsfragen zu entscheiden hat, so erstreckt sich seine Kompetenz auch auf die Prüfung, ob das richtige Recht gewahrt sei.[1]) Ganz besonders wichtig ist die Umgrenzung des Begriffs der guten Sitten. Hier fällt dem Reichsgericht die schwierige, aber dankbare Aufgabe zu, alle solche rechtsgeschäftlichen Bestimmungen, die vom Standpunkt des sozialen Ideals aus verwerflich sind, für nichtig zu erklären und andererseits alle für die Kulturförderung verderblichen Handlungen und Unterlassungen als deliktische Tatbestände im Sinne des § 826 zu kennzeichnen. So hat das Reichsgericht, indem es die Standarte des richtigen Rechts hochhält, über das Gedeihen des Volks zu wachen.

Daher kann diese Arbeit nicht besser beendet werden, als wenn im Anschluß an die Judikatur des Reichsgerichts der jetzige Stand der Streitfragen über jene als gute Sitten bezeichneten zwingenden Vorschriften des richtigen Rechts kurz skizziert und zugleich angegeben wird, wie an der Hand der gegebenen Methodenlehre eine weitere Entwickelung des richtigen Rechts zu bewerkstelligen sei. Auf diese Weise kann auch eine nachträgliche Bestätigung der Richtigkeit der gelieferten Methode erbracht werden. Denn wenn die Ergebnisse, welche

---

[1]) Ebenso R.G. Bd. 58 S. 220. Unrichtig Lotmar, „Der unmoralische Vertrag“, S. 90.

sie liefert, dem natürlichen Rechtsgefühl entsprechen, so ist die Vermutung ihrer Richtigkeit gegeben. So wenig als das Rechtsgefühl imstande ist, aus sich heraus eine Methode der Rechtsanwendung zu gewinnen, so kann sie doch einer auf andere Weise gefundenen Methode zur Stütze gereichen, da die Wahrscheinlichkeit, das Richtige getroffen zu haben, weit größer ist, wenn das Ergebnis einer streng methodischen Rechtsschöpfung mit dem Resultat des unbewußt arbeitenden Rechtsgefühls übereinstimmt.

In doppelter Hinsicht ergänzen die guten Sitten das gesetzte Recht: einmal wird im § 138 bestimmt, daß ein gegen zwingende Vorschriften des richtigen Rechts verstoßendes Rechtsgeschäft nichtig sei,[1]) und zweitens wird neben die einzelnen unerlaubten Handlungen des gesetzten Rechts der allgemeine deliktische Tatbestand des § 826 gestellt. Dagegen fehlt eine Bestimmung, nach der die Ausübung eines subjektiven Rechts nur zulässig ist, wenn sie nicht gegen die guten Sitten, d. h. die zwingenden Vorschriften des richtigen Rechts verstößt. Im Gegenteil enthält das bekannte Schikaneverbot des § 226 B.G.B. nur die Einschränkung, daß die Ausübung eines Rechts unzulässig sei, wenn sie nur den Zweck haben könne, einem anderen Schaden zuzufügen. Schließlich wird aber doch indirekt dasselbe Resultat hergestellt, weil eine gegen die guten Sitten verstoßende Ausübung subjektiver Rechte dadurch unmöglich gemacht ist, daß sich § 826 B.G.B. im Gegensatz zu § 705 des Entwurfs I auch auf solche Fälle erstreckt, wo die gegen die guten Sitten verstoßende Handlung oder Unterlassung nicht in der Betätigung der natürlichen Freiheit, sondern in der Ausübung eines subjektiven Rechts erfolgt. Da ferner aus § 826 B.G.B. nicht nur auf Schadenersatz, sondern auch auf Unterlassung geklagt werden kann,[2]) so ist dadurch eine Möglichkeit gegeben, einer gegen die guten Sitten verstoßenden Ausübung des subjektiven Rechts mit einer Unterlassungsklage

---

[1]) Wenn der Entwurf I, § 106 außerdem noch von öffentlicher Ordnung sprach, so ist dieser Zusatz später mit Recht gestrichen worden, weil ein Verstoß gegen die öffentliche Ordnung nur insoweit beachtlich ist, als er zugleich zwingenden Vorschriften des richtigen Rechts widerspricht.

[2]) So mit Recht R.G. Bd. 58 S. 216.

zu begegnen.[1]) Auf diese Weise wird erreicht, daß die Grundsätze der guten Sitten das ganze Rechtssystem durchziehen und dadurch verhindern, daß ein vom Standpunkt des sozialen Ideals schlechthin verwerfliches Verhalten jemals vom gesetzten Recht erzwungen werden müßte.[2])

Was zunächst § 138 angeht, so beschränkt sich sein Inhalt keineswegs auf das Verbot, daß in einem Rechtsgeschäft keine Handlung oder Unterlassung, die ihrem Inhalte nach zu beanstanden wäre, versprochen werden dürfe. Vielmehr sind nach ihm auch solche Rechtsgeschäfte, die an sich durchaus nicht tadelnswerte Handlungen betreffen, als nichtig anzusehen, sofern es nur dem sozialen Ideal widerspricht, die betreffende Handlung dem Rechtszwang zu unterwerfen oder sie mit einer Geldleistung in ein synallagmatisches Verhältnis zu spannen.[3]) Im einzelnen sind folgende Gruppen von Verstößen gegen zwingende Vorschriften des richtigen Rechts hervorzuheben:

1. Zunächst sind alle Geschäfte nichtig, die eine unzulässige Einwirkung auf staatliche Funktionen beabsichtigen.[4]) Hierunter fallen nicht nur die Bestechung im engeren Sinne, sondern alle Arten von Kaptationsverträgen, durch die auf Beamte, Abgeordnete oder Wähler in unlauterer Weise ein Einfluß ausgeübt werden soll, ferner alle Bestrebungen, die geeignet sind, die staatliche Verwaltung zu stören und ihre Zwecke zu hintertreiben, z. B. Verträge zum Einschmuggeln von Waren,[5]) ferner Abreden, welche bezwecken, die von der Gewerbeordnung vorgeschriebene Konzession des Erwerbers einer Kneipe dadurch zu erübrigen, daß der Veräußerer nominell Inhaber bleibt und der Erwerber als sein scheinbarer Bevollmächtigter funktioniert, während in Wahrheit eine echte

---

[1]) Siehe R.G. Bd. 48 S. 120, Bd. 57 S. 242.

[2]) Das Bedenkliche einer so weittragenden Wirkung der guten Sitten wird durch die Erwägung beseitigt, daß nur die Grundsätze des richtigen Rechts, nicht aber die viel umfassendere Moral zur Anwendung kommen. Anderer Ansicht Kohler, „Lehrbuch des B.G.B.", Bd. 1 S. 14 u. 15.

[3]) Lotmar, „Der unmoralische Vertrag", S. 71.

[4]) Kohler, „Lehrbuch des B.G.B.", Bd. 2 S. 95.

[5]) R.G. Bd. 56 S. 181. (Zur Annahme der Nichtigkeit genügt es, daß der Schmuggel gegen befreundete Staaten gerichtet ist, da auch eine unlautere Einwirkung oder Störung der ausländischen Verwaltungstätigkeit gegen die guten Sitten verstößt.)

Veräußerung beabsichtigt ist.[1]) Schließlich fallen alle Geschäfte unter § 138 B.G.B., welche geeignet sind, die Rechtssprechung zu behindern oder zu stören, also z. B. Verträge über Stellung oder Nichtstellung eines Strafantrags, über Verweigerung des Zeugnisses, sowie der Empfang von Schweigegeld für die Nichtanzeige einer strafbaren Handlung.[2])

2. Dieser Gruppe nahe verwandt sind jene Fälle, in denen eine unlautere Einwirkung auf die sogenannten freien Berufe der Gelehrten, Künstler, Ärzte, Journalisten usw. versucht wird, indem ihnen für die Verbreitung bestimmter Nachrichten oder für eine günstige Kritik wissenschaftlicher, künstlerischer oder gewerblicher Leistungen Vorteile versprochen werden.[3]) Derartige Verträge sind auch dann nichtig, wenn die verbreitete Nachricht wahr und das gefällte kritische Urteil verdient ist. Dagegen wäre es übertrieben, wenn man jede geschäftsmäßige Behandlung der freien Berufe schon an sich für verwerflich hielte. Daher sind Geschäftsveräußerungen und Konkurrenzklauseln zwischen Ärzten und Anwälten keineswegs schlechthin nichtig; denn wenn man deren Beruf auch noch so ideal auffaßt, so darf man sich doch andererseits der Tatsache nicht verschließen, daß sie auch eine rein wirtschaftliche Seite aufweisen, welche eine entsprechende Regelung erheischen. So hat auch das Reichgericht [4]) die in Berlin und anderen großen Städten üblichen Anwaltssozietätsverträge, nach denen der jüngere Kollege nur ein festes Einkommen und eventuell bei einer einen gewissen Betrag übersteigenden Reineinnahme aus der gemeinschaftlichen Praxis einen Prozentsatz vom Überschuß erhält, für gültig erklärt. In gleicher Weise wie die Bestechungen von öffentlichen Beamten sind auch dic Kaptationen privater Vertrauenspersonen, wie von gewerblichen Angestellten, Aufsichtsratsmitgliedern usw., zu behandeln. Auch die Aktionäre und Teilhaber einer Gesellschaft m. b. H. stehen zu ihrer Gesellschaft in einem Treuverhältnis. Daher wäre z. B. ein Vertrag, in dem sie sich verpflichteten, in der Generalversammlung in einem bestimmten Sinne zu stimmen, unzulässig, weil das

[1]) R.G. Bd. 63 S. 144.

[2]) R.G. Bd. 58 S. 204.

[3]) Siehe Dernburg, B.G.B., Bd. 1 S. 375.

[4]) R.G. in Jur. Wochenschrift Bd. 36 S. 130.

Interesse der Gesellschaft erfordert, daß die Ausübung ihrer Organstellung nach ihrer jeweiligen persönlichen Überzeugung erfolgt und nicht durch Rechtszwang hervorgerufen wird.[1])

3. Da die Ehe und die vaterrechtliche Familie die Grundlage der gegenwärtigen Kultur bildet, so sind alle Bestrebungen, die geeignet sind, die Fundamente der genannten Rechtsinstitute zu untergraben, vom Standpunkt des sozialen Ideals aus entschieden zu verwerfen. Deshalb sind Verträge, welche die Ehegatten vom gemeinschaftlichen Leben oder von der ehelichen Treue entbinden, oder welche den einen Ehegatten zur Einwilligung in die Ehescheidung verpflichten, in gleicher Weise nichtig wie Abmachungen, durch welche Eltern ihre Befugnisse bezüglich ihrer Kinder einschränken oder aufheben,[2]) denn die elterliche Fürsorge ist, wie das Reichsgericht mit Recht ausführt, nicht nur ein Recht, sondern auch eine Pflicht, auf die nicht verzichtet werden kann. Im Interesse der Reinhaltung des Sexuallebens sind ferner alle Verträge ungültig, welche einen geschlechtlich anstößigen Inhalt aufweisen, wie z. B. das Lohnversprechen an die Dirne und alle Abreden über Kuppelei und Zuhälterei. Jedoch muß man gerade auf diesem Gebiete mit besonderer Vorsicht die Vermengung des richtigen Rechts mit der Sittlichkeit oder Moral vermeiden. Ein Rechtsgeschäft ist nicht schon dann nichtig, wenn das entferntere Motiv vor dem Richterstuhl einer rigorosen Sittlichkeit nicht bestehen kann, sondern erst dann, wenn sein Inhalt den Grundsätzen des richtigen Rechts widerstreitet; wie überhaupt das rechtsgeschäftliche Motiv nur dann relevant ist, wenn es zum Inhalt des Rechtsgeschäfts erhoben wird, so kann seine Verwerflichkeit auch nur unter dieser Voraussetzung das Geschäft, als gegen die guten Sitten verstoßend, nichtig machen. Daher kann der Lebemann vom Juwelier auf Bezahlung eines seiner Maitresse geschenkten Schmucks und vom Kutscher auf Entrichtung des Fuhrlohns für eine Fahrt zu deren Wohnung selbst dann mit Erfolg belangt werden, wenn beide das sexuell an-

---

[1]) R.G. Bd. 57 S. 205.

[2]) R.G. Bd. 60 S. 267. Nach dem Tatbestand dieses Urteils hatten Eltern im Hinblick auf ihre Ehescheidung über die Erziehung ihrer Kinder Verabredungen getroffen, welche das Reichsgericht mit Recht für ungültig erklärte.

stößige Motiv des Geschäftes gekannt haben. Nicht anders aber darf der Verkauf des Bordellhauses und des Bordellinventars und nicht minder der Bauvertrag bezüglich eines solchen anrüchigen Hauses behandelt werden: alle diese Geschäfte sind gültig, sofern nur das verwerfliche Motiv nicht in irgend einer Form, als da sind Bedingung, Voraussetzung, Zusicherung von Eigenschaften usw., zum Inhalt des Vertrages erhoben sind. Die gegenteilige Ansicht des Reichsgerichts[1]) führt zu dem wenig ansprechenden Ergebnis, daß der Bordellwirt nichts zu zahlen braucht und, auf diese Weise von einem erheblichen Teil seiner Geschäftspassiven befreit, sich um so fröhlicher seinem edlen Beruf widmen kann. Immerhin wird beim Bordellverkauf nur ein werter Kollege geprellt, dagegen tragen beim Bordellbauvertrage die Handwerker, also der des Schutzes besonders bedürftige Mittelstand, den Schaden einer irrtümlichen Rechtssprechung. Daß diese Konsequenzen auch das Rechtsgefühl des Reichsgerichts wenig befriedigten, zeigt die Art, wie dieses die Rechtsfolgen der angeblichen Unsittlichkeit nach Möglichkeit abzuschwächen und dadurch die unbefriedigenden Ergebnisse zu mildern sucht, indem es die für das Restkaufgeld aus dem nichtigen Geschäfte bestellte Hypothek für gültig erklärte.[2]) Diese Auffassung ist aber nicht haltbar, denn wenn auch die Erfüllungsgeschäfte infolge ihrer abstrakten Natur durch eine etwaige Verwerflichkeit der zugrunde liegenden Kausa nicht berührt werden und auch eine Kondiktion auf Grund des § 817 B.G.B. wegen der beiderseitigen turpitudo nicht Platz greift, so kann dem Gläubiger doch nicht geholfen werden, weil die Hypothek nach § 1163 B.G.B. von der zu sichernden Forderung in der Art abhängig ist, daß, wenn letztere nicht zur Entstehung gelangt, die Hypothek dem Eigentümer zusteht. Demgegenüber kann man sich nicht etwa, wie das Reichsgericht dies tut, auf § 817 Abs. 2 B.G.B. berufen, denn dieser Paragraph setzt ja gerade voraus, daß ein gültiges Erfüllungsgeschäft vorliegt, was eben bei der Hypothek infolge ihrer akzessorischen Natur im Gegensatz zur Grundschuld nicht der Fall ist. Daher wäre der kaufende Bordellwirt und Eigentümer als Hypotheken-

---

[1]) R.G. Bd. 63 S. 179, 346, 367. Diese Judikatur wird auch von Lenel („Deutsche Juristenzeitung", Bd. 12 Sp. 454) angegriffen.

[2]) R.G. Bd. 63 S. 182 ff.

gläubiger zu betrachten, und die Verkäufer und die Bauhandwerker würden das Nachsehen haben, wenn die Ansicht des Reichsgerichts richtig wäre, daß das sexuell anstößige Motiv den Bordellverkauf und den Bordellbauvertrag nichtig machte.

Was schließlich den vom B.G.B. für klaglos erklärten Anspruch des Heiratsvermittlers angeht, so würde man über das Ziel hinausschießen, wenn man die Ehemäklerei, wie Kohler dies tut,[1]) als gegen die guten Sitten verstoßend brandmarken würde. Denn wenn auch nicht verkannt werden darf, daß sie bedenkliche Seiten an sich trägt, weil sie insbesondere der Suggestion Vorschub leistet, so kann sie unter Umständen doch sehr nützlich wirken, so daß sie vom teleologischen Standpunkt aus nicht ohne weiteres verurteilt werden darf und keinesfalls den schweren Vorwurf des Verstoßes gegen die guten Sitten verdient. Daß auch das Gesetz auf diesem Standpunkt steht, ergibt sich aus dem zweiten Satz des § 656 Abs. 1 B.G.B., welcher die condictio indebiti ausschließt und dadurch den Anspruch aus der Heiratsvermittlung zu einem naturalen stempelt. Wenn Kohler das Fehlen der condictio auf die beiderseitige turpitudo zurückführt, so spricht gegen diese Auslegung die Tatsache, daß sich derselbe Passus wörtlich in § 762 B.G.B. bezüglich des Spiels und der Wette wiederfindet, wo doch gewiß von keinem Verstoß gegen die guten Sitten die Rede sein kann.[2])

4. Ferner sind alle Rechtsgeschäfte nichtig, welche sich auf eine Lebenssphäre beziehen, die keinen Rechtszwang zuläßt. Daher ist das Versprechen, seine Religion niemals zu ändern oder bestimmten politischen oder wissenschaftlichen Ansichten treu zu bleiben oder gewissen künstlerischen Richtungen zu huldigen, rechtlich null und nichtig. Denn das Kulturleben würde notwendig vergiftet, wenn die individuellen Äußerungen und Betätigungen auf den genannten Gebieten nicht stets der inneren Überzeugung entsprächen, sondern im Prozeß-

---

[1]) Kohler, „Ideale im Recht", Archiv f. B.R. Bd. 5 S. 166 ff; „Ehemakellohn", 12 Studien zum B.G.B., S. 89 ff.

[2]) Auch das R.G. hat in seinen Urteilen (Bd. 46 S. 177, 152) dadurch, daß es die rückwirkende Kraft des § 656 leugnet, anerkannt, daß das Versprechen eines Lohnes für Ehevermittlung nicht gegen die guten Sitten verstößt.

wege erzwungen werden könnten. Das gleiche gilt bezüglich aller Verträge auf Einhaltung einer bestimmten Hygiene, z. B. das Versprechen, in Krankheitsfällen stets einen approbierten Arzt oder stets einen Naturheilkundigen heranzuziehen, sich niemals operieren zu lassen, das Rauchen oder das Alkoholtrinken zu meiden usw.

5. Völlig verwerflich wäre es, wenn das Obligationenrecht dazu mißbraucht würde, einen der Sklaverei ähnlichen Zustand herzustellen.[1] Daher sind alle Dienstverträge, durch welche die Zeit der Verpflichtung in übermäßiger Weise ausgedehnt wird, zu beanstanden. Aus dieser Erwägung bestimmt z. B. § 624 B.G.B., daß ein Dienstverhältnis, welches für die Lebenszeit einer Person oder für längere Zeit als fünf Jahre eingegangen ist, von dem Verpflichteten nach dem Ablauf von fünf Jahren unter Einhaltung einer Kündigungsfrist von sechs Monaten gekündigt werden kann. In gleicher Weise sind die Konkurrenzklauseln nach § 74 H.G.B. nur insoweit zulässig, als die Beschränkung nach Zeit, Ort und Gegenstand nicht die Grenzen überschreitet, durch welche eine unbillige Erschwerung des Fortkommens des Handlungsgehilfen ausgeschlossen wird. Es muß also im einzelnen Fall untersucht werden, ob der Schaden, den der Prinzipal durch den Wettbewerb seines Handlungsgehilfen erleidet, so groß ist, daß sich eine Beschränkung der gewerblichen Freiheit des letzteren rechtfertigt. Denn an und für sich sind alle die Erwerbsmöglichkeit hemmenden Verträge vom Übel und dürfen nur zugelassen werden, wenn sie durch ein besonderes Bedürfnis gerechtfertigt sind. Auf demselben Grunde beruht auch das Verbot des § 310 B.G.B., welcher die Nichtigkeit eines Vertrages statuiert, durch den sich der eine Teil verpflichtet, sein künftiges Vermögen oder einen Bruchteil seines künftigen Vermögens zu übertragen oder mit einem Nießbrauche zu belasten. Denn wenn dem im Erwerbsleben stehenden Menschen die Früchte seiner Arbeit nicht mehr zufallen, so wird seine Tätigkeit nur allzubald erlahmen, und die Volkswirtschaft hätte den Schaden, der durch die Unterbindung der individuellen Erwerbstätigkeit entstände, zu tragen.

---

[1]) Siehe hierüber Steinbach, „Die Moral als Schranke des Rechtserwerbs und der Ausübung", S. 48.

Während alle Dienstverträge, in denen der Dienstleistende sich einer unwürdigen Behandlung unterwerfen oder sich sonst eine Verletzung seiner Ehre gefallen lassen muß, gegen die guten Sitten verstoßen, sind Verträge, durch deren Erfüllung sich der Versprechende einer Lebensgefahr aussetzt, nicht ohne weiteres ungültig, da viele Lebensbetätigungen, die im Interesse der Kultur unumgänglich notwendig sind, wie z. B. der Beruf eines Seemanns, ohne eine mehr oder weniger große Gefährdung des Lebens und der Gesundheit nicht betrieben werden können. Vielmehr verstößt ein Dienstvertrag nur dann gegen die guten Sitten, wenn die Gefahr nur eines frivolen Zwecks halber, z. B. zur Befriedigung der Schaulust der Menge, herbeigeführt wird, wie dieses bei den Gladiatoren und Stierkämpfern der Fall ist.

6. In unserer heutigen Wirtschaftsordnung, die auf freier Konkurrenz der einzelnen Privatwirtschaften beruht, kann sich ein jeder für seine Waren oder sonstigen Leistungen diejenige Vergütung versprechen lassen, die er auf Grund der ökonomischen Machtverhältnisse glaubt erzwingen zu können. Jedoch darf diese Vertragsfreiheit nicht bis zur Ausbeutung ausarten, durch die eine große Menge wirtschaftlicher Existenzen dem Ruin nahegebracht wird. Der Wucher, welcher vorliegt, wenn jemand unter Ausbeutung der Notlage, des Leichtsinns oder der Unerfahrenheit eines anderen sich oder einem Dritten für eine Leistung Vermögensvorteile versprechen oder gewähren läßt, welche den Wert der Leistung dergestalt übersteigen, daß den Umständen nach die Vermögensvorteile in auffälligem Mißverhältnis zu der Leistung stehen, ist nur ein besonderer Fall von Ausbeutung. Von dieser sozial-pathologischen Erscheinung kann man überall reden, wo sich jemand für seine Leistungen ein Äquivalent versprechen oder gewähren läßt, welches seiner Art und seinem Umfang nach im krassesten Widerspruch zu den Anforderungen des richtigen Rechts steht, auch wenn die Notlage, die Unerfahrenheit oder der Leichtsinn nicht ausgenutzt sind, und wenn derartige skandalöse Entgelte mehr oder weniger häufig vorkommen; vor allem ist hier an die Hungerlöhne von Näherinnen zu denken, welche geradezu zur Prostitution zwingen. Es wäre völlig verfehlt, die Bestimmungen gegen Wucher umzukehren und etwa anzunehmen, daß

alle außerhalb dieses Rahmens stehenden Arten von Ausbeutungen nicht gegen die guten Sitten verstießen.[1]) Auch wenn ein Unternehmer, der ein natürliches Monopol besitzt, seinen Kunden Geschäftsbedingungen, welche in der schwersten Weise gegen die Billigkeit verstoßen, kraft seiner wirtschaftlichen Überlegenheit aufzwingt, kann der § 138 B.G.B. zur Anwendung kommen. Es liegt eine gewisse Ironie des Schicksals darin, daß der erste Fall, wo das Reichsgericht diesen Satz auszusprechen hatte, den Reichsfiskus betraf, der die Benutzung des Kaiser-Wilhelm-Kanals von einem im voraus zu erklärenden vertragsmäßigen Verzichte auf Ersatz aller Schäden, welche bei der Benutzung infolge Verschuldens des Staates oder seiner Angestellten entstehen, abhängig gemacht hatte.[2])

7. Da die freie Konkurrenz leicht dahin führt, daß ganze Industriezweige durch gegenseitige Unterbietung dem Ruin entgegengebracht werden, so haben die Beteiligten sogenannte Kartelle geschlossen, kraft deren sie sich verpflichten, ihre Produkte nicht unter einem bestimmten Mindestpreis zu veräußern oder ihre Rohprodukte nicht über einen gewissen Höchstpreis einzukaufen. Derartige Abreden verstoßen an sich nicht gegen die guten Sitten, da sie für die Volkswirtschaft durch die Ausschaltung einer wilden Konkurrenz wohltätig wirken. Nur soweit sie durch eine unverhältnismäßig extreme Preispolitik zur Ausbeutung des großen Publikums führen, sind sie als ungültig zu betrachten. Jedoch muß auch dann, wenn die Kartelle nicht gegen die guten Sitten verstoßen, den Beteiligten jederzeit der Rücktritt von derartigen Vereinen und Verabredungen offenstehen, da sonst die persönliche Freiheit der Gewerbetreibenden in einer die Gesamtheit schädigenden Weise eingeengt würde.[3])

Da auch das Versteigerungsinstitut auf der allgemeinen Konkurrenz, durch welche ein angemessenes Angebot erzielt werden soll, beruht, so läge die Ansicht nahe, das pactum de non licitando, durch welches Kauflustige sich gegen Entgelt verpflichten, nicht mitzubieten, gleich anderen Konkurrenz-

---

[1]) Anderer Ansicht R.G. Bd. 64. S. 182.

[2]) R.G. Bd. 62 S. 264.

[3]) Kohler, „Ideale", S. 219.

ausschließungsverträgen an sich für unbedenklich zu erklären. Jedoch ist die erwähnte Abrede in Wahrheit ungültig und verpflichtet die Beteiligten zum Schadenersatz gemäß § 826 B.G.B., weil der vom Versteigerungsinstitut erstrebte Zweck, einen angemessenen Preis zu erzielen, so sehr im öffentlichen Interesse liegt, daß seine systematische Vereitelung als Verstoß gegen die guten Sitten angesehen werden muß, und zwar gilt das Gesagte nicht bloß für die öffentlichen Versteigerungen, sondern nicht minder für die privaten Versteigerungen und für Konkurrenzausschreibungen, denn auch bei ihnen ist die Erzielung eines der Billigkeit entsprechenden Angebots ein Erfordernis des öffentlichen Interesses.[1]) Anders liegt die Sache nur, wenn jemand eine Hypothek erwürbe, um die Konkurrenz des bisherigen Gläubigers bei der Subhastation auszuschließen. Ein derartiges Verhalten verstößt nicht gegen die guten Sitten, denn das entfernte Motiv der Konkurrenzausschließung ist nicht imstande, eine gewöhnliche Hypothekenzession ungültig zu machen oder eine Schadenersatzpflicht Dritten gegenüber zu begründen.[2])

Mit dem volkswirtschaftlichen Problem, das die Kartelle und Syndikate bieten, steht die Frage nach der Zulässigkeit des Boykotts und der Verrufserklärung in nahem Zusammenhang. Derartige Boykotts pflegen in der Gegenwart einmal von Genossen gegen Genossen, also von Unternehmern gegen Unternehmer und von Arbeitern gegen Arbeiter, und zweitens gegen Personen, die einer anderen Wirtschaftsklasse angehören, also von Arbeitern gegen Unternehmer, von Vermietern gegen Mieter, von Lieferanten gegen Kunden und umgekehrt angewandt zu werden. So sehr man auch den Boykott wegen der mit ihm verbundenen Schädigung der Volkswirtschaft bedauern muß, so läßt sich nicht leugnen, daß er im Wirtschaftsleben der Gegenwart ein notwendiges Kampfmittel darstellt, weil ohne ihn eine Auseinandersetzung zwischen den Interessentengruppen unmöglich gemacht würde. Daher ist er an und für sich als zulässig anzusehen, nur seine Auswüchse sind zu beseitigen:[3])

---

[1]) Kohler, „Ideale", S. 225.

[2]) R.G. Bd. 58 S. 393.

[3]) R.G. Bd. 48 S. 114, Bd. 56 S. 271, Bd. 60 S. 94. — Örtmann, „Zivilrechtliche Folgen der Verrufserklärung", Gutachten zum 28. Deut-

wenn der Boykott so weit getrieben wird, daß der Verrufene seine wirtschaftliche Existenz verliert, so muß die Rechtsordnung derartigen Bestrebungen entgegentreten, weil sie im Interesse des Ganzen die Vernichtung von Individualwirtschaften nicht zugeben darf. Ferner läge ein Mißbrauch des Boykotts vor, wenn er, anstatt zur Verteidigung legitimer wirtschaftlicher Interessen verwandt zu werden, im Kampfe der politischen und religiösen Weltanschauungen als Mittel zur Unterdrückung entgegenstehender Ansichten benutzt würde, oder wenn er sich nicht auf die Niederwerfung des wirtschaftlichen Gegners beschränkte, sondern darüber hinaus der Befriedigung der Rachsucht diente. Das Gesagte gilt insbesondere bezüglich des viel verhandelten Falles der sogenannten schwarzen Listen, auf welche Unternehmerverbände mißliebige Arbeiter oder Vermietervereine unzuverlässige Mieter, oder Kreditgeber säumige Schuldner zu setzen pflegen, um ihre Genossen vor ihnen zu warnen. Derartige Mitteilungen verstoßen nicht ohne weiteres gegen die guten Sitten,[1]) denn sie sind im wirtschaftlichen Leben zur Aufrechterhaltung der Disziplin in Fabrik und Haus, sowie zur Sicherung gegen Kreditverluste nicht zuentbehren. Nur dann sind sie verwerflich und verpflichten zum Schadenersatz, wenn einer der erwähnten Fälle von Mißbrauch vorliegt, wenn also z. B. dem Arbeiter nach den von den Unternehmerverbänden getroffenen Maßnahmen die Erlangung von Arbeit in weitgehender Weise erschwert wird und sich gegenüber dem Arbeiter als eine unbillige Härte darstellt. Daß schließlich die generelle Aussperrung aller Arbeiter einer Branche keinen Verstoß gegen die guten Sitten enthält, bedarf keiner

---

schen Juristentag, Bd. 2 S. 34 ff. — Daß „der Boykott nicht schon an sich als eine unerlaubte und gegen die guten Sitten verstoßende Maßnahme betrachtet werden kann", wird vom R.G. Bd. 64 S. 61 hervorgehoben.

[1]) Stammler („Richtiges Recht", S. 487) weist darauf hin, daß die neueste Gesetzgebung (§ 915 Z.P.O.) bei der Regelung des Offenbarungseides in gewisser Hinsicht von der Einrichtung der schwarzen Listen selber Gebrauch gemacht hat. — Übereinstimmend R.G. Bd. 51 S. 370, Bd. 57 S. 418. — Abweichend Brückmann, Jur. Wochenschrift Bd. 31 S. 626 ff. — Gegen ihn Brütt, „Koalitionsrecht der Arbeiter in Deutschland und seine Reformbedürftigkeit", S. 50. Siehe auch R.G. (Urteil vom 4. April 1907. J. W. Schr. Bd. 36. S. 364.)

näheren Ausführung, denn wenn derartige Maßnahmen für den einzelnen Härten mit sich bringen mögen, so sind sie doch für den Unternehmer notwendig, um Spezialstreiks entgegenzuwirken. Läßt man daher die letzteren zu, so darf auch die Abwehrmaßregel der generellen Aussperrung nicht als gegen die guten Sitten verstoßend angesehen werden.[1])

8. Im vorigen Paragraphen wurde gezeigt, daß das positive Recht nicht selten im Interesse des Rechtsfriedens, oder aus technischen Gesichtspunkten, zur Sicherheit der Klägerstellung oder der absoluten Rechtslage, eine bewußte Abweichung von der inhaltlichen Richtigkeit zuläßt. Die Unbilligkeit, welche hiermit mehr oder weniger notwendig verbunden ist, muß das Recht in den Kauf nehmen, falls es obige formale Zwecke erreichen will. Dagegen würde es gegen die guten Sitten verstoßen, wenn ein Beteiligter den formalen Mechanismus des Rechts in Bewegung setzen wollte, um sich auf Kosten eines anderen einen sachlich ungerechtfertigten Vorteil zu verschaffen. Daher würde ein Anspruch und eine Einrede aus § 826 B.G.B. gegeben sein, wenn jemand einen Wechsel erwürbe, lediglich um dem Schuldner Einreden abzuschneiden (R.G. Bd. 51 S. 357, Bd. 56 S. 321) oder eine Sache, auf die ein Dritter einen obligatorischen Anspruch hat, kaufte, um dessen Recht illusorisch zu machen (R.G. Bd. 62 S. 137), oder wenn ein offenbar unrichtig entschiedenes rechtskräftiges Urteil zur Erlangung eines Vorteils im Zwangsvollstreckungsverfahren benutzt würde (Bd. 61 S. 359). Jedoch darf dieser Satz nicht so weit ausgedehnt werden, daß die obigen rechtspolizeilichen und technischen Zwecke vereitelt würden; denn es wäre um die Sicherheit der absoluten Rechtslage geschehen, falls man § 826 B.G.B. auch dann als vorliegend ansähe, wenn der Erwerber von den Einreden des Wechselschuldners oder von den obligatorischen Ansprüchen des Dritterwerbers gewußt hat, da ja gerade der Zweck, welcher mit der analytischen Vereinfachung des Tatbestandes verfolgt wird, darin besteht, über diese Fragen Erörterungen abzuschneiden. Vielmehr ist nur dann ein Anspruch und eine Einrede aus § 826 gegeben, wenn die Beteiligten geradezu darauf ausgehen, den

---

[1]) R.G. Bd. 54 S. 255.

Dritten zu schädigen; in der Terminologie des Strafrechts könnte man den Gegensatz so ausdrücken, daß man sagte: es genügt nicht, daß sich der Vorsatz auf den Schaden bezieht, vielmehr muß die Absicht darauf gerichtet sein.[1]) Dagegen verstößt es nicht gegen die guten Sitten, wenn sich ein Beteiligter auf die Ungültigkeit eines Rechtsgeschäftes wegen Formmangels beruft, denn die Formvorschriften sind ja gerade zu dem Zwecke gegeben, damit die Beteiligten genötigt werden, ihre Geschäfte in jener Form abzuschließen. Dieses Ziel würde nicht erreicht werden, wenn im Falle der Formverletzung derjenige, der sie geltend machte, eine Deliktsklage zu befürchten hätte (R.G. Bd. 58 S. 218).

9. Schließlich kann auch dann ein Schadenersatzanspruch aus § 826 B.G.B. gegeben sein, wenn zwar die einzelnen Handlungen, rein isoliert betrachtet, keinen Verstoß gegen die guten Sitten enthalten, wenn aber jemand durch eine größere Reihe von Maßnahmen systematisch darauf ausgeht, die wirtschaftliche Existenz eines anderen zu vernichten, um sich auf den Ruinen seines Vermögens zu bereichern. Einen sehr interessanten Fall behandelt das Urteil des Reichsgerichts (Bd.58 S. 219), nach dessen Tatbestand mehrere Geschäftsleute darauf ausgegangen waren, den Beklagten wirtschaftlich zu ruinieren, um dessen Mühlengrundstück billig an sich zu bringen. Daß ein solcher ökonomischer Mord vom Standpunkt des sozialen Ideals aus entschieden zu verurteilen ist, bedarf keiner näheren Ausführung.

Damit sind die Fälle eines Verstoßes gegen die guten Sitten keineswegs erschöpft. Eine derartige Aufzählung wäre auch ganz unmöglich, denn es gibt zu viele Arten von sozial-pathologischen Verhalten, als daß es jemals gelingen würde, die unendliche Fülle, welche das Verkehrsleben bietet, zu erschöpfen. Hier bleibt vielmehr der Jurisprudenz noch eine große Aufgabe zu erfüllen: sie hat darüber zu wachen, daß die Rücksicht auf die guten Sitten, d. h. auf das soziale Ideal, das ganze Recht wie ein roter Faden durchzieht. Möge sie niemals vergessen, daß dieses

[1]) Es läßt sich nicht leugnen, daß die Entscheidung Bd. 62 S. 137 bedenkliche Anklänge an das jus ad rem enthält, welches die Entscheidung Bd. 57 S. 357 mit Recht abgelehnt hat.

Ziel nicht allein mit Hilfe formaler Gesichtspunkte zu erreichen ist, sondern daß sie hierzu eines inhaltlichen Kriteriums bedarf, und daß dieser Maßstab kein anderer sein kann, als derjenige, welcher sich aus der Natur des Rechts ergibt, nämlich die größtmögliche Entwicklung des Kulturlebens der Rechtsgemeinschaft.

Druck von Georg Reimer in Berlin.

Kolibri 360 GmbH
Ferdinand-Jühlke-Straße 7
99095 Erfurt, Deutschland
produktsicherheit@kolibri360.de